新时代高校大学生劳动教育研究

张延泰　王　丽■著

湘潭大学出版社
XIANGTAN UNIVERSITY PRESS

图书在版编目（CIP）数据

新时代高校大学生劳动教育研究 / 张延泰，王丽著
. -- 湘潭 : 湘潭大学出版社，2023.5
ISBN 978-7-5687-1133-3

Ⅰ. ①新… Ⅱ. ①张… ②王… Ⅲ. ①大学生－劳动教育－研究 Ⅳ. ①G40-015

中国国家版本馆 CIP 数据核字（2023）第 097100 号

新时代高校大学生劳动教育研究

XINSHIDAI GAOXIAO DAXUESHENG LAODONG JIAOYU YANJIU

张延泰 王丽 著

责任编辑：丁立松
装帧设计：李跃平
出版发行：湘潭大学出版社
社　　址：湖南省湘潭大学工程训练大楼
电　　话：0731-58298960 0731-58298966（传真）
邮　　编：411105
网　　址：http://press.xtu.edu.cn/
印　　刷：长沙市鑫宇印务有限公司
经　　销：湖南省新华书店
开　　本：787 mm×1092 mm 1/16
印　　张：15
字　　数：294 千字
版　　次：2023 年 5 月第 1 版
印　　次：2023 年 5 月第 1 次印刷
书　　号：ISBN 978-7-5687-1133-3
定　　价：48.00 元

前　言

教育与生产劳动相结合是我们历来坚持的教育方针。2018 年 9 月 10 日，习近平总书记在全国教育大会上要求把劳动教育纳入培养社会主义建设者和接班人的总体要求之中，明确提出要构建德、智、体、美、劳全面培养的教育体系。2020 年 3 月，中共中央、国务院发布《关于全面加强新时代大中小学劳动教育的意见》，对新时代劳动教育做了顶层设计和全面部署，意义重大，影响深远。教育的本质在于育人。立德树人是高校的根本任务，“如何育人”和“育什么样的人以及为谁育人”始终是其两个重要方面。如果说前者强调的是手段的话，那么后者就决定了教育的价值属性和目的所在。我国是中国共产党领导的社会主义国家，这就决定了高校必须把劳动教育纳入新时代高校育人体系，构建具有中国特色的劳动教育体系，实现全员、全方位、全过程的劳动育人，这是教育工作的根本任务，也是教育现代化的方向目标。本书以马克思主义立场、观点和方法为指导，分析了当前高校劳动教育存在的问题及其原因，从劳动教育课程体系设置、载体拓展、方法创新、体制机制完善、实践教学等方面探讨了新时代高校劳动教育的实施路径，初步构建了一个研究高校劳动教育的全新理论框架。

人的全面发展是一切教育活动的主旨，劳动是实现人的全面发展的必由之路。劳动教育是高校深化教育改革、落实素质教育一个重要的切入点，高校开展劳动教育意义重大。准确把握劳动教育的内涵和本质，把握时代的发展规律，把劳动教育融入高校教育教学全过程、全方位、各环节，有助于促进高校育人理论和实践的进一步发展和完善，有助于提升高校学生的劳动素养，从而真正实现人的全面发展。深入探讨高校劳动教育的课程建设、体系构建与创新发展，可以促进对高校劳动教育工作的正确方向及创新路径的准确把握，对高校劳动教育工作有深远的意义。

本书以教育与高校教育管理为切入点，先对高校劳动教育的发展、组织、课程、体系等方面做了全面的介绍，接着深入探讨高校劳动教育的实效性以及多维度创新实践路径，达到理论与实践相结合，有助于读者对高校劳动教育有全面的认识。具体编写分二如下：第一章至第八章由张延泰撰写及负责统稿工作；第九章至第十章由王丽撰写。

由于时间仓促，书中所涉及的内容难免有疏漏之处，希望各位读者多提宝贵意见，以便著者进一步修改，使之更加完善。

目　录

第一章　教育及其发展规律

教育就是根据一定的社会要求和个体的身心发展规律，在教育者的积极主导和受教育者的主动参与下，有目的、有计划、有组织、全面系统地对受教育者的身心施加影响的社会活动过程。本章重点探讨教育与社会及人的发展、教育的本质及其基本规律。

第一节　教育与社会及人的发展

一、教育与社会发展的关系

教育同社会发展的关系是教育的基本问题之一。人类社会从诞生起就处于不断的发展之中。换言之，所谓社会发展，即社会物质文明和精神文明、社会物质生活和精神生活的改进以及社会形态的转变。社会发展既包括社会的逐渐进化，又包括社会的质的飞跃。根据历史唯物主义的基本原理，人类社会发展的根本动因是生产力和生产关系、经济基础和上层建筑的矛盾运动。教育之所以在社会发展中占有重要的位置，其原因在于教育具有促进社会发展的独特功能。教育自身的存在和进步受制于生产力与生产关系的矛盾运动，同时又以自身的作用促进着社会的发展与完善，从而使彼此间存在着相互作用的联系或关系。

（一）教育具有社会历史性

1. 教育源于社会需要与人的发展需要的辩证统一

任何事物都有其发生发展的过程，教育也有自己的起源、发展历程。教育的起源问题关系着教育属性的确定，因此一直是人们探讨教育的焦点，并因其见解的分歧而形成了不同的观点和主张，其中影响较大的是生物起源论和心理起源论。利托尔诺在《教育之演化》一书中提到教育是一种在人类社会范围以外，远在人类出现之前就已产生的现象，根据对动物生活的观察，认为在动物世界里存在着教育。依照进化论的原则，非但在脊椎动物里，在非脊椎动物里也有教育过程甚至学习过程的存在。至于后来出现的人类教育，不过是继承了已存在的教育形式，使其获得了新的性质而已。根据生物起源论的观点，动物界中大动物对小动物的照顾与爱护就是最初的教育行为。从生物学的观点出发，可以把动物生存竞争和天性本能看成是教育的基础，动物是基于生存的天性本能而产生了把“知识”“技巧”传授给小动物的行为，这种行为便是教育的最初形式与发端。生物起源论主张教育从其起源而言，是一个生物学的过程，不仅一切人类社会有教育，甚至在高等动物中间，也有简单形式的教育。教育是扎根于本能的不可避免的行为，生物的冲动是教育的主流。教育的生物起源论观点把教育的起源归为动物的本能行为，把教育过程看成是按照生物学规律进行的本能过程，这就完全把教育概念生物学化了，否认了教育的社会性质。

关于教育起源的另一种理论是心理起源论。心理起源论从心理学观点出发，主张生物起源论者忽视了人的心理与动物心理的本质区别，心理起源论根据原始社会尚无传授各种知识的教材和相应的教学方法，认为教育起源于孩子对成人无意识的模仿。美国教育家孟禄在《教育史教科书》中提到，原始社会的教育使用的方法从头至尾都是简单的、无意识的模仿，原始共同体中孩子对年长成员的无意识的模仿就是原始人的教育的起源。

教育的心理起源论看到了生物起源论的问题所在，提出模仿是教育起源的新说，有其合理的一面，但把全部教育都归结为无意识状态下产生的模仿行为，不懂得人之所以成为人是因为其有意识的本质，不懂得人的一切活动都是在意识支配下的目的性行为。因而，这种观点是与人类教育的大前提相矛盾的。教育的生物起源论和心理起源论虽然从不同角度揭示了教育的起源，但其共同问题是都否认了教育的社会属性，否认了教育是一种自觉有意识的活动，把动物本能和孩子无意识的模仿同有意识的教育混为一谈，因而都是不正确的。

马克思主义教育学在教育起源的问题上，在肯定教育的生物起源论和心理起源论这两种有益的尝试和提出问题的贡献的基础上，通过科学分析人类教育产生的历史，认为教育起源于社会需要和人的发展需要的辩证统一。在人类社会的最初形态，即原始社会里，所谓社会需要主要是指物质资料生产的需要。物质资料的生产活动是人类社会最基本的活动，是人类社会赖以存在和发展的基础。对于在人类社会初始阶段，刚完成由古猿到人的转变的人类而言尤其如此。这是因为在人类社会的最初阶段，生产力发展水平极为低下，生产没有剩余。在这种情况下，维持自身生存的需要问题就是解决生命得以延续的必需的物质生活资料问题。然而，人对物质生活资料的获取依靠的不是动物式的本能，而是人所独有的全新形式，即劳动。

人类的劳动与动物的本能完全不同：人类劳动的根本标志是制造工具；人类劳动是一种有目的有计划的自觉行为；人类劳动从一开始就是在一定的社会关系中进行的，是一种社会性的活动；人类劳动不是对自然界的消极被动的适应，而是对自然界的积极改造。劳动把人从动物界中提升出来。为此，恩格斯在《劳动在从猿到人转变过程中的作用》一文中概括指出，劳动是一切人类生活的第一个基本条件，而且达到这样的程度，以致在某种意义上不得不说：劳动创造了人本身。

马克思、恩格斯在《德意志意识形态》一书中，不仅指出了人类的起源，而且说明人类从动物界中脱离出来，其先决条件在于他们开始生产他们所必需的生活资料，同时表述了关于人类社会起源的思想，即任何人类历史的第一个前提无疑是有生命的个人的存在。这一思想，后来在恩格斯发表的《劳动在从猿到人转变过程中的作用》一文中得到更为明确的阐述。这些论述说明，人类社会的历史是和人类的产生一道开始的，即人类与人类社会是同时起源的。马克思主义关于人类和人类社会起源的原理适用于说明教育的起源问题。主要包括以下两个方面。

① 人类的教育是伴随人类社会的产生而产生的，促使人类教育起源的直接动因是劳动过程中人们传递生产经验和生活经验的实际社会需要。劳动是人类生活的第一个基本条件。劳动是从制造工具开始的，即使是制造最简单的工具以及掌握使用工具的经验，都必须由有经验的长辈对年青一代进行指点和传授，以保证社会生产的接续和满足人类自身生存的物质条件。

换言之，人类使用和制造工具的经验和技术，人类从事狩猎、采集、种植、畜养、筑房、制陶、纺织的知识和经验，大家庭、大部落尊敬长辈、互助互援、遵守礼法、遵从部落成训、传播历史、遵守习惯风俗等维系人际关系的各种社会规范等，都需要由老一辈向年青一代进行必要的传授和训练。这种传授和训练活动就是人类最初的教育形式。而促使这种教育形式起源的直接动因是人类传递劳动经验和社会行为规范的实际需要。

在原始社会，孩子自幼就生活在父辈经验的陶冶中，在成年人制造器具时，在父辈养护动物、播种收割时，即由观察而充当帮手，慢慢变成独立的劳动者。不仅如此，从孩提时起，成年人就对他们进行训练，以使他们适应社会生活，如婚姻传统、风俗习惯等。通过这些方面的训练和传授，保证个体能够适应其所处的社会和自然环境。

② 教育起源于人的自身发展和社会化的需要。人类自身的生产需要以物质资料的生产为基础。因此，生产经验的传授与学习是第一位的。但是，一个不容忽视的客观事实是人们最早接触的是社会环境，而后接触的才是生产活动。年青一代如果不经历人类社会有意识有目的的教育过程，如果没有长辈对他们的传授和影响，就不可能具有社会性这个人的本质属性，就难以适应人类社会特有的生活。人类世代积累起来的经验、知识、技能、生活规范等精神文明就会因此而终止。

人的成长是一个过程，从出生到成长为一个具有劳动能力的社会成员，至少要经历十几年的时间。在此期间，从成人那里得到的知识、经验、技能、社会规范等，虽然从最终目标看是将来从事社会的物质生产劳动，在宏观上促进了社会生活的延续和发展，是出于社会方面的需要，但从直接结果看则是发展了身心，实现了精神成长，在微观上促使人远离动物界，趋于社会化与文明化。基于此，教育的起源同其他社会现象、其他社会实践活动的出现一样，说到底总归是由于社会生活的需要。不过，由于教育的对象是人而不是物，因此，教育的起源就不仅有与其他社会现象起源的共同之处，即随着人类社会的出现而出现，出于人类谋求社会生活的需要，而且有其自身的特质，即教育起源于个体发展和社会化的需要①。

在成长为具有劳动能力的社会成员之前，人们首先面临的是社会环境，再以后才是自然环境。这时，他们的主要任务是学习社会的礼仪规范，掌握各种生产知识经验，发展他们运用这些经验的能力和本领。他们跟随着家庭、公社、部落中的长者和有经验的人，在长者的示范和口授之下学习打猎、捕鱼、准备食物、建筑房屋、语言艺术及原始的习俗等适应社会、适应自然、维护群体关系所必需的内容。在发展过程中，他们学会了祖先缔造的文化，掌握了各种生产经验，学习使用他们周围的物质，运用习得而来的各种生产方法，逐渐走向社会。社会经验逐渐占据主导地位，社会规范逐渐成为主导观念，社会道德逐渐成为主导内容。他们学会了语言，学会了生产，学会了处理人与人之间的关系。直到此时，人们才完成个体身心的发展进而转向服务于社会需要的劳动。此后，满足社会生活需要与实现个体身心的发展，两者便紧密地交织在一起，始终同步进行着。

人类社会所特有的教育活动是起源于人的社会需要和人的自身发展需要的辩证统

① 石佩臣．教育学基础理论［M］．北京：教育科学出版社，2018.

一。富于社会经验的长辈在向年青一代传授劳动经验、生产技能、社会行为规范以满足延续社会需要的同时，也就以蕴含在传授内容中的文化，促进了个体身心的发展和精神世界的完善。因此，社会需要的实现和个体发展需要的满足是同一传授过程中两个不同的方面。无论把哪一个方面作为教育的起源都必然内在地包含着另一方面的活动。教育起源于两种需要的辩证统一。

2. 教育是人类社会特有的自觉活动

人与动物的本质区别不仅在于人能制造工具，还在于人所从事的一切活动都是在人所独有的意识的支配下的有目的、有计划的自觉行为。因此可以断言，教育仅存在于人类社会，为人类社会所特有，在动物界不存在可称为教育的现象。

① 教育是一种有意识的活动。马克思主义哲学和科学心理学的研究证明，动物只拥有生命物质最基本的反映形式，即刺激感应性和动物的心理，只有人才有意识。动物对客观存在的反映依靠的是特定的感觉器官和结构简单的大脑，而人却不同。人不仅可以通过特定的感官反映外在的刺激，更为重要的是，人能通过抽象的理性思维反映事物的本质和规律。动物即使经过训练也达不到这一点，这就说明动物是不具有意识的。

所以，意识为人类所独有，而教育就是在人的意识的支配下进行的。与动物对下一代的照顾和生存技能的传递有着本质的不同。动物对下一代的照顾完全是出于天生的生存本能，这种本能是由遗传而继承下来的简单的行为定型。教育则不同，教育不是产生于本能的需要，而是出自人所意识到的社会需要。无论是生产经验的传授，还是社会行为规范的示范指导，都是一种有目的、有意识的行为，这些行为是在意识的驱动下产生的。所以，教育不是生物现象而是社会现象。

② 教育也是人类社会所特有的传递经验的形式。动物在种系发展过程中，对于怎样适应周围环境更有利于自身的生存，也有一种信息的储存和传递，其信息主要储存在遗传基因中，以遗传的方式而不是以教育和学习的方式传递下去。在高等动物中，除本能外，当然也有经验和智力活动的存在，年长的动物也有应对同类和人类的丰富的经验和教训。但是，这些后天获得的生存本领和经验，因为动物没有意识和复杂的语言，所以不能以教育这种传授方式为其他动物所掌握或进行历史性的保留，作为个体的经验，只能随个体的死亡而消失。

人类在长期的种系发展过程中形成的经验和智力，也在遗传素质中有所表现。但是对于人类而言，遗传不是传递经验和智力的主要形式。人类对经验和智力的获得主要是通过后天的教育和学习。人类之所以能做到这一点，是因为有意识。人能把自己的需要报告给自己，人能意识到经验的不足和欠缺。人类又有语言和文字，借助语言文字的信息载体功能，人类的经验既可以存在于个体意识之中，也可以存在于个体意识之外，脱离个体而独立存在。人类不仅可以获得感官所及范围之内的经验，而且可以超越时间限制和空间地域的阻隔，从过去到现在，从宏观到微观，掌握全社会全人类的所有财富。人类传递经验的这一特点也证明了教育是一种社会现象。

3. 教育属于社会历史范畴

教育不仅为人类社会所特有，而且随着人类社会的发展变化而发展变化。在人类历史上，人类社会形态的发展和更替，同时也伴随着教育的演进和更迭。人类社会每个历史阶段都有一个形成和发展以及由一个历史阶段向更高一级历史阶段变革的过程，教育也相应地经历了一个形成、发展以及由一种社会性质的教育向另一种社会性质的教育转变的过程。人类社会每一个历史阶段都有特定的生产力和生产关系，有特定的社会发展形态和特征。与此相应，每一个历史阶段的教育都反映着特定的生产力发展状况和生产关系性质，带有所处时代的鲜明特点。人类社会迄今为止经历了不同的社会历史形态，相应地有着不同社会性质的教育，由此证明了教育是伴随着社会历史的前进而动态发展的，具有社会历史性。

（1）原始社会的教育。原始社会是人类历史上最初的社会形态，也是一个漫长的历史阶段。尽管不同的原始社会有着不同的教育情况，但不同程度地存在着一些共同因素。原始状态的社会生产状况和社会生活方式，决定了教育的原始性质。

① 教育活动与生产活动的不分化性。原始社会的教育是完全融合在生产和生活过程中，密切结合生产和生活实践进行的。由于生产力发展水平较低，教育还没有从社会生产和社会生活中分化出来，成为一种独立于劳动过程之外的专门活动，也没有专门从事传授或教导活动的教师。教师的职责是由父母和社会中有经验的人承担的。

② 教育机会的均等性。原始社会的教育具有原始状态下的机会均等特征。由于生产力水平低下，社会上没有私有财产，体力劳动和脑力劳动也没有分离，整个社会的成员都是教育者，亦都是受教育者。

③ 教育内容和教育方法的贫乏和简单性。原始社会没有正规的学校和专职教师，没有文字和教材，教育内容是与生产直接相关的经验与技能和与生活密切联系的各种行为规范，教育方法多来自对成年人日常工作的观察和他们的示范与口授。

总之，原始社会的教育是原始社会生产方式的产物。原始教育中虽然存在每个人平等的现象，但这是一种最原始的社会公平，不能将其视为社会发展的理想状态。

（2）古代社会的教育。古代社会有专门的教育机构和专职教育人员。伴随着生产力的发展和社会分工的出现，社会上出现了专门从事传授活动的知识分子和专门进行教育的场所即学校。学校的产生标志着教育步入了一个新的历史发展阶段，因为学校是专门的教育场所，须有固定的场地，专职的教育人员，专门致力于学习的教育对象，有计划、有组织的教育活动，比较丰富和系统的教学内容，从而使教育从一般的生产和生活过程中分化出来成为一种独立存在的社会活动形式。

古代社会教育内容依据政治需要和文化发展而定，重视社会典章制度的教育，轻视生产知识的传授。古代一向把儒家经典奉为学生的必读教材。在教育方法上崇尚书本，在教学组织形式上采取个别施教或集体个别施教。古代社会的手工业生产方式决定了教育的个别施教形式。

（3）近代社会的教育。近代社会教育是一个多层次、多系统的网络，既有普通基础教育，又有各种类型的职业教育和技术教育；既有培养高级专业人才的高等教育，也有对劳动者进行单一训练的专门教育，还有各种成人继续教育等。近代社会科学技术的进步和发展为教学领域提供了新的教学设备和手段，使教学方法和教学手段有了改进和更新。

（4）现代社会的教育。现代教育的特点主要表现在：义务教育的年限普遍延长，学校教育制度日益完善，教育的生产性增强，民主、平等、自由成为教育的共性追求。最先进的社会主义教育充分显示了社会主义制度的先进性和为人民服务的立场。主要表现在：社会主义教育是人民的教育，真正在追求教育机会的均等；社会主义教育以先进的共产主义思想教育学生；积极吸收先进的科技成果充实教学内容；主张民族平等，尤其重视少数民族教育事业的发展；强调建立师生间平等协作互助的关系，教师把教育视为自己神圣的职责和光荣的使命。

综上所述，教育产生、发展的过程及教育活动的性质充分证明，教育是随着社会的发展而发展，随着社会的变化而变化的，教育是一种社会现象。

（二）社会发展与教育的关系

教育是社会现象，教育的社会性特点决定了教育不能脱离社会，教育同社会发展的关系问题，是教育理论的重要课题，主要表现在以下方面。

（1）教育同社会发展的关系问题是教育观的首要问题。教育同社会发展的关系、教育同人的发展的关系，是教育的基本关系，也是教育观的基本问题。在这两方面关系中，教育同社会发展的关系又是首要的方面。因为教育为谁培养人，培养怎样的人，怎样培养人，都来自社会的要求，是由社会所决定的。而作为教育对象的人的发展也取决于社会，人的本质是一切社会关系的总和。所以，教育同社会发展的关系，是教育基本问题中的首要问题。教育同社会发展的关系问题是一个非常重要的问题。对这一问题的认识具有重要意义，直接关系到对教育本质、教育地位和教育作用的科学揭示。因此，一切教育理论和教育观，都要首先对这一问题给予回答。也正因为对教育与社会发展关系有不同认识，历史上形成了不同的教育观，产生了不同的教育派别。

教育同社会发展的关系问题，最根本的是谁决定谁的问题，即是教育决定社会发展，还是社会发展决定教育，这是教育观的核心。马克思主义诞生以前的教育家、思想家虽曾就此有过不断的探索，但由于受到历史条件和世界观的限制，都未能对这一根本问题给予科学回答。他们把教育看作决定社会发展的根本力量，颠倒了社会发展与教育的关系。他们都把教育看作社会发展的决定性力量，认为教育是超政治、超经济的，因而都未能正确认识教育同社会发展的关系。这一重大问题只有在马克思主义产生之后，在辩证唯物主义和历史唯物主义的指导下，才真正得到科学的解决。

（2）马克思主义教育观的重要贡献。马克思主义在辩证唯物主义科学世界观的指导下，认真考察了教育的历史和现实，最终发现不是教育决定社会发展，而是社会发展决定了教育。教育总是随着政治、经济的变化而变化的，教育是由社会生活条件、社会政治经济制度决定的。因此，教育取决于社会关系是普遍规律。马克思主义在人类教育思想史上，第一次正确揭示了社会发展与教育的关系，确立了社会关系决定教育的基本原理，为教育观的科学化奠定了理论基础。

（3）社会的构成要素与教育。根据马克思主义辩证唯物主义与历史唯物主义的基本观点，社会发展决定教育，因此有必要首先对社会及其构成要素进行分析。马克思主义认为，社会是人们相互交往的产物，是社会关系的总和。生产关系总合起来就构成所谓的社会关系，构成所谓的社会，并且是构成一个处于一定历史发展阶段的社会，具有独特特征的社会。

交互作用就是联系，而人们的联系首先是在生产、分配和交换过程中发生的经济交往。经济交往建立生产关系。以经济交往作为基础，继而发生政治交往和思想沟通，从而建立与生产相适应的政治关系和意识形态。所有这些关系总合起来就构成社会。社会是由地理环境、人口与物质生活资料的生产方式三个基本要素构成的。其中对社会发展起决定作用的是物质生活资料的生产方式。

地理环境是人类社会发展的必要条件之一。人类要生产出自己所需的物质资料，就必须由自然界提供材料。自然界给人类提供了生息的场所和人类生活繁荣幸福的物质资源。人的存在离不开自然，人类教育的发展同样离不开自然的物质保障。

人口也是社会存在和发展的一个必要条件。人口数量的多少、增长的快慢、聚居的密度等，都对社会发展起着加速或延缓的作用。只有人口发展和物质生产发展之间保持适当的比例关系，且不断提高人口的素质，才能促进社会的发展。

社会物质资料的生产方式是社会发展和变革的最终决定力量。生产方式包括生产力和生产关系两个方面。生产力和生产关系的矛盾运动是社会经济发展的根本原因。生产方式之所以是一切社会发展和变革的决定性力量，是因为物质资料的生产是人类社会赖以生存的基础。有了这个基础，才能谈得上政治、法律、科学、文化等。自然环境和人口也必须通过生产方式的作用才能最终影响社会生活。因此，生产方式不但在物质生活诸条件中起决定作用，决定着社会的物质生产过程和人们的物质关系，而且也决定着社会的精神文化发展过程和人们的思想关系，决定着整个社会生活的性质、面貌和发展变化，所谓社会存在决定社会意识的真谛也就在于此。

马克思主义从对社会构成要素及其相互关系的分析中揭示了社会的发展规律。马克思主义关于社会发展决定教育的原理，也正是对这一历史唯物主义观点的具体运用。因此，在探讨教育同社会发展的关系时，必须坚持马克思主义这一历史唯物主义观点，从教育同社会构成要素的关系上考察教育的本质和作用。

1. 社会发展对教育起决定作用

社会发展既包括物质生活条件的发展，也包括社会关系的发展，是地理环境、人口、生产力、社会关系的统一发展。社会发展对教育的决定作用，也主要体现在地理环境、人口状况、社会生产力和社会关系对教育的制约和决定作用等方面。

（1）地理环境对教育的影响。人类社会的地理环境即社会的自然环境，包括地理位置、气候、地貌和各种自然资源等人类生存和发展的诸种自然条件的总和。不同的地理环境制约着社会的发展，其中也包括对教育的影响。不同的自然地理环境有着加速或阻滞教育发展的作用。不同的地域影响了不同的教育条件，不同的教育条件决定了不同的教育质量。人类是整个自然界的一部分。人类教育的发展受到自然环境的影响，还表现在教育同样受到生态平衡规律的制约。所以，无论是地理位置、气候条件、交通状况、资源多少等都以不同的方式、从不同的方面制约着教育发展的规模速度、质量等。

（2）人口状况对教育的限制。人口是指一定社会中集居在一定地区生活的人的群体。马克思主义强调，人口是一个具有许多规定和关系的丰富的群体。人口是人类社会存在和发展的基础。人口既有量的特征，又有质的差异。人口增长速度的快慢、数量的多少、质量的高低都同教育有着密切的联系，主要包括以下方面。

① 人口年龄构成制约各级教育发展规模与进程。人口的年龄构成标志着需要受各级教育的实际人数。学龄人口的数量及发展趋势决定着学校的规模、数量和教育投资计划。人口自然增长率的迅速上升和下降都对教育有着重大影响。迅速上升的人口必然给教育事业带来压力，导致班级人数增多、课堂教学质量难以保证、升学竞争激烈、校舍设备不足、学校发展不均衡等，从而使教育改革实践难以进行，教育事业不能健康发展。反之，则会导致教育投资的浪费。因此，一个国家在一定时期办多少学校、投入多少教育经费、聘用多少教学人员，是随着受教育者的数量的变化而变化的。

② 人口就业结构制约学校教育结构。所谓就业结构，是指劳动力在国民经济各部门中就业的比例。近年来，科学技术的迅速发展和经济结构的显著变化，带来了人口就业结构的变化。这种变化主要表现为劳动力的转移，即劳动力从农业、工业向服务业转移，从体力劳动向脑力劳动转移，从一般技术产业向高新技术产业转移。这种转移的结果是服务行业、脑力劳动部门、高新技术生产部门的就业人员比例加大，一般技术部门、体力劳动部门就业人数则逐渐减少。就业结构的变化决定了就业人员知识结构的变化。就业结构的复杂性决定了教育结构的多样性。

教育结构指各级各类学校以及各种专业、各种程度教育的构成。各级，即学校的层次程度；各类，即学校与专业的种类。所谓改革教育结构，就是根据国民经济发展的需要和劳动力就业结构的变化特点，使学校教育结构与人口就业的结构在级与级、类与类方面形成合适的比例，从而为人口就业创造条件。

③ 人口地域分布制约学校布局。人口分布是指在一定区域里的人口增长状况和居住地的人口密度。人口的地理分布和流动是政治、经济、自然环境等多种因素综合作用的结果。不同密度的人口分布不仅决定着教育发展的规模和学校布局，而且影响着受教育者人均教育费用。在人口分布合理的地区，教育相对能够从容发展。在人口过于稀疏的地区，经常出现学校布局不够合理的现象，进而影响该地区教育的发展。一般情况下，人口密度均匀的地区，办学规模相对适度，受教育者人均教育费用也相对较少。因此，人口状况对教育的发展有着多方面的制约和影响。认真探讨人口规律，提高人口素质，不仅是人口学的重要内容，也必须引起教育学者的充分注意。

（3）社会生产对教育的制约。马克思主义强调，一定的教育是由一定的生产关系决定的，但归根结底取决于生产力的发展，即使是教育目的、教育内容、教育结构等，看起来是一定社会政治经济的直接反映，但从根本上而言无不受到生产力的制约，主要表现在以下方面。

① 生产力发展状况制约着社会的教育目的。教育是培养人的过程。培养怎样的人，首先是由政治经济发展水平决定的。由于一定的政治经济总是建立在一定的生产力发展水平之上，所以人的培养规格和内容就必然受到生产力发展水平的影响。随着近代机器大工业的兴起使社会的生产劳动发生了质的变化，手工业生产阶段的简单劳动开始为复杂劳动所取代。新的生产力对从事这种生产劳动的人提出了新的要求，即劳动者凭手工劳动时积累的技艺和经验已经不能适应现代机器生产的劳动过程，而需要掌握一定的知识和文化。

现代生产所需要的知识、技能及其工艺流程等，只有经过学校的专门培养才能掌握。因而，学校的培养目标开始发生质的飞跃，学校除培养一般人才外，开始把培养有文化的工人和各种专门的生产人才作为教育的重要内容。因此，学校教育目的必然要反映生产力的要求，受生产力发展的制约，这是一个普遍规律，生产力的要求终究要在教育目的中得到反映。

② 生产力发展状况影响着教学内容与学科设置。生产力的发展必然引起科学知识的不断积累和发展，这为学校教学内容的丰富和更新，为学科设置的调整提供了可能的客观条件。同时，生产力的发展又要求教育培养出来的人能够适应当时生产力发展的需要，能够具有生产所需的知识和技术，这又对教学内容的选择和改革及学科设置提出了要求。从教育的发展历史看，由于时代不同，科学技术发展水平不同，各个时代所使用的生产工具不同，生产力发展对人才规格的要求不同，学校的课程门类、课程结构、课程内容也各不相同。

随着科学技术与生产力的联系日益紧密，社会生产力迅速提高，新兴生产部门不断涌现，职业门类越来越多，对参与生产过程的劳动者的文化水平要求也越来越高。社会生产力的新发展不断促进着学校教学内容的改革与更新。随着学科设置的调整，生物工程、光电纤维、电子计算机等陆续进入课程领域。教学内容的发展历史表明，学校的课程，特别是自然科学方面的内容是直接受制于生产力发展的。没有生产力和科学技术的进步，就不会有教学内容的补充和更新。

③ 生产力发展状况制约着教育事业发展的规模速度和教育结构的改变。办教育必须以一定的人力、物力、财力做基础，必须以现实生产力发展水平所能提供的物质条件为前提。当一个社会的生产力发展水平还很低，社会上的大多数人还要整日为保证必需的生活资料而从事繁重的体力劳动时，他们不可能去接受教育。这样，教育事业发展的规模就必然受到限制。

教育经费直接影响校舍设备、师资条件等办教育所需的一切物质资源。所以，教育事业的发展规模和速度必须适应当时社会生产力的发展状况。这种适应不仅是说发展教育必须首先考虑生产力发展水平所能提供的物质条件和可能，还要考虑生产力发展对教育提出的要求。只有使教育的发展与生产力的发展相吻合，二者才能相得益彰，互相促进。生产力不仅制约着教育发展的规模和速度，也影响着教育的结构变化。马克思在《资本论》中指出，大工业生产的发展不但改变着普通教育，而且使整个教育结构都在发生变化。他认为在近代资本主义社会中，工艺学校、农业学校、职业学校的出现，就是在大工业基础上自然发展起来的一个要素。

综上所述，社会生产力状况是发展教育的物质基础，教育的发展永远受到物质生活条件的制约，这是不以人的意志为转移的客观规律。马克思主义一直强调办教育必须考虑物质基础，物质生产对社会发展、对文化教育有最终的决定作用。

④ 生产力发展状况影响着教学方法、教学设备和教学组织形式的改革。学校的教学方法、教学形式、教学设备也是生产力和科学技术发展程度的反映。随着生产和科学技术的发展，大面积的班级授课取代了个别施教；生动的直观教学、演示实验、参观实习等教学方法开始进入教学领域，辅助教师的口头讲授；电影电视、录音录像、计算机、多媒体等先进的教学设备使传统的教学方式获得新的生机，增强了教学效果，提高了学生的学习兴趣。这些变化都是与物质生产的发展和科学技术的进步分不开的。换言之，没有现代科学技术的发展，就不会有多种形式的远距离教育，就不会有各种现代化的教学手段。

（4）社会关系对教育的决定作用。教育取决于生活条件，归根结底要受到社会生产的制约。这是社会通过生产力决定教育发展的作用方式之一。教育发展的历史证明，教育同社会生产的发展并不表现为完全的同步现象。教育同社会生产发展状况之所以存在不同步现象，是因为直接起决定作用的因素是社会关系。社会生产对教育的作用虽然是根本的，但并不直接决定教育，直接决定教育的是社会关系。

社会关系即社会生产关系的总和。根据历史唯物主义原理，这些生产关系的总和构成社会的经济结构，即有法律的和政治的上层建筑竖立其上并有一定的社会意识形态与之相适应的现实基础。换言之，生产关系的总和即经济基础，是一切上层建筑得到支撑的决定性因素。生产力对社会面貌的影响是通过生产关系发生作用的。教育虽然归根结底决定于生产力，但生产力的这种决定作用不是直接完成的，而是要通过社会关系的中介，以社会关系的好恶为转移的。所以，社会关系从总体上直接决定教育的一切。

社会关系包括物质关系和思想关系两个方面。物质关系是经济关系，即生产关系的总和；思想关系是围绕经济基础而形成的思想意识形态等上层建筑现象。物质关系和思想关系都对教育具有决定性的意义，主要表现在以下方面。

① 社会关系的性质决定了教育的性质。一定的教育具有怎样的性质，这是由那个社会的社会关系性质直接决定的。有怎样的社会关系就有怎样性质的教育。不仅教育的性质取决于社会关系的性质，教育的发展变革也直接取决于社会关系的发展变化。当新的社会关系代替旧的社会关系时，就必然产生与之相适应的新教育。

② 社会关系决定着教育的宗旨和目的。教育的根本任务是培养人。但在一定的社会中，培养怎样的人，具有怎样的政治方向和思想意识，为谁服务，这是由一定社会的政治经济决定的。教育目的是一个社会的政治经济制度对教育所提出的主观要求的集中体现，直接反映着利益和需要。因而，在不同政治经济制度的社会里便有着不同的教育目的。

③ 社会关系也决定着教育的权利和机会。社会关系对教育权利和机会的决定作用主要表现在两个方面：一是对教育领导权的决定；二是对受教育权的决定。同时，社会关系也决定着受教育的权利和机会。在社会主义社会中，新的社会关系使每一个社会成员都拥有实际上的政治经济上的完全平等，因此，每一个社会成员真正享有同等的受教育权利和机会。进入何种学校，不是看家庭的经济能力、社会职位的高低，而是取决于个人的智力、能力、才学、兴趣、理想。由此可见，不同社会的社会关系决定着不同的受教育权。

④ 社会关系也决定着教育的内容、教育的结构和教育管理体制。教育内容是教育目标的具体体现。不同社会关系下的教育有着不同的教育内容，尤其是社会科学方面的内容。教育内容直接受制于社会关系的需要。即使是自然科学方面的内容也不会自然而然地进入教育领域，而要先得到社会关系的承认和接纳。社会关系也决定着教育的结构，结构即教育的构成。教育的构成涉及两个维度：一是级别，即层次、程度；二是类别，即类型、种类。教育结构的复杂多样，归根结底是由生产力结构、就业结构、生产部门结构的复杂多样性决定的。但生产部门所需要的人才规格层次和类型则首先是由国家权力机关直接决定的，是由总的教育规划战略决定的。社会权力机关根据生产第一线对不同层次、不同类别人才的需要，确定各级各类学校的规模、比例、招生数量、专业设置等，以求教育的发展与生产发展的需要尽可能在级与级、类与类上保持协调。教育的管理体制更直接受制于社会关系。不同的社会政治经济制度决定着不同的教育体制。上述各种事实证明，通过社会关系影响教育，乃至决定教育，这

是社会发展对教育起决定作用的客观规律的集中体现。

2. 教育的永恒性与动态性

教育的永恒性是指教育不仅与人类社会同时产生，而且只要人类社会存在就必须有教育，教育与人类社会共始终。这是因为教育作为人类社会进行社会物质财富和劳动力再生产以及人的社会化的手段，是任何一个社会、任何一个历史阶段都不可缺少的重要条件。人类存在，生产劳动继续进行，也就必然需要教育。教育与人类社会同生存、共发展。没有教育，新的一代不能继承老一代的生产和生活经验，人类社会就不能顺利地向前发展。因此，教育是年青一代健康成长和社会生活继续发展的不可缺少的手段，正是从这个意义而言，教育是人类社会的永恒的现象。教育是永恒的，也是随着社会的发展变化而发展变化的，具有动态性的特点。教育的发展既受生产力发展水平的制约，也受特定生产关系的制约。生产力发展水平的动态变化与社会生产关系的变革更迭，都会导致教育水平、教育性质的改变。在人类历史上，有怎样的社会形态便有怎样的教育。在某一种社会形态内，科学技术的发展也必然影响着教育内容、教育方法、教育手段、教育设备等方面的改进、丰富和完善。科学技术的迅速发展为社会生产过程中劳动生产率的提高注入了无限生机和活力，同时也对人才规格提出了新的要求，从而促进教育思想、教育内容的改革。因此，教育从来就是伴随着社会历史的发展变化和科学技术的进步而不断完善自己、满足社会需要的。

3. 教育具有相对独立性

教育的发展受到生产力和生产关系的制约，随政治、经济的变革而变革，但是，教育也具有相对独立性，主要表现在以下方面。

（1）教育与社会政治经济的发展存在着不平衡性。教育反映着一定的政治经济发展水平，并随着一定政治经济的变化而变化。但这种反映和变化有时并不是直接、即刻的，或是同现有的政治经济、科技发展、社会需要完全并行一致的。在历史上，作为意识形态的教育，经常落后于现存的政治经济。特别是学校的教育内容，滞后性就更为明显。教材内容是科学研究成果中形成定论的理论、原理等，是具有一定稳定性的基础知识、基本概念和基本理论。教材内容与飞速发展的科技相比，同样具有滞后的特征。相反，有时新的政治经济没有形成，某些新的教育思想、教育主张也会提前出现，为新的政治经济的产生做准备。超前于特定社会的思想和主张，当然避免不了具有科学假设的成分，如教育未来学、教育预测学等。

（2）教育是由政治经济决定的，但同时教育对政治经济又有积极的反作用。一定的教育都是由一定社会的政治经济决定的，但是教育并不是消极被动的，教育对政治经济也有积极的反作用。教育对政治经济的反作用是教育价值的体现，是教育为社会、政治、经济服务的特点。这种积极作用正是教育能动作用的反映，也是教育具有相对独立性的重要表现。

（3）教育作为一种独立的活动形式与其他意识形态有着相互影响关系。教育以其培养人的独特品质而成为一种有别于文学、艺术、科学等独立的社会意识形态之一。教育既以自身的活动影响着其他意识形态，同时又受到其他意识形态的影响。一定的哲学思想、政治思想不仅影响着一定的教育思想观点和主张，从而导致不同教育观的诞生和教育改革思潮的兴起，还制约着教育内容的改革和教育方法的更新。所以，教育的发展是与这些社会因素的发展分不开的，尤其是教育思想、教育内容、教育方法时刻摆脱不了其影响；同时，教育也以其独特的活动产生积极的作用，促进政治、哲学、伦理、科学、艺术、文学等的发展。

（4）教育具有历史继承性，主要表现在以下方面。

① 每一个社会的教育都是在以前的社会文化发展基石上建立起来的，都与前一历史时期的教育理论和实践有着一定的历史渊源关系。任何一种新教育，如果企图摒弃以往的一切，从零开始，是不现实的。因此，必须善于以批判的眼光，承接历史发展的精华，剔除旧时代的糟粕，使其古为今用。

② 教育在发展过程中，通常将某些适应生产力发展要求和人的身心发展规律，符合人的认识形成特点，具有真理性、永恒性的内容继承下来，纳入新的教育理论体系，即择优而取。

③ 科学无国界，属于全人类共同财富的内容、方法、技术等，只要对发展教育有益，教育工作者也经常将其吸取、借鉴、利用，从而打破空间之隔，根据自己的民族特点和教育实际，选择一切有价值的东西去完善与发展自己的教育活动，即洋为中用。

总之，教育作为人类延续、社会发展不可缺少的条件，其自身的存在和发展，不仅受到一定社会政治、经济、生产力的制约，还反作用于一定社会的政治、经济、生产力；同时，教育也要受到自身内在规律的制约，具有历史继承性的特点。

（三）教育职能与社会作用

科学地回答教育的职能和作用问题是一个艰巨的任务。马克思主义教育基本原理以大量客观事实和科学研究的成果为依据，以辩证唯物主义和历史唯物主义为指导，对教育的职能和作用问题，做出了科学的回答。

1. 教育职能

(1) 促进社会延续与发展的职能。马克思主义强调，制约人类社会延续与发展的根本机制是物质生活资料的生产和人类自身生产的相互作用。物质生活资料的生产是一切人类生存的第一个前提，也就是一切历史的第一个前提；同时，人类自身的生产又是物质生活资料生产的基础。教育作为专门培养人的社会实践，作为人的社会化的基本手段，是人类社会所具有的一种普遍的永恒的现象。

马克思主义“两种生产”理论表明，没有物质生活资料的生产，人无法生存，自然也就不存在人类社会的历史。反之，如果没有人类自身的生产，就不存在人的物质生产活动，当然也就不会有人类社会的延续。所以，人类社会的存在与发展，需要两种生产并存，统一发生作用。物质资料生产和人类自身的生产在人类社会发展史上是互为前提、互为因果的。任何社会的存在和发展都必须不间断地进行物质生活资料的生产，而这个活动是靠人类完成的。人是生产劳动的主体。人作为劳动力是生产劳动的重要构成因素。

人并非生来就会劳动，人要由一个自然实体变成一个能够制造和使用生产工具的劳动力，其间要经历一个复杂的转化过程，而这一过程又不是自然完成的。这是因为劳动力并不仅是人的体力的运用，还是由多种因素构成的复合体。劳动者的劳动能力的运用不仅需要智力和体力，还需要目的性和意志力。人的意志力作为精神因素也是构成一个现实劳动力的必要条件。要生产融合智力、体力、道德、精神于一体的劳动力，生产一定社会下合格的社会成员，不能仅靠生理方面的自然成熟，还要靠劳动中的自发成长，而且必须通过一定的教育和培养。所以，劳动力的生产绝不只是人口数量的简单增加。新一代要能适应一定的社会生活，要能运用一定生产力水平下的生产工具，要能在一定的社会关系中生活，在一定的生产关系下生产，成为合格的社会成员，就需要教育，需要劳动经验和文化科学技术的培养和提高，包括世代相传的技能的积累。所以，从人类社会的发展历史而言，教育是培养合格劳动力和一定社会合格成员的工具，是不同时代之间接续和联系的手段，是使社会生活得以延续和发展的纽带。

(2) 加速个体身心发展和社会化进程的职能。培养人是教育最基本的职能，也是教育的特质所在。人类教育发展至今，之所以有别于生产劳动等其他社会活动形式，其根本原因就在于教育自始至终保持着培养人的职责，保持着社会上其他任何活动形式都不具有的，通过学校进行知识传授、技能培养、体质增强、品德提高的职能。人类在发展的过程中，创造发明了多种多样的人才培养方式，但是在众多形式中，唯有教育，特别是学校教育显示了人才培养上的突出优越性，因而最终成为普遍认可的最佳形式。

教育之所以能取得培养人的社会独占地位，是因为教育能以其高度的组织性与计划性、明确的目的性与方向性，利用最短的时间和最高的效率完成培养人的任务；教育部门之所以有别于社会上的其他部门而成为一种培养人的专门部门，也是因为教育始终把培养人作为自己的基本职责。教育如果失去了培养人的基本职责，那么也就失去了其自身的特质。教育正是因为有了培养人的职能才称其为教育。

教育对人的培养，是试图使人成为一定社会所需要的人，即通过教育加速实现人的社会化，实现由生物个体向社会个体的转变。每个人都要经历由生物个体向社会成员的转变过程。这个转变的目的就是使每一个不知不识的生物个体成长为一定社会所需要的人，成为能够适应社会要求、与社会规范自觉保持动态平衡的人，这就是人的社会化的实现。所谓人的社会化，就是个人学习社会知识、技能、行为规范，逐渐适应社会生活，成为社会成员，满足社会需要的过程。人的社会化是一个过程，这个过程的实现可以通过多种形式。其中教育是促使人实现社会化，加速人自然成长，实现向社会成员转变的最有效形式。教育以系统的教育内容和教师传授的有效形式，使学生在比较短的时间内明确生活目标、社会信仰追求、伦理道德行为规范、社会需要与价值取向，掌握应有的社会生活基本技能，明确应该承担的社会责任与角色等。成为一个社会成员，也就是成为这个社会的拥护者、建设者与保卫者。为此，必须广泛地学习社会的政治思想、伦理道德、自然与社会科学方面的知识，做到既奉献于、适应于社会，又合理地取之于、消费于社会。学校中教学科目的设置、教师辛勤的讲解与指导、各种活动的安排等，目的就在于促使学生个体社会化的实现。

(3) 传递与创新知识的职能。人类在长期的社会实践中创造了两种财富：以物质形态表现出来的物质文化，即人的智力的物化和以语言文字形态记载下来的精神文化。这两种社会财富之所以能得以保存，并世代相传地发展下去，不是靠人的生物遗传实现的，而是靠教育将这些人类认识的成果传递给新的一代实现的，这就是所谓的社会遗传。实现社会遗传的方式很多，但最基本最有效的方式是教育。各种先进的打印技术、复印技术的发明，广播、电视、互联网等各种现代化传播手段和媒介的出现，为知识的传递提供了极为广泛的通道。但是，教育作为人类传递知识的一种最基本形式，并未丧失其价值。人们最初对知识的获得仍然要依赖于教育。人们可以通过各种现代化的信息媒介去获得理解各种知识和技术，但是这必须在有了一定的知识基础和理解能力之后才能进行。这种知识基础和理解能力就需要教育提供。人依靠教育传递知识的职能形成自学能力后，才有可能充分利用现代化信息工具不断完善自己。

从人类社会知识的继承与发展而言，教育的传递职能就更为明显。从某种意义而言，没有教育对知识的传递和积累、创新和发展，人类文明的历史长河就会停止流动。人类之所以能借助历史的经验，推动社会不断前进，正是由于有了教育这个传递与积累知识的重要环节，由此得以承上与启下，使人类了解过去，从历史中吸取经验和教训。

教育不仅能以自身的活动实现知识的纵向传递，亦可突破空间与地域的阻隔，进行横向的交流。国与国之间虽远隔千山万水，但人类的真理、先进的科学技术是任何天然屏障都阻隔不了的。各种先进的交通工具和信息传播媒介的诞生，把不同地域之间的距离缩短。各国之间频繁的教育交流，把知识的传递由局部推向全球。

2. 教育的社会作用

教育的根本职能是通过人的培养促进人的社会化进程的实现。但教育不是为培养人而培养人，而是通过培养人，产生促进社会物质生产，促进社会经济、政治、科学技术、精神文明发展的社会作用。

（1）教育对物质生产的积极作用，主要表现在以下方面。

① 教育是劳动力再生产的重要手段。马克思主义经济学认为，生产力是人类控制与征服自然的能力，是由有目的的活动或劳动本身、劳动对象和劳动资料共同构成的，是物的因素和人的因素相结合的总体能力。作为物的因素的生产资料和人的因素的劳动力是生产力的基本构成要素，二者互为前提、相互促进。物质资料是劳动力再生产的基础，没有这个基础，劳动力就不能生存，生产也就不能进行下去。反之，没有劳动力的生产和再生产，不仅物质资料的生产和再生产不能进行，已进行的生产过程也要中断。所以，劳动者是生产力诸因素中最重要的因素。

劳动者在生产过程中的地位之所以比生产力中的其他任何因素都重要，原因在于劳动者是活劳动力，劳动者的劳动是活的劳动。而劳动者的劳动之所以能成为活的劳动，是由于人的劳动不单单是体力的运用，还有重要的智力的运用。因此，在现代化生产的今天，衡量劳动力的大小，不光要衡量体力的大小，更要衡量一个劳动者智力的高低。

不论是体力的改善还是智力的提高，都要靠教育去完成。人的体力虽然属于身体的自然能力，但体质的增强与体能的发展，也要靠良好的教育培养和训练。至于智力的提高，则更要靠教育的有意识培养。在科学技术迅速发展的今天，不仅科学文化知识的掌握、生产技能的形成离不开教育的系统训练，就是劳动经验的传递也要靠教育才能实现高速度与高效率。

按照现代生产要求，劳动力是指具有一定智力、生产知识经验和劳动技能的人。当一个人尚未具备任何科学知识、生产经验与劳动技能时，只是一个潜在的可能的生产力。科学是知识形态的生产力，是一种生产的精神潜力。要使人的天然的潜在能力变成现实的劳动能力，要使科学知识摆脱潜在状态成为直接现实的生产能力，就要靠教育实现科学知识与人的结合，从而使人的自然本性得到加工、自然潜能得到完善、自然智力得到开发，使人由潜在的可能的劳动力转变成直接的现实的生产力，由只具备一般的人的本性的人发展成为社会总体劳动中具有专门劳动技能的一员。所以，教育作为人类自身生产的社会实践，当之无愧地成为劳动力生产的基本手段。

教育不仅能够实现劳动力的生产，而且可以不断实现劳动力的再生产。劳动力的再生产，不仅要以数量的增加去满足社会生产的扩大和发展需要，更为重要的是要以质量的不断提高去促进社会生产的不断跃进和革新。伴随着社会生产发展，当今的教育模式已经转变为继续教育、终身教育。这些新的教育形式，不仅可以保证劳动力与生产部门对人的数量需求的平衡，还可以促进人的劳动能力的不断更新、完善和提高，满足生产不断进步对人才质量提出的需求。教育对劳动力的这种不断的再生产，可以重新构建人的知识结构，提高劳动者对现代生产的适应性。

② 教育是经济发展的重要因素。经教育而实现的劳动力再生产，由于提高了劳动力的知识水平和技术素质，便成为提高劳动生产率的重要因素之一，成为经济发展的前提和基础。在传统落后的社会观念中，教育被认为是一种消费事业。但历史的进步和科技的发展，促使更多的人认识到教育是促进一个国家经济发展的长久之计，教育可以为社会带来经济价值。

在现代化生产中，推动经济发展的不再是依靠增加劳动力的数量或延长劳动时间和增加劳动强度，而主要是依靠提高工人的熟练程度和科学技术在生产上迅速应用的程度，其作用已超过了资本和劳动力数量的增加。人力资本对经济发展的作用越来越大。教育在经济发展中之所以有如此明显的作用，与教育能实现科技人才的积累和工人熟练程度的提高是分不开的。只要能拥有创造发明新科技的人，有能制造、操作先进生产设备的人，国民经济就能很快地恢复发展起来。总之，现代教育可以为经济持续稳定发展提供良好的基础和条件，为经济各部门提供比例合理的人才队伍，从而成为经济发展中不可或缺的重要因素。

③ 教育也是科学技术知识再生产的重要手段。高等学校是教学与科研的统一体。通过教学，可以实现高效率的科学知识再生产，完成培养人的光荣任务和使命。由学校教育实现的科学知识再生产是一种无限的永恒的再生产。只要人类需要进行劳动力的培养和训练，需要对年青一代进行知识的武装，以开发智力、培养能力、发展创造思维，需要向全体社会成员进行科学知识的普及，以提高全体公民的科学文化素质，就需要通过教育进行科学文化知识的传播，需要把已经成形的科学理论传授给新一代，为新一代所掌握和继承。

科学知识的一次传授过程便是一次再生产的过程。只要人类社会发展下去，这种生产便将永远地进行下去。这种再生产也是一种扩大的再生产。因为由教育所进行的这种知识传授，可以使原来为少数几个人所掌握的科学知识被众多的人所了解，不断扩大传播范围。师生之间这种代代相传的信息传播，就使得科学知识的再生产扩大、提升到无尽无休的范围和程度。

由教育进行的科学知识再生产又是一种高效率的再生产。学校中的知识传授是在教师的精心安排下，对科学知识进行反复筛选，从中挑选出人类经验的精华，通过有效的教育形式、科学的教学方法和先进的教学手段，在特定的教育过程中完成这种再生产的任务。这样做可以避免人类在获得这些知识时所经历的漫长而曲折的道路，以最短的时间、最高的效率、最简便的途径，使年青一代完成认识的任务。换言之，由教育所进行的科学知识再生产的效率是任何其他活动形式都无法比拟的。

（2）教育对政治经济制度的积极作用。教育受政治经济的制约和决定，同时，教育也反过来积极作用于社会的政治经济，为社会政治经济的完善和发展服务，主要体现在以下方面：

① 教育为维护政治经济制度培养一定社会所需要的人。教育是培养人的工具，通过培养具有一定社会、一定阶级意识的人来为一定的政治经济服务。这是任何社会的政治经济制度在其巩固过程中都必须依靠教育的原因所在。社会主义国家要巩固自己的政治经济制度，必须培养自己的建设者和接班人，也需要更好地发挥教育的作用。通过教育，青年一代提高了科学文化素质，成为社会主义社会的积极成员，自觉地为巩固和发展社会主义贡献着力量。

② 教育为维护政治经济制度传播一定的社会思想和道德规范。教育也是传播思想意识和道德规范的重要手段，教育通过影响社会的舆论、思潮和风尚为维护政治经济服务。学校从来就是精神生产的重要阵地，是通过师生之间的政治理论传播，通过社会科学内容的讲授，向受教育者灌输一定的政治、哲学、道德等思想和行为规范，使

其形成一定的道德品质的场所。同时，教育者还充分利用社会上的各种宣传媒介，如网络、报纸、杂志、广播、电视等，形成一定的社会舆论，对社会风气、道德面貌以及政治思潮产生影响，借以影响和争取群众，从而达到维护社会政治经济制度的目的。

③ 直接介入社会政治活动，发挥教育对社会政治的积极促进作用。学校对社会政治活动的直接介入，有时表现为学校响应社会的政治号召，组织学生直接参与社会政治活动，把学生作为一支现实的政治力量使用。适当地组织学生参与社会政治活动，不仅可以扩大政治活动的声势，推动政治活动的开展，还是一种使学生接触社会政治、参加社会实践的重要育人途径。

学生在这些政治活动中可以提高政治觉悟，形成政治思想和观点，锻炼从事政治活动的能力，并把学校和社会更加紧密地联系在一起。当然，学校组织学生直接参与社会政治活动的大前提必须是为了育人，如果单纯地把学生当成现实的政治力量使用，忘记了学校的育人职能，那么这种参与就丧失了教育的性质。为此，学校应时刻牢记和坚守自身的育人使命。

（3）教育对社会文化发展的积极作用。教育不仅具有经济功能、政治功能，还有文化功能。教育与文化有着密切的联系。文化是人类在社会发展过程中创造的物质财富和精神财富的总和。在狭义上讲，文化是指社会意识形态以及与之相适应的制度和组织机构。从文化系统而言，教育是文化的一个因素，换言之，教育是根据一定社会占统治地位的阶级的价值而设计、创建的一种文化形式和文化行为。教育以文化作为其内容，同时教育又是文化传递和发展的手段。

① 教育是传递文化的重要手段。文化传递是指文化系统的世代相接。前人创造、积累起来的文化通过各种途径传递给后人，后人在继承前人成果的基础上，有所更新，有所创造。文化的传递是文化发展的前提条件，一切后来的文化都是在前代文化的基础上发展起来的。

文化的传递有多种途径，其中教育的作用最为显著。一种文化，只有通过教育的方式转移到人的观念之中，使之成为人类从事社会生产和生活的精神武器，才能显示出其生命力和价值。因此，教育首先是作为人类文明和文化的传递工具而存在的。教育自诞生起就承担起了传递文化的任务。特别是学校教育产生以后，人们更集中地通过学校来传递民族精神遗产以及与之有关的文化特质，以此来保存具有悠久历史的文化传统。当代社会，随着科学技术的发展，文化的传递手段越来越多，但教育的文化传递功能不会因此而丧失。这是因为较之其他传递手段，教育具有明确的目的性、高度的组织性、较强的系统性等优点，这些优点是其他传递手段不能相比也不能替代的。

② 教育具有选择文化的功能。经过教育而进行的文化传递是在严格选择基础上进行的。进入传递过程的文化是经过了层层的科学筛选之后保留下来的人类文化精华。教育对文化的选择主要包括以下方面。

第一，教育对文化的选择是根据社会发展和个体身心发展的需要进行的。社会需要体现社会的人才目标，即要符合教育目的；个体身心发展需要则要求选择出来的文化有利于个体的智力发展和完美人格的形成。

第二，教育对文化的选择是按照严格的标准进行的，这个标准包括所选择的文化应该是科学的、时代的、优秀的、辩证的，对过去具有诊断性，对现实具有指导性，对未来具有预见性。

第三，教育对文化的选择是通过多种途径实现的，包括通过培养目标选择文化，通过课程、教材选择文化，通过课程专家和教师选择文化。通过层层筛选，保证了进入传递过程的文化的范例性、结构性、少而精。

第四，教育对文化的选择又是动态的。伴随时代的发展、社会需要的变化及对文化选择研究的深入，文化选择的范围逐渐扩大。经过这番选择的人类文化，后人更容易继承，对社会进步的推动作用更大。

③ 教育具有交流文化的功能。文化是在相互交流、相互引进、相互吸收、相互融合的过程中不断发展的。文化只有在受到外来文化的挑战和影响时，才能看清自己的位次和发展程度，实现自身的更新与超越。从这个意义而言，没有文化交流就没有文化的发展。中华文化是汉民族文化与各兄弟民族文化发展融合的结果；同样，欧洲文化也是在吸收印度文化、阿拉伯文化和中华文化的过程中不断丰富的。因此，从文化开放的角度看，世界各民族、各国家之间的文化交流与合作，既为彼此对各种文化进行比较研究提供了条件，同时也加速了各国各民族文化相互吸收的过程。

文化交流的途径是多方面的，经由教育所进行的文化交流途径包括：校际互访、互聘；国家、国际性的学术交流会议；学术资料交流；互派留学生；合作研究；短期考察等。教育对文化并非只是引进和吸收，更重要的是教育能运用民族的、科学的价值尺度对外来文化进行评析和鉴别，接受有益的，摒弃无益的，从而培养青年一代进行文化交流的能力和正确评价各种文化的文化价值观，减少文化吸收的盲目性，增强文化吸收的目的性、可控性和实效性。

④ 教育具有创新文化的功能。教育在传播文化的同时，还担负着创造文化的重任。教育对文化的创新有三个层次：重组、更新和创造。文化的重组即教育对进入教育过程中的社会文化，要根据学生的认知发展规律，将自然生成的文化进行教育性的重组

和重构，使文化成为易被学生所接受的内容。文化的重组过程融进了教育者的创新思维，饱含着教育者开拓性的创造劳动。人类文化没有这一步教育性的重构，就不会成为系统的文化科学知识，不会顺利高效地变成新一代的精神财富。文化的更新即教育在继承人类已有文化的同时，亦不断根据时代的发展，以新的文化取代过时的文化。文化的创造即通过学校的科学研究，创造新的科技成果，从而为社会文化的发展和丰富贡献力量。特别是经由高等学校进行新文化的创造是世界各国高等教育的普遍规律。

总之，文化的生命力不仅在于文化的保存和积累，还在于其更新和创造，只有不断更新的文化才能源远流长。教育的生命力也不仅在于反映现实的社会文化状况，适应固有的文化模式，更重要的是要对人类已有的文化遗产有所更新和创造，这样才能既促进文化的发展，又培养出符合社会需要的人才，完成发展文化、培育人才的重任。

3. 教育的职能与作用的关系

职能和作用是同一内涵、同一性质的概念，且在日常语言交流中被人们广泛地通用。但是，职能和作用彼此又存在着区别。所谓职能，即事物或机构所具有的或所承担的专门职责和功能。例如国家机关、企业和事业单位，由于分工需要而设立专管某项业务的部门和机构，也叫职能部门和机构。所谓作用，即通过人、事物、机构所具有的职责和能力而产生出来的一种功效与结果。如人的眼、耳、鼻、舌，它们的职能是视、听、嗅、尝，而作用则是通过视而获得有关事物的形象，通过听而得悉有关事物的声音，通过闻感受到某物品的气味，通过尝而感受某物品的味道。由此可见，职能与作月既有区别又有联系。职能是作用的前提和基础。没有相应的职能就谈不到作用的产生，作用是通过职能实现的。同时，两者又有所不同。从联系的通道而言，职能是人、事物、机构自身所具有的自身存在的东西，二者的联系是直接的。而作用则要通过职能的正常运行才能产生，所以作用位居职能之后。

通观世界上的一切事物、机构都各有自己的职能和作用，教育当然也不例外。教育的职能就是教育自身所具有的职责和功能；教育的作用就是教育通过自身职能的调动和运行而产生的社会功效。教育是通过自身传递知识、培养人才等基本职能的发挥而产生促进政治变革、经济发展、科技进步等社会作用的。因此，教育的职能与作用之间，就层次而言，要先履行职能，进而才能产生作用。

4. 教育对社会的作用方式

任何社会意识形态都从不同的方面、以不同的方式来反映社会存在，同时也以各自独特的方式，从不同的途径去作用于社会。教育是通过对人的培养，实现促进社会发展与完善的社会作用的。教育有两个基本功能：一是促进人发展的本体功能；二是促进社会发展的社会功能，而促进社会发展的功能又是通过促进人的发展而实现的。通过科学知识的传授实现人的身心的加速发展，这是教育本质决定了的教育的最基本的功能。

教育在漫长的发展过程中，其性质随着社会的变化而变化，其内容随着生产力和科学技术的发展而发展。然而，尽管教育性质改变、内容更新、形式完善、系统扩大，但是其作为一种有别于其他任何一种社会意识形态形式的传授科学知识、培养思想品质、提高个体改造世界能力的造就人、培养人的功能却是始终如一的，而这也正是教育本质的充分体现。教育对人的塑造不单是为了满足个体身心发展的需要，更重要的是满足社会发展的需要，即为社会培养人或培养社会人，从而发挥促进社会发展的作用。

教育对于社会发展的作用是多方面的，有政治、经济、科技、文化等方面的作用。但从实现方式而言，教育的所有社会功能的实现都先要以人的培养为基础、为中介，即教育是先通过作用于人，然后延展出去作用于社会；是先通过人的培养和发展，然后实现促进社会发展的目标的。教育对社会发生作用的特点可概括为功能的全方位与重心移动。功能的全方位指教育对社会发展的影响和作用始终是以整体多方面的形式完成的。在理论观念形态上，可以把教育的社会作用相对划分成政治的、经济的、文化的、科技的、人口的、法制的、生态的等不同种类，但落实到社会实践中，教育则是以多种功能的全面辐射，以各种功能交织于一起的全面作用而满足社会需要、促进社会进步的，不可能人为地将其截然割裂开来，单独地、孤立地实现某个方面的影响作用。这是因为教育是一个整体，由此而产生的各种影响和作用也是多方面的。

教育功能的全方位并不意味着教育对社会发展的各种作用是以同等的力度完成的，反之，在以往各个历史阶段，教育功能的侧重点都有所不同，即教育功能的重心随不同历史时期社会需要的不同而发生移动。教育作用的重心移动是由一个国家不同历史时期的中心任务决定的，是伴随社会基本矛盾和社会需要的变化而产生的。就一个国家而言，在不同的历史时期，国家确定的总任务不同，工作重心不同，教育功能的重心就会发生转移，即侧重点的转移。教育作用的全方位与重心移动是辩证的统一。强调重心移动不是以某种突出的功能代替、排斥其他功能，不是重心上的反复，否则就违反了教育规律，有悖于教育功能基本原理。

（四）教育实现中华民族复兴的使命

教育的基本使命是培养人，是立德树人。教育的发展改革意义重大，强化教育在社会主义现代化建设中的地位和作用，全面推进教育的发展改革进程，是实现中华民族复兴的基本路径。

1. 教育在社会主义现代化建设中的地位

教育在社会主义现代化建设中占有突出的战略地位。科学技术是第一生产力，经济建设必须依靠科技进步和劳动者素质的提高。科学技术人才的培养，基础在教育。要实现现代化的宏伟目标，必须加快发展教育，提高劳动者素质，转化人才资源优势。在社会主义现代化建设中之所以要坚持教育的战略重点和优先发展地位，其客观依据包括以下方面。

① 现代社会科技是第一生产力，科技进步靠人才，人才培养靠教育。要实现现代化，就需要各种各样的专门人才。人才的培养，依赖于教育。从根本而言，科技的发展，经济的振兴，乃至整个社会的进步，都取决于劳动力素质的提高和大量合格人才的培养。教育的一个根本职能就是通过高效率的科学知识生产与再生产，实现劳动力的生产与再生产。通过这种连续不断的、优质高效的扩大的再生产过程，不断改变社会成员的素质结构和劳动者的智力水平，改变脑力劳动者与体力劳动者的比例，增加高新技术人才的数量，从而为社会经济的发展输送各种各样的合格人才。教育是提高人口素质、培育人才的重要手段，在国家发展进步中具有战略地位。

② 教育是提高劳动生产率的重要因素之一。劳动生产率的提高取决于多种因素，其中最重要的条件是要有足够数量的劳动技术人才和提高科学技术发展水平。而劳动技术人才的培养要靠教育和训练。教育不仅可以通过自身的活动提高劳动力的质量，使他们掌握一定的劳动技能与生产经验，改变人的劳动能力，还可通过高等学校的科学研究工作，生产新的科学技术，发明创造新的生产工具，提高科学技术发展水平，加速科学技术在生产上的应用，达到提高生产率的目的。教育不仅可以促进社会生产的高效率，也可以实现社会生产的大规模与高水平发展，为现代化建设带来经济价值。现代社会的再生产是以现代科学技术为基础的现代化大生产，是现代科学技术在生产上的广泛应用。每一次再生产都要求设备的不断更新，生产工艺的不断变革，生产周期的不断缩短，都可能会使整个生产部门发生革命，从而引起劳动的变换、职能的改变和工人的全面流动。

现代社会生产的新特点决定了劳动力的每一次再生产都必须寻求在更高质量、更高水平上进行，决定了教育对现代人才的培养必须以现代生产的客观需要为尺度，与生产部门对人才规格的需要相吻合。由于教育的自身机制要求教育通过有效的训练过程，把社会上自然、简单的劳动力变成复杂的劳动力，这样教育就能够促进社会生产以更大的规模、在更高的水平上进行，从而在相同时间内创造出更大的经济价值。

③ 教育又是建设社会主义精神文明的重要内容和手段。社会主义精神文明建设的根本任务是适应社会主义现代化建设的需要，培养有理想、有道德、有文化、有纪律的社会主义建设者和接班人，提高整个中华民族的思想道德素质和科学文化素质。社会主义精神文明建设包括文化建设和思想建设两个方面。

发展文化离不开教育，因此，教育的实施和普及是提高全民族科学文化知识的重要条件。思想建设的主要内容概括起来就是革命理想、共产主义道德和自觉纪律、民主与法制观念等。这些思想品德的形成，也必须依靠各种教育手段。所以，教育是实现精神文明的基本途径。总之，把教育作为经济建设的战略重点是符合社会主义建设客观规律的决策，也是教育为社会主义现代化建设服务的必然要求。

2. 社会主义教育的基本任务

社会主义的教育是社会主义事业的一个重要组成部分，承担着为社会主义建设各条战线输送合格人才的光荣使命，承担着传播、生产社会主义精神文明的重要职责。虽然教育由不同的级别和种类构成，不同级别与种类的教育所传授的特定内容有所不同，但其基本任务却是相同的：根据社会主义现代化建设的需要，把全体人民培养成德、智、体、美、劳全面发展的社会主义建设者和接班人。

社会主义教育的基本任务是由社会主义教育的性质和基本职能决定的，是社会主义政治经济需要和社会主义现代化建设的人才规格要求在教育上的具体体现。但是，在不同的社会里，由于社会的政治经济制度不同，社会生产力发展水平不同，科学技术发展程度不同，教育也就有着不同的任务。

社会主义社会是以生产资料公有制为基础，消灭了阶级剥削的社会，任务是发展生产力，实现人民的共同富裕。社会主义的社会性质决定了社会主义教育的基本任务是面向全体人民，不分民族与种族，通过科学文化知识的传授与各种技能的训练和培养，使受教育者自觉成为德、智、体、美、劳全面发展，有觉悟、有道德、有文化的社会主义事业建设者。

社会主义生产力的发展水平决定了社会主义教育的层次结构。但不论实施何种层次的教育，都必须充分反映社会主义建设的需要，反映社会主义政治经济的要求，把每一位受教育者都培养成有理想、有道德、有文化、有纪律的合格的社会成员。社会主义教育是通过多种形式多种类型进行的。虽然形式不同、类型多样，但基本任务都是根据党的教育方针和教育目的，为社会主义培养各级各类的合格人才，提高全体社会成员的科学文化素质和思想道德素质。

社会主义教育是各种形式、各种类型、各种程度教育的总体，社会主义教育的根本任务是社会主义全面发展教育中各组成部分基本任务的高度概括，代表着社会对教育的根本要求，是一切教育应予完成的基本使命。各形式、各类型、各层次教育的任务是这个总任务的具体化。高等学校的基本任务，是贯彻执行教育与生产劳动相结合的方针，培养社会主义建设所需要的各种专门人才。

社会主义现阶段生产力发展的状况决定了基础教育双重任务的客观必然性。社会主义的生产力决定了各级人才的不同走向，社会主义建设的需要决定了各级人才教育的全面培养任务的综合落实。教育要为社会主义现代化建设培养更多的优秀人才，为中华民族的伟大复兴立德树人。

二、教育与人的发展的关系

人是教育的对象，教育能促进人的发展但又要受到人的身心发展规律的制约。教育的社会功能和作用，都是要通过教育对人的身心发展的促进而实现的。只有通过对人的培养，使受教育者身心形成一定的品质，教育的价值才能得以实现。所以，研究教育与人的发展关系，是教育学基本问题的另一个重要方面。教育学要阐明教育规律，成为一门真正的科学，就不能不探讨教育与人的发展关系。

（一）人的本质观与教育

1. 人的本质观的教育学意义

人要生存和发展，就必须认识自己。所以，关于人的本质问题成为社会学、文学、伦理学、心理学、教育学等各门学科所共同关心的课题。尤其对于教育学，这一问题更具有特殊意义。因为教育对象是人，教育是专门培养人的社会活动。教育想要有效地培养人，就必须了解人，必须了解人的本质及其客观规律。历史上人的本质观的探讨，与教育思想都有着密切联系。对人的本质的认识不同，对于教育的本质、作用、任务，以及教育方法的观点也就不同。

古代的教育思想，同样受到人的本质观的影响。孟子从人性本善出发，认为人的美德来自先天，因而认为教育的作用即在于恢复人的善性，教育作用就是“求其放心”，教育方法上倡导“存心”“养性”“自求”和“自得”。荀子认为人的本性可以通过教育改变，所以，主张教育的作用在于使人改恶从善，因而在教育方法上特别重视后天环境的影响作用等。人的本质观与教育思想密切相关。对人的本质认识不同，教育思想也就不同。马克思主义人的本质观的产生为教育思想的科学化奠定了理论基础。

2. 马克思主义关于人的本质的观点

人的本质概括而言就是指人之所以为人的特有的质的规定性。以往历史上的人的本质观，都想揭示人的特有本质，但是由于受各自世界观和历史条件的限制，都没能对人的本质做出科学说明。马克思主义提出的人的本质观点，不是单纯思辨的产物，而是基于对人类历史的全面考察，同时又是在对历史上一切有价值的优秀遗产的批判继承中形成的。马克思主义根据辩证唯物主义和历史唯物主义世界观，把人放到社会现实中进行观察，从而科学地揭示了人的本质的秘密，创立了科学的人的本质观。

马克思主义是从人的一般本质和特殊本质两个方面不断揭示人的本质的。对人的本质的特有规定性的认识，只能先从人与动物的区别开始。对于人与动物的区别，马克思主义认为人类特性是自由的自觉的活动。有意识的生命活动把人同动物的生命活动直接区别开来。正是由于这一点，人才是类存在物。把人同动物的区别归结于人的自由自觉性，就是肯定了人的主观能动作用。仅承认人的主观能动作用还不够，因为这还不足以界定人同动物的本质区别。

马克思主义在肯定了人的自由自觉性之后，更进一步揭示了人的自由自觉性的实质表现。马克思主义强调，人类的自由自觉活动的类特征是劳动，是劳动把人同动物最终区别开来。马克思和恩格斯在《德意志意识形态》中提到，这些个人把自己和动物区别开来的第一个历史行动不在于他们有思想，而在于他们开始生产自己的生活资料；当然人的这种生产活动是有意识的自由自觉活动，即人的劳动。恩格斯在《自然辩证法》中提到，动物仅仅利用外部自然界，简单地通过自身的存在在自然界中引起变化；而人则通过他所做出的改变来使自然界为自己的目的服务，来支配自然界。这便是人同其他动物的最终的本质的差别，而造成这一差别的又是劳动。

马克思和恩格斯从唯物史观形成时起，对人的本质的认识就从人的自由自觉性转向了生产劳动。把人的本质归结为生产劳动，这标志着马克思主义对人的本质认识的深化。仅这一点，马克思主义的人的本质观，就已经超越了以往的各种认识。马克思主义强调，研究人的本质问题，先要研究人的一般本性，然后要研究在每个时代历史地发生了变化的人的本性，进一步揭示人的历史变化的本性。人的自由自觉性，以及人的劳动，都只说明了人同动物的本质区别，说明了人的一般本性，还不足以说明人的本质力量的独特性。因为人的自由自觉性和劳动是人的共性，是不分时间、不分性别的，是所有人共同具有的一般本性。

马克思主义经过对人的历史和现实深入探讨认为，真正决定人的本质发展变化的独特力量不是别的，是社会关系。社会关系不同，人的本质也相应发生变化。人的本质不是单个人所固有的抽象物，在其现实性上，是一切社会关系的总和。人的本质是一切社会关系的总和的观点，是马克思主义对人的本质最深层次的揭示，是马克思对人的本质观的伟大历史贡献。这一人的本质观不仅科学地揭示了人的一般本质，更深刻地揭示了人的独特本质；不仅科学地言明了人同动物的本质区别，更揭示了人性的历史变化的奥秘。马克思主义的这一科学的人的本质观，是迄今为止历史上所有人的本质论中最科学、最精辟的论断。这一科学的人的本质观是马克思对人类思想的一个重大贡献，为正确认识人和人的活动及其形成和发展，奠定了科学的理论基础。

3. 马克思主义人的本质观与教育思想科学变革

从马克思主义关于人的本质的观点中可以看出，这一人的本质观具有许多重要特点。这些特点不仅标志着人的本质观的根本变革，同时也为教育思想的科学化奠定了理论基础。马克思主义关于人的本质观与教育思想科学化的关系，主要表现在以下方面。

① 马克思主义人的本质观强调把握人的现实性，确立了科学教育观的现实化。马克思主义人的本质观的特点之一，就是肯定人的现实性，要求从现实的人出发。马克思主义强调观察人必须从现实出发，把人看作现实的人。把握人的本质的现实性，把人看作一定社会条件下现实的人、在特定环境下进行活动的人，这不仅是马克思主义人的本质观的特点，而且是马克思主义唯物史观的前提。正是这一特点和前提，把马克思主义人的本质观与以往的人的本质观区别开来，也使教育思想发生了科学变革。

马克思主义人的本质观，反对把人的本质看成是单个人所固有的抽象物，强调在其现实性上认识人，这就为科学的教育观创造了前提。作为教育对象的人都是现实的人，都是处在一定历史条件下的具体的人，所以教育不能脱离现实。科学的教育理论，必须以人的现实性为前提。

② 马克思主义人的本质观强调坚持人的自然性与社会性的统一，奠定了教育思想的科学出发点。马克思主义肯定了人的社会性，确认人的本质是社会关系的总和，这是人的本质观的革命性变革。然而马克思主义并不因此而否定人的自然性。马克思主义的人的本质观强调人的社会性与自然性的统一。

但是，人的社会性与自然性的统一不是折中，而是在社会关系基础上的统一。马克思主义承认人的自然性的一面，并且要求重视人的自然性，然而认为人的自然性是受社会性制约的。作为社会的人，不仅一切活动是社会的，甚至其生命的自然性也是社会的，是社会的自然。马克思主义的人的本质观强调在社会关系基础上的人的社会性与自然性的统一。

马克思主义关于人的社会性与自然性统一的观点，不仅是对人的本质观的贡献，而且也是科学教育理论的重要出发点。教育培养人，不能脱离社会关系，必须依据社会关系的需要并在社会关系中进行，这是教育的客观规律。任何企图使教育同社会关系脱离的行为，都是对教育规律的违背。教育是由社会关系决定的，教育对象的人的形成也取决于社会关系。

教育要重视人的社会性，重视社会关系对人的作用，同时也不应忽略人的自然性的一面。人的自然素质也是客观存在，忽略人的自然素质在教育中的意义，就是否定了教育的自然根据。马克思主义教育理论反对遗传素质决定论，只是反对教育脱离社会关系过分夸大遗传素质的作用，并不是否定人的自然素质的意义。在加强教育同社会联系的同时，重视对人的自然属性的研究，这是科学的教育理论的正确出发点。

③ 马克思主义人的本质观强调确认人的本质的多样性和变化性，为教育思想树立了辩证发展观。把人的本质看作是多样的和发展变化的，是马克思主义人的本质观的特点之一。事物的本质是具有层次性的，这也反映了人的认识的特点。人的认识是由浅入深地进行的。事物的本质具有层次性，人对本质的认识也是逐步加深的。事物不同层次的本质都是事物的本质，只是层次不同而已，对人的本质的认识也是如此。

马克思主义对人的本质的揭示，也正是这一认识规律的体现。把人的本质理解为自由自觉性，进而看作是劳动，最后又归结为一切社会关系的总和，这一方面标志着对人的本质认识的深化，另一方面也反映着人的本质的层次性和多样性。马克思主义关于人的本质层次性的认识，抓住了人的真正本质，克服了以往各种人的本质观的形而上学性质。

马克思主义人的本质观不仅说明了人同动物区别的一般本质，更说明了人同人区别的特殊本质。人同动物的一般本质同其他一切事物的本质一样是相对静止的，只有层次上的深化，而无同一层次的区别。例如：物理学中的分子、原子，在其各自层次中本质属性是固定的。而人的本质则不然，人的本质是社会关系的总和。社会关系是动态的、发展变化的，这就说明人的本质规定也是发展变化的。所以，马克思主义要求研究人不仅要研究人的一般本性，更要研究历史地发生了变化的人的本性。

马克思主义关于人的本质多样性和发展变化的观点，突破了以往人的本质观的形而上学局限，同时也为教育理论确立了发展变化的观念。这一教育观念要求以多样性的观点看待教育对象，以发展的观点看待人。承认教育对象的多样性和发展变化，是科学教育观的重要标志。

④ 马克思主义人的本质观强调承认人的受动性与能动性的统一，为科学的教育理论提供了客观依据。既肯定人是社会关系的产物，同时又承认人的自由自觉性，把人看作是受动与能动的统一，这是马克思主义人的本质观的又一个重要特点。马克思主义强调人的本质既不是自我意识，也不是上帝的意志，而是由社会关系决定的社会实体。人的本质是一切社会关系的总和的观点就说明了人的受动性。但是，马克思主义认为人既是客体又是主体，既是受动的又是能动的。人区别于动物的特点之一就在于其具有主观能动性。

马克思主义强调人的能动性的发挥是有条件的。人的能动性是以受动性为前提的，能动性必须以社会物质生活条件为基础。马克思主义关于人的受动与能动统一的观点，对于教育理论和实践都具有十分重要的意义。人具有主观能动性，所以受教育者才不单纯是受教育的客体，也是学习的主体；人又是受动的，所以人的本性的改变又是可能的，教育具有强大的育人力量。人的能动与受动一致的规律，是科学教育理论的客观依据。教育既要重视社会条件对人的影响，重视教育在人的发展中的重要作用，同时又要尊重受教育者的主观能动性，要把学生看作是客体与主体的统一，这正是充分发挥教育效用的客观依据。

⑤ 马克思主义人的本质观强调肯定人的本质的总和性，指明了教育的复杂性及整体总和作用。马克思认为人的本质是一切社会关系的总和，不仅强调了人的社会性，更强调了社会关系的总和性。社会关系本来就是复杂的，社会关系不仅包括社会物质关系即经济关系，还包括复杂的思想关系。在物质关系与思想关系上又表现着决定和被决定的关系。人的本质既然是社会关系的总和，就是说人不是社会关系的某一侧面，而是物质关系和思想关系即一切社会关系的总和产物。马克思主义人的本质观，既揭示了人的本质的社会性，又指明人的本质的总和性，这表明了马克思主义的人的本质观的深刻性。马克思主义的人的本质观的这一总和性的特点，为教育思想指明了正確方向。

作为教育对象的人既然是由一切社会关系总和制约的，教育就必须充分利用这一点，并在一定的社会关系总和中对人进行教育。不仅要重视物质生活条件和人们的交往关系的教育作用，而且要重视思想关系对人的影响，要充分发挥教育对一切社会关系的全方位统合作用。由上可见，马克思主义人的本质观是科学教育观的指导思想和理论基础。

（二）人的发展特点与教育

发展是指事物有规律的运动变化过程。世界上的一切事物都不是一成不变的，都有着由小到大、由简单到复杂的有规律的变化过程。事物的这一运动变化过程就称为发展。人同其他事物一样，也有着成长变化过程。这个过程既包括整个人类的产生发展，也包括个体人的成长。教育学和心理学主要研究个体人的发展。所以，这里所说的人的发展专指个体人的发展。

个体的发展包括身、心两个方面。身的方面包括肌体的正常发育和身体素质的健康成长两部分。肌体的发育，指有肌体的骨骼、肌肉、神经系统等肌体的生长。身体素质则指肌体的生理功能特性，以及力量、速度、灵敏度、耐力、韧性和健康状况等。心的方面，在教育学中不单指心理，而是指个体的总的精神方面。心的方面也包括两部分：一是心理过程，如感知、记忆、思维、情感、意志等心理活动；二是道德情操。

个体身心的这些方面都是密切相关和互相联系的。心理是大脑的机能，身体是精神的载体，精神、心理是离不开身体的，身体的发育制约着精神、心理的发展。同样，精神和心理在一定程度上也影响着人的肌体成长。身、心两个方面是统一的，是人的发展不可分割的两个方面。教育促进人的发展，就必须全面关心人所有这些方面的和谐发展。

人的发展理论还包括生长、成长、成熟等概念。生长一般是指肌体发育过程。成长不单指身体，也包括心理的动态变化。成熟是指人的身心发展变化的状态和程度。人的身心发展由不完善向完善运动。运动的阶段标志着人的身心发展的成熟程度。当人的身心发展达到完善程度，便称为成熟。此外，人的发展贯穿于人的整个一生。所以，人的发展不能只包括成长时期，应当包括人的一生。人从新生到成熟是发展，从成熟到衰老也是发展。所以，现代教育的对象应该涉及人的一生。终身教育的产生，便说明了教育与人的发展观念的新趋势。

1. 人的发展特点

人的发展是有规律的，这些规律反映出人的发展的一系列特点。掌握了这些特点，也就了解了人的发展规律，这对教育是有重要意义的。

① 内因与外因的统一性。人的发展永远是内因和外因共同作用的结果。这里所说的人的发展的内因，不外乎人的生理素质和心理状况两个方面。没有外部社会条件和教育，人的内部因素就不能很好发展。然而外部条件和教育离开人的内部因素，人也

就失去了发展的根据。所以，强调教育必须了解人的生理、心理特点，并适应其发展状况和水平进行教育，正是这一客观规律的体现。

② 量变与质变的一致性。人是发展变化的，不变就没有发展。事物的变化不单是数量的增减，而且也有质的变化。人的发展也是如此，不仅有量变，也有质变，是量变与质变的统一。如人的肌体发展，由于细胞的增殖，人的身高和体重都在不断变化。随着机体的发展，生理功能也在发展变化。心理发展同样是量变和质变的过程。从感觉到知觉，从机械识记到意义识记，从形象思维到抽象思维，也有量的变化。教育就是要根据这个规律，适当促进人的发展由量变向质变、由旧质向新质的不断转变。

③ 发展的连续性和阶段性。一切事物的发展都是连续不断的且具有阶段性。人的发展同样是连续的并且有相对稳定的阶段。人的发展的连续性和阶段性突出表现为身心相互制约的共同发展。人的身心发展是不间断的连续发展过程，而且这个连续发展过程又是有序的。人的身高、体重随着年龄的增长而不断增加，人的生理功能也随着肌体的发育而逐步完善。人的每个阶段的身心发展都有其阶段性特点，而各个年龄阶段又是前后衔接的。各个年龄阶段呈现出的相对稳定的一般典型特征，即年龄特征。

人的身心发展的连续性和阶段性特点，要求教育活动必须与之相适应。人的发展的连续性和有序性，要求教育必须循序渐进、由浅入深、由简到繁地有序进行。人的发展的阶段性，要求教育必须考虑教育对象的年龄特征，对不同年龄阶段的人群采取不同的教育方法，进行不同内容的教育。

④ 发展的个别差异性。同一年龄阶段的人一般而言具有共同的身心发展特征。但由于遗传、环境、教育等条件的不同，个体在发展上又存在许多个别差异。比如身体发育，虽然年龄相同，但是有些人在身高、体重上增长较快，有的则较慢。智力上的差异也比较常见。人的发展的各个方面千差万别。这些差别都与一个人的遗传素质、生长环境、教育条件有关。人的个别差异是客观存在的，不完全为人们的意志所转移。

教育必须重视人的个别差异，根据个别差异施教。个别差异按其性质可分为两类：一是不正常差异。教育应根据不同原因，促进其正常发展；二是正常差异，即在正常发展水平下，某一方面发展超常。如同一年龄阶段，在心理水平正常的前提下，某些人记忆力超常，富于想象，形象思维或抽象思维超常发达等。这种差异于发展不仅无害，反而正是个性形成的前提。对于这种差异，教育上应该更加鼓励，为其创造条件，促进其进一步发展，这就是因材施教。所以，教育既要了解人的正常发展特征，又要具体分析个别差异，扬长补短，因材施教，以获得最大成功。

⑤ 身心发展的全面统一性。人的身心发展是统一的，身心两方面的发展是互为条

件、互相促进的。人的发展又是全面的，是身心领域各个方面全面的发展。其实人的身和心是统一的。人的心理是人的身体的一种机能，是以生理机能为基础的，其中主要是人的大脑机能。身体的发展是心理发展的物质前提，所以，心理的发展不但寓于身体之中，并且随着身体的发展而发展。由此可知，身心的发展是交互影响、交互作用的，是统一不可分的。因而不能孤立地对待人的身心发展问题，必须统一认识。

此外，人的身心发展又是全面的。人是完整的社会人，必须身心全面地发展，不仅在身体方面肌体和生理功能要全面正常发展，智力方面和道德品质方面也必须全面发展。教育的任务就是要遵循这一规律，促进人的身心全面统一发展。人的身心发展的特点，是人的发展规律的体现。要教育人，必须先了解人。只有充分了解人的发展特点，掌握规律，教育才能发挥应有作用。

2. 人的发展动力与教育

唯物辩证法认为，外因是变化的条件，内因是变化的根据，外因通过内因而起作用。这说明事物的发展动力是事物的内部矛盾，人的发展也是如此。人的身心发展的动因，都不外乎是主体在积极活动中由外在客观因素的要求引起人的新需要同人已有发展水平和状态之间的矛盾，这一矛盾就构成人的发展的动力。当生产技术发生变革以后，原有的生产知识和技能已不能适应新的生产要求，这就在人的心理内部产生了矛盾，这种矛盾就引起人们学习和掌握新的生产知识和技能的需要，这种需要就是人的发展动力。由此可见，人的发展动力在于人的内部矛盾，在于人的内部矛盾所产生的需要。

需要是人生理和社会的需求在人的头脑中的反映。人为了个体和社会的生存，就有各种需求。这些需求有的是自然的、生物性的，例如人为了适应机体成长活动要求，需要衣、食、住、行；有的是社会的，如人为了适应社会生存和发展，需要进行社会交往和生产劳动等社会实践活动。需要是每个人都具有的，而且是多样的。人的需要是推动人和社会不断发展的动力。需要是人的本性，是人的发展的根据。

当然，人的需要不同于动物的需要，它不仅由外部条件引起，还受外部条件制约。比如人的学习需要。外部世界的发展变化，通过实践活动或教育作用，使人感到自己的身心发展水平和状态不能适应客观要求，因而产生学习的需要。人的自然需要也不是纯自然状态的，也要受外部条件的制约，受社会的影响。所以，需要是人的发展的内在动力，但是，需要的性质和方向，每个人却不尽相同，这是由社会关系的复杂性决定的。

根据人的发展动力的理论，教育促进人的身心发展就是要不断激发人的内部矛盾，使之不断产生新的需要，并适当规范需要的性质和方向，授以解决需要的目的和方法。正是从这个意义而言，教育是变社会需要为个体需要，使个体需要社会化、实际化的过程。

（三）人的个性与教育

心理学上一般把个性解释为个人各种重要的比较稳固的心理特征的总和，主要表现为一个人的气质、性格、能力、情感、意志、兴趣、爱好等方面。这里既包括个性心理特征，也包括个性的倾向性。个性的定义是多种多样的。个性是社会人的重要特征。许多学科研究人的个性问题，除了心理学，哲学、社会学、伦理学、文艺学、法律学等也都研究人的个性。

教育学是研究人的教育的。人是社会的人，个人由于所处的社会环境以及实践活动不同，都具有个性。教育不仅要根据社会统一要求培养人的共性，而且要根据个人的特点发展人的个性。所以，教育学更关心人的个性及其培养问题。心理学是与教育学密切联系的学科，为教育学提供心理依据。因此，以往教育学都采用心理学的个性概念。其实，心理学关于个性的定义对于教育学而言是不够的，不能反映出教育学的全部要求。

心理学的个性定义主要是从个人心理方面概括出来的，这一定义对教育学有重要意义，但还不够。教育学所研究的人是完整的社会人，人的个性差异不仅反映在心理特征上，也反映在身体、德行上，并表现在各种技能方面。作为一个完整的社会人的个性，固然要体现个性心理特征，但是，除此之外，一个人在其身体素质发展基础上形成的各种运动特长和一个人比较稳固的道德情感和道德意志，同样也是个性表现。此外，一个人在身心基础上所发展的各种特殊技艺，如音乐、绘画等特殊技能，从教育学而言，也应当属于一个人的个性范围。

所以，教育学的个性概念应当比心理学更为广泛和丰富。尽管个性特点同心理发展密切相关，但教育学的个性概念绝不能局限于心理方面，教育学必须从人的整体来观察个性。只有这样，才有利于对完整的社会人的培养。教育学应有本学科的个性概念。教育学的个性是指个人在自然素质和心理特征基础上，由于社会影响，通过教育和人的实践活动而形成的比较稳固而持久的身体、心智、德行、技能等独特特征的总和。这一定义主要包括以下含义。

① 个性是以人的自然素质和心理特征为基础的。人的自然机体的素质是个性形成的物质前提，尤其是机体的功能和大脑的发育对人的个性形成更具有重大的意义。人

的心理特征被心理学看作是个性的体现，而在教育学这里只是个性形成的心理基础。教育学所谈的个性，相对于心理学的个性而言，是更高层次的个性。尽管如此，教育学所说的人的个性当然是以人的心理条件为基础的，不能离开心理基础。

② 个性是在社会和教育的影响下形成的。人是社会的人，他的个性不是自发的，而是同社会各种因素的影响分不开的。

③ 人的个性是通过人的实践活动与社会影响交互作用而形成的。社会对人的影响是通过人的活动与社会的作用才发生的。所以，人的实践活动是人个性形成的基本途径。

总之，个性的定义对教育有重要意义。教育培养人的个性，既不能离开人的身心基础，也不能脱离社会条件，必须在严密组织的个人同社会交往活动中实现。

1. 个性的特性

从个性定义中可以看出，个性具有以下方面的特性。

① 个性的总体性。人是完整的社会个体，其个性的各个方面是互相联系、互相制约的统一的整体。在人的个性心理结构中，个体倾向性和个性心理特征是紧密联系的，两者相互作用形成个性心理整体。如人的个性心理特征，即气质、性格、能力并不是孤立的，主要受人的动机、理想、信念、世界观等个体倾向性制约。人的身心活动、道德情操以及特殊技能的掌握，是以人的心理结构为基础的。个性的发展，同样也是与人的心理倾向性和个性心理特征密切相关的。人的个性是各种方面特征的总和，不能孤立对待。

② 个性的社会性。人的个性是一种社会历史现象，是在社会影响下形成的。个性体现人们相互之间的交往关系。人们在社会交往中，形成动机、理想、信念和世界观。离开了社会和交往，个性便失去了存在基础。所以，个性是历史的，具有社会性，是人在同社会积极交往、相互作用中形成的。

③ 个性的独特性。人的个性，就是指个体人的独特特征。个性体现着一个人在身心、才智、德行、技能诸方面有别于他人的特性的总和。无区别无特点也就没有个性。人的各种差别，就构成了个性特征。所以，个性表现人的个别差异性。但是，个别差异并不脱离共性，个性是在共性基础上形成的。所以，个性的独特性并不脱离共性，个性是独特性与共性的统一。

④ 个性的稳固性。个性是比较稳固的、持久的特征。个体身上偶然表现出来的特征不是个性特征。所以，个性特征都具有稳定性、一贯性。所谓个性具有稳定性，是

相对而言的。个性有稳定性特征，但并不是一成不变的。个性的社会性已经表明，人的个性是在社会影响下形成的，因而随着社会条件的变化、人的实践活动的改变，人的个性也会相应随之发生变化。人的个性的可变性，表明教育在培养人的个性中可以大有作为，有利于树立对教育的信心。

个性的上述特征是统一的，都是个性的总和表现。正是这些方面的有机联系，才统一构成人的个性。

2. 个性观与教育

教育要发展人的个性，但是，对于理想个性的内容以及怎样发展个性的认识却不尽相同。教育要培养人的个性，就必须对个性有正确认识。对于个性，有两种不同的观点：一是认为个性就是个别性，只要发展了人的某些特长和特性，就是发展了人的个性；而且认为使一个人同他人差别越大，就越成功。这是一种只要个性，不管共性，甚至为了发展个性，不惜影响整体发展的个性观。二是马克思主义的个性观，即强调在人的全面发展基础上发展个性的观点。

马克思主义强调个人全面发展，但不否定发展个性。不过，马克思主义强调的个性与以往所提的个性有着本质的区别。马克思主义关于人的发展的观点是既承认人普遍发展的可能性，又承认人发展的个别差异性。承认普遍发展的可能性是认为人们都有各种能力及其发展基础。只要社会为其发展创造条件，人的各种能力都能得到发展。同时又认为，由于每个人先天生理条件和后天社会环境的不同，人与人之间也存在各种差异，但这种差异不应该是在违背发展规律、压抑普遍发展基础上形成的。

马克思主义强调，每个人都要全面发展，都应该平等地享有发展的权利和条件。但是，由于人与人之间有差异，所以，又不能强求一律。马克思主义强调，在普遍发展的前提下，个人要尽可能多方面地、充分地、自由地发展。尽可能发展就是承认差异性。人既然有差异，那么尽可能充分、自由地发展的结果就自然地要表现出各自的特性。这些各自不同的稳定的特性就是个性。可见，个人全面发展非但不否定个性，而且恰是在充分发展个性。这种个性同以往所说的个性有着本质区别。这个区别就在于个性的发展基础。社会主义的教育要以提高全体人民的民族素质为基础，这正是对全面发展个性的根本要求。

（四）人的发展因素与教育

1. 人的发展因素论

影响人的发展的因素是多种多样的，主要包括：二因素论认为人的发展是由遗传和环境这两种因素相互作用而形成的。三因素论认为影响人发展的是遗传、环境和教育三种因素。这种观点把教育作为一种特殊环境从一般环境中分离出来，作为一种独立因素而存在，认为在人的发展中，遗传是人发展的物质基础，环境是人发展的决定性因素，学校教育在人发展中具有主导作用。二层次三因素论打破了过去那种仅从形式上增加因素数量的做法，力图从方法论上着手，突出从动态上和人的主体意义上以及从因素结构上分析影响人的发展因素及其关系。根据这一思路，人的发展因素分为可能性因素和现实性因素两个层次。在可能性因素中又分为个体自身条件和环境条件两大因素；现实性因素指发展主体所进行的各种类型活动。

2. 人的发展因素划分

对于人的发展因素的探讨要注意不能局限于某个阶段的人。由于现代学校教育概念的扩大，教育学研究的领域应扩大到人的一生。所以，在人的发展因素问题上也应着眼于人的一生发展，从整体上认识人的发展因素。应将事物发展的普遍规律与人发展的特殊规律相结合，以主客体统一和动态观点进行人的发展因素的分析。

辩证唯物主义和历史唯物主义世界观和方法论的产生，对以往人的发展观提出了挑战，对于制约人的发展的因素，提出了许多新观点。马克思主义者没有一概否定人的发展因素的重要作用，还提出了社会物质生活条件、社会关系、生产力状况、阶级地位、分工、主观能动性，以及革命实践等多种因素。马克思主义认为，社会关系实际上决定着一个人能够发展到怎样的程度。马克思主义关于人的发展的这些观点，为探讨人的发展因素提供了重要启示。对人的发展因素的认定和分类，应遵循事物发展的普遍规律，根据客观规律进行分类。辩证唯物主义的世界观认为，一切事物发展变化的根本原因在于事物的内部，而每一事物的运动都和它周围其他事物相互联系和互相影响着。在事物发展的内外因关系上，外因是变化的条件，内因是变化的根据，外因通过内因而起作用。这是一切事物发展的普遍规律，人的发展当然也不例外。探讨人的发展因素，也应从人的发展内外因两方面去考察。

人的发展的内因是指个体身心内部的发展因素。探讨人的发展，是以正常的健康人为依据的。因疾病或偶然原因造成的不正常状况不包括在内，那些应是卫生学和医学等的研究范围。直接影响人发展的内因有两种：一是人的遗传素质；二是人的主观能动性。遗传素质是生物性因素，主观能动性属心理范畴。人的生物性因素和心理性因素可以分为多种。但是，对于人的发展而言，人的遗传素质和主观能动性是最根本的因素，二者都包含在个体内部，所以都属于人的发展的内部因素。

人的发展的外因是指个体外部的一切客观条件。这里既包括自然条件，也包括社会条件。就其对人发展的影响而言，当然主要是社会条件。而在社会条件中又包含着社会关系、生产力状况、阶级地位以及人际关系等政治、经济、文化、意识条件。对于这些用传统的观点可统称为环境。

人的发展的内因与外因不是孤立的，而是统一的。特别是人的主观能动性必须体现于客观活动才能发挥作用。因此，还应有内外因、主客观相统一的因素，这就是实践活动和教育。实践活动是人的内在需要、动机、理想、愿望的实际体现。人通过自己的具体实际行动来反映自己的主体愿望，这就是实践。所以，实践活动既不单纯是人的内部因素，也不纯粹是人的外部因素，是内外因素的统一，是主客观的结合。

教育同样是主客观的统一体，虽然也反映个体的意愿，但更主要的是反映社会、群体的需要和愿望。所以，教育也同样是内外因和主客观的统一，但又不完全等同于实践。人的实践主要是认识世界和改造世界的活动，而教育则是培养人和改造人的活动。同时，教育也不等同于环境。环境纯粹是人发展的外部因素，教育则包含有主观因素；环境是在自发地影响人，而教育则是自觉地影响人。

3. 人的发展因素与教育的影响

从对影响人发展因素的划分中可以看到，影响人发展的因素很多，但归纳起来不外是遗传素质、主观能动性、社会环境、实践活动和教育五个方面。这些因素对人的发展的作用都不是孤立的，而是在整体统一、交互作用中影响人的发展。

（1）遗传素质在人的发展中的作用。遗传素质是人的先天的解剖生理特征，主要表现在人的机体构造、形态、感觉器官以及神经系统的特性等方面。人的这些生物特性是通过遗传而获得的，故称遗传素质。人生下来就具有作为人的类特性。例如人的身体形态和构造，眼睛、头发、皮肤的颜色，各种感觉器官的功能特性，尤其是高级神经活动系统的特点等，都是与生俱来的。这些生理特征制约着人的种族以及个体差别。人的这些生物特性，都是通过遗传基因传递下来的。

生物遗传学认为，在生物的细胞内存在着具有自身繁殖能力的遗传单位，这就是基因。现代分子遗传学研究表明，这些携带遗传信息的基因，是由脱氧核糖核酸（DNA）构成的，其在细胞核的染色体上有序地排列着。生物由祖先获得的各种特性，以基因为载体而遗传给下一代。人是有生命的，人的身体的存在决定了人首先必然反映生物规律。所以，马克思主义承认人的自然规律。遗传素质对人的发展具有的作用，主要包括以下方面。

① 遗传素质是人的发展的物质基础和前提条件。人的存在必须以身体这一自然物质形态和结构为前提。人的发展也必须以人的机体器官和大脑神经系统的生理机能和特性为基础，否则就谈不上人的存在和发展。人的遗传素质是人赖以发展的物质基础和前提，为人的发展提供可能性。遗传素质为人的发展提供的潜力是很大的，仅以大脑神经系统为例，人的大脑神经细胞（神经元）约有140亿～150亿个，而实际被人利用起来的只有10%左右。这说明人的大脑机能尚有很大的潜力，等待着人们去开发。

② 遗传素质的成熟程度，制约着人的身心发展过程与阶段。人的遗传素质不是静态的，也有其发展成熟过程。人的身心发展的阶段性，正是人的遗传素质发展成熟的表现。人的遗传素质的成熟为学习和教育提供条件。超越人的遗传素质发展程度的学习和教育是不容易获得成功的。人的身体器官的结构和机能是随年龄而发展的。教育和训练虽然可以开发人的潜能，但必须适应遗传素质的发展程度。人的一些活动能力，是随着遗传素质的成熟而表现出来的。遗传素质的成熟是教育的重要条件。根据素质的成熟程度及时施教，就会事半功倍。

③ 遗传素质的差异性，在一定程度上影响着人的个性特点的发展。人的遗传素质具有一定的差异性。人的身高、肤色、面貌等机体构造特点，是遗传素质差异性的表现。人的感觉器官和大脑高级神经活动系统机能方面也有遗传素质的差别。在心理过程方面，如记忆力、注意力、思维某些方面的差别，也同遗传素质有一定关系。特别是在高级神经活动类型及其活动过程的强度、灵活性及兴奋与抑制的平衡性等方面也存在着个体差别。这些差别固然只是反映发育成熟的早晚，经过教育可以改变，但差异毕竟存在，在一定程度上影响着人的发展，制约着教育的进展。总之，遗传素质对人的发展有着重要作用，是人的发展的内因和根据之一，对于遗传素质的作用不能否定。但是，遗传素质只是提供了人的发展的物质基础和可能性以及人的发展的内因和根据。对于遗传素质的作用不能否定，但也不能夸大。其实，遗传素质仅是人的发展的物质基础和前提条件，只是为人的发展提供可能性，并不最终决定人的发展。遗传素质所提供的发展可能性，只有通过一定的社会环境和教育影响才能得到实现。而且，人的遗传素质虽然有差别，但正常人之间的差别并不是太大。

（2）主观能动性在人的发展中的作用。主观能动性是指人的主观意识对客观世界的反映和能动作用。主观能动性是人的主观意识方面的特性，故称主观能动性。同时这种能动性能把人自己同周围世界区别开来，是一种自觉的意识，因而也叫自觉能动性。主观能动性是人类所特有的意识特性，不同于动物的本能，人的活动是人能意识到的自觉的活动。人的主观能动性从意识方面而言，体现为人的需要、动机、目的等主观积极性；从主观能动性的外部表现而言，则表现为作用于客观事物的自觉活动。

人的发展动力来自人的内部矛盾，即社会对人发展提出的新要求同人已有发展水平之间的矛盾所产生的需要。需要还只是人的发展的动力源泉，动力的实际发挥还要把需要转化为动机和目的。当需要被主体意识到并激起人的活动意向时，其便转化成为动机。动机又是和目的联系在一起的。由动机所引起的行动的预期结果便是目的，目的制约着人的行动。

人的需要、动机、目的等意向性总和构成了人的主观能动性。例如，社会主义现代化建设要求人们掌握现代科学技术，而实际上人们并不具备这方面的知识和技能，于是这一矛盾便激发人们的学习需要，并由需要引起学习的动机和目的。这种自觉的学习动机和目的便构成人的主观能动性，即学习的具体动力。所以，人的发展的内因不只是人的遗传素质。在遗传素质的基础上，从一定意义而言，更为重要的内部因素则应是人的主观能动性。主观能动性的强弱直接关系到学习的毅力和效益。主观能动性是推动人发展的直接动力，人的遗传素质同主观能动性，共同构成人的发展的内部因素。当然，人的主观能动性并不是自发产生的，而是来源于社会要求和教育条件。

（3）社会环境在人的发展中的作用。环境是指人生活于其中，围绕在人的周围并影响人的发展的一切外部世界，环境是人生存和发展的重要条件。环境这一总体概念中包括自然环境和社会环境两部分。自然环境又可分为天然的自然环境和经过人工改造过的自然环境。这两种自然环境对人的发展都有一定的影响作用。但是，人是社会的人，所以，对人的发展有决定性意义的还是社会环境。

社会环境是复杂的，是由多种多样要素构成的，但概括起来不外乎是生产力状况和社会关系两大方面。这两个方面是影响人的发展的重要因素。生产力为人的发展提供物质条件，生产力的水平和性质直接影响着人的发展。从事活动的人们，受着自己的生产力的一定发展以及与这种发展相适应的交往的制约。

社会关系包括物质关系和思想关系两个方面。人们的物质关系主要是所有制关系以及分工状况等，这些条件是影响人的发展的决定性因素。思想关系则体现为政治、法律、道德、文学、艺术等意识形态关系。思想关系同物质关系一起，影响着人的发展。人是社会的人，人的发展永远不能离开社会环境。马克思主义强调，人只有在社会中并通过社会来获得他们自己的发展，这些社会关系实际上决定着一个人能够发展到怎样的程度。

人的发展取决于社会关系。人如果脱离了社会环境，不仅不能正常发展，就连作为人的发展的起码基础也都会受到影响。一个人尽管具有人的生理素质，假如脱离人的社会环境，哪怕接触的是不完整的社会环境，也会中断人的正常发展。由此可见，人的发展同社会环境是分不开的。社会环境制约着人的发展，但是人也不单纯是环境的消极产物。人在正常环境下生长是具有主观能动性的，在改造环境的同时改造着自己。科学的教育观肯定社会环境在人的发展中的重要作用。科学的教育观在人的发展问题上坚持内因外因统一，是在承认内因的前提下，肯定社会环境的重要作用的。

（4）实践活动在人的发展中的作用。实践活动是主体作用于客体的过程，即主观见之于客观的活动。实践活动是人同外部世界进行物质和精神交换的活动，是人的内部因素与外部因素的结合与统一，是人的主观能动性的体现。人的实践活动多种多样，就其活动形式可分为游戏活动、学习活动和社会实践活动。人的实践活动的主体是社会实践活动。社会实践活动最基本的形式是生产活动。在生产活动基础上又有社会交往活动和科学实验活动。物质生产实践活动、科学实验活动等是人们认识世界和改造世界的实际活动，所以，马克思主义把这些实践活动称为革命实践活动。

实践活动从总体上看是人的发展的基本途径，人是通过实践活动来发展自己的。学习活动是贯穿于人一生的一种实践活动，人为了从事生产和社会交往，为了生存就需要学习，学习从事社会实践的新知识、新经验、新科学、新技术。学习对于青年而言是他们的基本实践活动。他们通过学习来提高自己认识世界和改造世界的能力，来发展自己。

对人的发展更具有现实意义的是社会实践活动，即人直接从事物质生产、社会交往和科学实验的活动。因为这些实践活动是人直接同自然和社会相交换的过程。自然环境和社会环境对人的影响，都需要通过人与环境的直接接触才得以发生。人是在改造环境的同时改变着自己，社会实践正是环境同人交互作用的桥梁和纽带。

无论是从人类的发展史而言，还是从人类个体的成长史而言，人的发展都离不开人改造自然和改造社会的实践活动。人自身作为一种自然力与自然物质相对立。为了在对自身生活有用的形式上占有自然物质，人就使他身上的自然力运动起来。当人通过这种运动作用于他身外的自然并改变自然时，也就同时改变自身的自然，使自身的自然中沉睡着的潜力发挥出来，并使这种力的活动受他自己控制。

社会实践不仅促进人的身体和智力的发展，也影响人的思想。马克思主义认为，无论为了使这种共产主义意识普遍地产生还是为了达到目的本身，都必须使人们普遍地发生变化，这种变化只有在实际运动中、在革命中才有可能实现。可见，革命实践活动不仅是改造客观世界，也是改造主观世界的基本途径，即人赖以存在和发展的基本途径。

正是由于革命实践对社会和对人的发展如此重要，马克思主义强调，生活、实践的观点，应该是认识论的首要的和基本的观点。这一观点也是马克思主义教育观的一个重要观点。马克思主义一贯强调教育与生产劳动相结合，教育要同社会相联系，正是这一基本观点的体现。在教育过程中必须重视社会实践对人发展的作用，充分利用社会实践活动，以促进教育对象的身心发展。

(5) 教育在人的发展中的作用。教育是有目的、有意识地培养人的活动，是影响人的发展的有效手段。教育同实践活动一样，也是人的内部因素与外部因素的统一，是主观见之于客观的活动，但是教育又不同于实践活动。实践活动的主体是人，客体是自然与社会。教育的主体与客体都是人，教育者与受教育者都有各自的主观能动性。教育活动既有教育者的主观意志作用，同时也有受教育者的主观意志参与。社会实践活动主要发挥个体人的主观能动作用；而在教育活动中不只有个人的主观能动性，更重要的是社会意志，教育是社会意志的体现。不仅是制度化的教育，非制度化的教育如家庭教育，在实质上也体现着社会的要求。由此可见，教育是一种复杂的活动，不能简单地把教育归之于一般的实践活动。

教育也不同于环境，环境是存在于主体之外的自然和社会生活条件，环境是人们活动的结果。环境在被人们创造出来之后便客观存在。教育自始至终都是作为活动和过程而存在。教育者和受教育者活动终止便无所谓教育的存在。环境对人有影响作用，但影响人并不是环境的直接目的。而教育则是专门为了对人施加影响而存在的，培养人是教育的专门职能。所以，教育也不能与环境混同。只有把教育同一般实践活动和环境因素区别开来，才能充分了解教育的特点，真正认识和发挥教育对人发展的特定作用。

教育对人的发展的重要性，早已为思想家和教育家所认识。马克思在《资本论》中谈及人的劳动能力的形成时提到，要改变一般的人的本性，使其获得一定劳动的技能和技巧，成为发达的和专门的劳动力，就要有一定的教育或训练。教育是使个人获得全面发展的重要条件。总之，人的发展离不开教育，教育是培养人的有效手段。

教育对人的发展之所以具有如此重要的意义，其原因就在于教育在人的发展中起着主导作用。影响人的发展因素是多方面的，但在这些因素中，教育是起主导作用的因素。教育之所以在人的发展中能起主导作用，是和教育的特点分不开的，主要包括以下方面。

① 教育是有明确目的的活动，对人的发展方向起着制约作用。教育是有目的、有意识地培养人的活动，是遵照一定的社会要求，按照既定目的对人施加影响的过程。

社会环境和社会实践也都在影响人的发展。但是，他们的直接目的是改造自然、改造社会，并不以影响人的发展为主要目的。教育则是以专门影响人的发展为目的的。同时社会环境、实践活动对人的影响性质是错综复杂的，既有积极影响也有消极影响，既有正面作用也有负面作用。各种因素都从不同角度和不同方向上影响人，而教育则是按照一定目的培养人的，所以对社会环境和实践活动的影响起着筛选、过滤和调控作用。教育可以根据一定的目的和要求，选择影响条件，排除和控制各种不良因素，从而达到影响性质和方向的一致性，以保证教育目的的顺利实现。

② 教育是有计划地、全面系统地影响人的过程，可以提高对人影响的效益。教育，特别是学校教育对人的发展的影响是有计划地、系统地进行的。教育按照一定要求有计划地选择教育内容，有效地组织教育活动。教育对人的影响又是全面的，既影响受教育者的精神，又影响人的身体；既传授知识，又影响人的思想品德。教育的影响又是系统地按照人的身心发展规律进行的。环境和实践活动对人的影响，在一定程度上都带有自发性和偶然性，对人的影响也都缺乏连续性和系统性。所以，环境和实践活动对人的影响、作用远不及教育有效。

③ 教育有特定的教育者负责组织教育活动。教育是教育者和受教育者的双边活动。任何教育都必然有教育者存在，学校教育更有受过专门训练的教育者即教师组织实施。这些教育者都具有丰富的社会实践经验。教师更具有必备的科学文化知识，又经过专业训练，既有明确的教育目的，又懂得人的发展规律，并掌握有效的教育方法和手段。有这样的教育者指导、训练，受教育者可以有效地接受教育。而人在环境和实践活动中接受影响，主要依靠个人摸索，要经过反复失败，才能自发地获得知识和经验。总之，在影响人的发展诸因素中，教育起主导作用，是促进人的发展的有效手段。

4. 影响人的发展诸因素的相互关系

影响人的形成与发展的诸种因素有的是先天遗传，有的是后天环境，有的是人的主观能动性，有的是人的实践活动，还有的是教育。这诸多因素在人的发展中是统一起作用的，既不可混同，也不可相互替代，都是人的发展过程中不可缺少的因素。遗传素质是人的发展的物质基础，主观能动性是人的发展的内在动力，社会环境是人的发展的决定性条件，实践活动是人的发展的基本途径，教育是人的发展的有效手段。这些因素共同作用，才能使人顺利发展。但是，在这些因素中起主导作用的是教育。

影响人的发展的因素都是互为条件、互相制约的。遗传素质的发展与社会环境密切相关。人的物质生活条件和社会关系的性质，既可决定人的发展方向，也可制约人的发展程度。社会环境对人的影响，又要通过实践活动起作用。人只有通过实践活动才能获得发展。实践活动是内外因的统一，是主观能动性的具体体现。教育是以人的遗传素质为前提的，但教育又能根据人的遗传素质特点和遗传规律施加影响。教育受人的主观能动性制约，然而人的主观能动性又要靠教育来培养和调动。社会关系决定教育，可是社会关系对人的影响又要通过教育来实现。实践活动是培养人的重要途径，教育要同革命实践相结合。实践活动对人的影响作用，又需要教育来有效地予以组织。可见，教育在影响人的各项因素中起着主导作用。

唯物史观指出人的本质是一切社会关系的总和，教育本身也是由社会关系决定的。马克思主义提出社会关系决定教育的原理，这是在人类思想史上对科学教育观的重大贡献。这一原理不仅不否定教育的主导作用，相反的，正是表明教育对人的发展的主导意义。教育对人的影响，无论是在性质上还是在方向上，都不取决于教育自身，而是取决于社会关系。教育是社会关系借以影响人的手段。由此可知，教育对人的发展的主导作用从根本而言不是来自教育，而正是社会关系对人的要求和作用的体现。所以，社会关系对人的影响和教育的主导作用是一致的，并不对立。关于教育同实践活动的关系的认识也是如此。马克思主义强调革命实践对人的发展的重大作用，要求教育同革命实践相结合，这同样不与教育起主导作用的观点相对立。教育培养人不能脱离革命实践，革命实践也同样离不开教育。实践活动的基本要素包括目的、手段和结果等方面。任何实践活动都首先有目的，然后才有实际行动。人的实践目的不同，实践结果也就不完全一样。教育是端正实践目的，提高对实践意义认识的必要手段。

实践活动的结果取决于实践手段，要想达到理想的实践结果，就必须有相应的实践手段。手段合乎客观规律，才能保证实践活动的有效性。实践手段的有效性，又同人们对客观事物发展规律的认识和对科学技术的掌握有直接关系。人们掌握知识、认识规律、发展能力、提高技术，主要通过教育。所以实践活动要提高效益也离不开教育。离开教育，实践活动也就难以达到既定的目的和理想的活动结果。可见，教育在实践活动过程中也同样起着主导作用。革命实践和教育对人的影响作用，同样是相互制约、相互统一的，不可对立起来。

总之，对人的发展因素，必须全面、辩证和统一地认识，这样才能更好地发挥诸因素对人的发展的影响作用。在这些影响人的发展的诸因素中，又必须正确认识教育作用的主导性。

第二节　教育的本质及其基本规律

一、教育的本质

随着社会的发展和进步，制度化的学校教育的形式与类别也日益丰富、复杂多样。全日制的教育、非全日制的教育以及终身教育等的涌现，使教育的范围、教育的形式发生了极大的变化。在现代社会，教育的对象不仅限于青年，而包括了所有人。教育内涵的扩大，必然要求重新界定教育的概念。一般而言，即从教育同其他社会现象的区别而言，教育就是有目的地培养人的社会活动。凡是有目的地增进人的知识、技能，影响人的思想品德，增强人的体质的活动都是最广泛意义上的教育。

广义的教育也包括人们在社会上、家庭里、学校中、亲友间受到的各种有目的的影响。广义的教育既包括制度化的教育，也包括非制度化的教育，它是一切教育的总称。狭义教育则主要指制度化的教育，即各级各类的学校教育。学校教育的概念都具有学校教育的性质，都是制度化的教育。所谓制度化教育就是指这种教育具有相应的组织制度，对于学制、培养目标、教学组织形式、成绩考核等都有法定的要求。所以，凡是制度化的教育，都归于学校教育。学校教育概念已经在扩大。

所谓教育就是根据一定社会的要求和个体的身心发展规律，在教育者的积极主导和受教育者的主动参与下，有目的、有计划、有组织、全面系统地对受教育者的身心施加影响的社会活动过程。科学的基本任务在于通过事物的现象，揭示事物的本质，以掌握客观规律，服务于人类的社会实践活动。通过对教育现象的探讨，揭示教育的本质是教育学基础理论的重要任务。教育这一社会现象是复杂的，既涉及教育同社会发展的关系，又涉及教育同人的发展关系。因此，教育的本质包含着这两方面关系的内在的统一联系。

（一）教育的社会属性

1. 研究教育社会属性的意义

本质是事物的内在联系及其质的规定性。对事物本质的揭示是一个由浅入深、由初级到高级的不断深化的过程。揭示事物本质必先由现象开始。因为现象是事物本质的反映，只有透过现象才能认识本质。教育是一种社会现象，要揭示教育的本质，也必须先从教育现象着手，分清教育的社会属性，掌握其专门特点，最后才能对教育的本质有所认识。划分教育的社会属性，当然还不是对教育本质的真正揭示。但是，认识教育的社会属性是认识教育本质的必要的一步。对于教育的社会属性尚且不能正确认识，当然就更谈不到对教育本质的揭示了。所以，如果想要揭示教育本质，就必须明确教育的社会属性，这是认识的客观规律。因而对教育社会属性的讨论是完全必要的，是不可逾越的过程。

教育的社会属性就是关于教育的社会特性。探讨教育的社会属性，就是要在社会基本范畴中明确教育的归属。社会范畴的划分体现着对社会发展规律的认识。社会是一个系统，是由相互联系的各种社会要素所构成的整体。社会的构成要素是十分复杂的。对于这些复杂的社会现象，马克思主义的历史唯物主义观点第一次做出了科学划分，从而揭示出了社会的发展规律。历史唯物主义认为，社会现象尽管错综复杂，但却是有规律可循的。各种社会现象概括起来不外乎是生产力、生产关系和意识形态等方面的基本要素。马克思主义强调，人们在自己生活的社会生产中发生的一定的、必然的、不以他们意志为转移的关系，即同他们的物质生产力的一定发展阶段相适合的生产关系，这些生产关系的总和构成社会的经济结构，即有法律的和政治的上层建筑竖立其上并有一定的社会意识形态与之相适应的现实基础。物质生活的生产方式制约着整个社会生活、政治生活和精神生活的过程。

马克思主义强调，与生产力发展阶段相适应的生产关系的总和就是社会的经济基础，与生产关系相适应的政治、法律及一定的社会意识形态就是社会的上层建筑。生产力决定生产关系，经济基础决定上层建筑；生产关系反映生产力，上层建筑反映经济基础并为经济基础服务。马克思主义对社会现象的这一划分及其相互关系的认识，彻底地揭示了社会的发展规律，为认识各种社会现象的本质提供了理论基础。作为社会现象的教育属于何种社会范畴，是在探讨教育本质时必须首先解决的问题。只有弄清了教育的归属，才能进一步揭示教育的本质。

2. 教育是社会的上层建筑现象

教育属于何种社会现象是教育理论应该明确的。按照历史唯物主义观点，教育属于社会的上层建筑现象，因为总体上教育与各种社会上层建筑现象具有共同特征。社会上层建筑是建立在一定经济基础之上的社会思想、观点，以及与之相适应的组织制度和设施等复杂的社会体系，包括社会的政治、法律、哲学、道德、文学、艺术等观点，以及与这些思想观点相适应的组织机构、制度和设施的总和。社会的上层建筑现象是多种多样的，但是，却有着共同特征。而教育同样具有这样的共同特征，所以，教育也当属于社会的上层建筑。上层建筑现象的共同特征主要表现在以下方面。

第一，一定的社会上层建筑都是由一定的社会经济基础决定的，因而它必然反映一定的社会经济基础，被社会经济基础所制约。

第二，上层建筑产生以后，在经济基础决定的前提下，又反过来对经济基础有能动的反作用。一定的上层建筑都要为一定的社会经济基础服务。

第三，因为政治是经济的集中表现，上层建筑由经济基础决定并反过来为经济基础服务都要通过政治来实现，而社会经济基础和政治在阶级社会都是具有阶级性的，所以，被政治经济所决定的社会上层建筑在阶级社会也都具有鲜明的阶级性质。

第四，社会上层建筑既然是由社会经济基础决定的，就必然要随着经济基础的发展而发展、变更而变更。当社会经济基础发生变革时，社会的上层建筑也迟早要随之发生变革。①

第五，社会上层建筑虽然是由经济基础决定的，但却有相对独立性，与其以往的历史都有着一定联系，存在着批判继承关系。

上述各种特征是社会上层建筑现象的共同属性，正是这些共同属性决定了它们属于上层建筑这一共同范畴。从教育的产生而言，是社会关系决定了教育。社会关系的核心是经济基础，所以，一定的教育都是反映一定的经济基础的性质和要求的。有怎样的经济基础便有怎样的教育。教育的指导思想、教育的方针政策、教育的制度、教育的目的、教育的内容，以及教育的方法，无不受到一定的社会经济制度的制约，这是一切社会教育的共同特点，也是一切社会上层建筑现象所共有的特征。

从教育的作用和职能而言，教育一经产生，便能动地反作用于经济基础并为一定的政治经济服务。教育从来都体现着社会的要求。教育是通过培养人来为社会服务的。一定的教育，都要为一定社会的政治经济培养合乎要求的社会成员，通过培养人来维护一定社会的政治经济利益。从教育的发展而言，教育的发展也完全取决于政治经济。随着经济基础的变更，政治的变革，教育也要相应地发生变革。每当社会经济基础和政治发生变化时，教育也或慢或快地随之变化。生产力的发展对教育的影响，也是通过政治、经济的作用实现的。可见，教育也与其他上层建筑一样，是随着政治和经济

① 石佩臣．教育学基础理论［M］．北京：教育科学出版社，2018.

的变革而变革的。

从教育的独立性而言，教育由政治经济决定，但也具有相对独立性。首先，教育的发展有其历史的批判继承性。对历史的优秀遗产进行批判继承，对外国的先进经验也要分析借鉴。其次，教育虽然由经济基础决定，但也存在着同经济发展的不平衡性。教育对经济而言，也有超前和滞后的状况发生。最后，教育不仅反映政治和经济，同时也与其他上层建筑现象相互影响，教育有其相对独立发展的历史。总之，教育完全具有上层建筑现象的共同特征，教育应属于社会的上层建筑范畴。

3. 教育非上层建筑说的问题

教育生产力说主张教育是培养人的过程，而人是生产力的要素。教育是通过传递科学技术来培养人的。科学技术是知识形态的生产力，教育是把可能的生产力转化为直接生产力的基本途径。所以，认为教育属于生产力。

教育多重属性说主张教育具有多重属性，不完全是上层建筑。因为教育既有上层建筑因素，又有生产力因素。教育的思想、方针、目的以及社会科学内容是意识形态，在阶级社会具有阶级性，这些应属于上层建筑。而教育的自然科学内容、教育的方法手段不随社会变化而变化。自然科学是生产力的要素，方法手段又都具有物质性，由此认为教育的属性是多性质的、多层次的。教育既不完全是上层建筑现象，也不完全是生产力，而是具有上层建筑和生产力的双重属性，甚至是多重属性。

教育特殊范畴说主张教育是复杂的社会现象。教育有生产力的成分，但又不能归结为生产力；教育和经济基础有密切联系，但又不是经济基础；教育有上层建筑成分，但又不完全是上层建筑。教育还包括既不是上层建筑，又不是生产力的成分，如教学方法、教学内容，以及教育机构和设施等。所以，认为教育应该是既不属于生产力，也不属于上层建筑，更不属于经济基础的独立的特殊范畴。

教育实践说则主张教育上层建筑说把教育完全看作是一种意识形态忽略了教育的本质属性，即社会实践性。实践是物质活动，具有物质性，因而主张教育既不属于上层建筑，也不属于生产力，而属于实践范畴，教育是培养人的实践活动，是人类自身生产的实践。

上述各种教育非上层建筑说都有一定道理，并且也以一定事实为依据，但在理论上都存在问题，都不能正确说明教育的社会属性。这些观点的问题主要体现在以下方面。

（1）降低人的社会地位，夸大了教育的转化价值。教育是培养人的过程，人是生产力的要素。但是，人并不单纯是劳动力。尤其是在社会主义条件下，教育培养的是完整的社会人，不是单纯的劳动力。他们既是德、智、体、美、劳全面发展的社会主义事业的建设者，又是接班人。把人单纯看作是劳动力的所谓人力资本理论已经过时。人是生产力要素，既要同自然界打交道，更要进行社会交往。社会主义的教育应是全面教育，培养社会的人的一切属性。把人单纯看成是生产力要素，把社会主义教育的价值单纯归结为培养劳动力，无疑在理论上是片面的，既降低了人的社会地位，也曲解了教育的价值。

教育向受教育者传授科学文化知识，培养人的劳动能力，但是，这种劳动能力也仍然是知识形态的生产力。在人没有投入直接生产过程，没有把知识运用于生产过程以前，仍然是一种可能的和潜在的生产力。教育对象受教育以后，是否一定会把科学知识应用于生产实际，也不完全是由教育决定的。受教育者的劳动能力是否能真正应用于生产过程，是否会把可能的知识转化为直接生产力，这还要取决于社会条件和个人的主观意愿。如果社会不能保证就业，或者受教育者个人不去从业，他虽有劳动能力也不能变成现实的直接生产力。所以，主张教育传授科学技术，培养了人的劳动能力，就是把可能的生产力转化成为直接生产力，教育也就成了生产力的观点也是不确切的。教育只是把知识转化为劳动能力，并没有转化为直接生产力。

（2）曲解了生产劳动概念扩大的理论，误解了教育的劳动性质。马克思主义强调，资本主义使生产劳动概念扩大。因为资本主义的分工使生产劳动者的劳动能力被分解。资本主义生产不仅使从前本来集中于生产者一身的脑力和体力进一步分离和对立，甚至生产过程中的各种劳动职能也被分割了，劳动者个体已变成总体工人的一部分。正是基于这种情况，生产劳动概念开始发生了变化。随着劳动过程本身的协作性质的发展，生产劳动和它的承担者即生产工人的概念也就必然扩大。

根据马克思主义的这一生产劳动概念扩大的理论，有人会觉得教育应属于生产劳动，既然现代生产劳动不局限于直接动手劳动，间接的劳动、脑力劳动也都是生产劳动，那么教育是培养劳动者的劳动。教育劳动虽然是间接作用于劳动对象，但教育也是总体劳动的一个部分，所以，教育也是生产劳动。这种观点曲解了马克思主义生产劳动概念扩大的理论。

马克思主义强调现代的生产劳动概念扩大，但并不是无限扩大。马克思主义是把生产劳动概念扩大到直接物质生产过程，指的是直接的商品形成过程中生产劳动概念的扩大。按照马克思主义的观点：第一，教育是精神生产，不直接生产物质产品；第二，教育不直接属于物质生产过程，是物质生产过程以外的劳动；第三，教育不直接创造报酬基金，教育劳动是同收入相交换，所以，教育虽然能生产劳动能力，具有一定的生产性，但也只是一种服务，不属于生产劳动。总之，人是生产劳动者，凡是对生产劳动者有用的活动也就都成了生产劳动，只不过是间接而已，显然这是对生产劳动概念扩大的曲解。正是这种曲解影响了对教育劳动性质的正确认识。教育是劳动能力的生产，它不同于物质生产。虽然如此，教育却是“产业上必要的”，是具有生产性的。所以说教育是服务，是一种非生产劳动，绝不意味着可以忽视教育的生产作用。但是，不能因此把教育同生产劳动等同起来。

(3) 违背了关于事物性质的主要矛盾观点。许多关于教育非上层建筑的观点，还有一个共同性的问题就是违背了辩证唯物主义关于事物性质的主要矛盾的方法论思想。关于教育非上层建筑观点都看到了教育的复杂性，认为教育包含着各种非上层建筑因素。例如，上层建筑具有意识形态性，而教育却包含有物质性等非意识形态性因素；上层建筑具有可变性，而教育包含有不随社会变动而变动的因素等。因而认为教育不属于上层建筑现象，至少不完全属于上层建筑领域。事物的复杂性是普遍规律，绝非教育仅有。客观世界一切事物的属性都不是单一的，都反映着事物的多方面矛盾。唯物辩证法告诉人们，事物具有多种属性，但其中必然有一种是主要的，是事物主要矛盾的反映。事物的性质则是由事物主要矛盾和矛盾的主要方面决定的。因此，研究任何过程，如果是存在着两个以上矛盾的复杂过程的话，就要用全力找出它的主要矛盾。捉住了这个主要矛盾，一切问题就迎刃而解了。同时矛盾着的两方面中，必有一方面是主要的，其他方面是次要的。其主要的方面，即所谓矛盾起主导作用的方面。事物的性质，主要是由取得支配地位的矛盾的主要方面所决定的。这正是观察和分析事物的科学方法。教育非上层建筑说正是由于违背了这一科学方法论，因而否定教育属于社会上层建筑范畴。

综上所述，政治、法律、文学和艺术等都不因为包含多种属性而影响其上层建筑性质，其根本原因就在于其他因素对于上层建筑属性而言都是次要的，是非主要矛盾，是这些事物的主要矛盾和矛盾的主要方面决定了它们的上层建筑属性。教育同样如此，教育的社会属性应由教育的主要矛盾来决定。教育的方针政策、教育思想、教育目的等不仅属于上层建筑，而且在教育中是占主导地位的。这些不仅决定教育的性质和方向，而且教育内容，甚至教育的方法手段也要受其影响。所以，确定教育的社会属性，必须在方法论上坚持主要矛盾观点，只有这样，才能认清教育的性质。

（二）教育的专属特点

上层建筑是由诸多社会现象构成的，同其他事物一样，各种上层建筑现象既有共同性，又有特殊性。而认识的一般规律不仅在于通过事物的共性特点揭示事物的属性，更在于认识事物的个性特点，从而揭示事物的本质。唯物辩证法认为，如果不认识矛盾的普遍性，就无从发现事物运动发展的普遍的原因或普遍的根据；但是，如果不探讨矛盾的特殊性，就无从确定一事物不同于他事物的特殊的本质，就无从发现事物运动发展的特殊的原因，或特殊的根据，也就无从辨别事物，无从区分科学研究的领域。教育这一社会现象总体上属于上层建筑，具有上层建筑的共同规律。但教育同政治、法律、哲学、道德、文学艺术等上层建筑现象相比较，又具有自身的特点。只有认清教育的专属特点，才能真正揭示教育的本质。

1. 专门培养人是教育的本质特点

教育同其他社会上层建筑现象相比较具有自身专门的特点。这些特点不仅反映着教育同众多复杂上层建筑现象的根本区别，也是教育本质的集中体现。在教育的诸多特点中，专门培养人是教育的本质特点。上层建筑现象一般都在影响人，但是，只有教育专门承担着培养人的历史使命，是专门培养人的社会活动。自从有人类社会以来，教育一直以培养人为基本职能。社会的延续和发展总是以人的培养为前提的。为了使社会得以保存、更新与发展，教育总是把上一代以及同时代所创造的生产力，形成的社会关系、社会文化传统、思想意识道德等传递给新生一代和现实的社会成员，使他们成为合乎一定要求的人才，使其在社会生活中发挥作用，维护既定的社会秩序，促进社会生产乃至整个社会发展。

教育是促进社会发展的重要工具，是促使个体社会化的最有效手段，是联系个体与社会、现实与未来的桥梁和纽带。离开了教育这一专门培养人的工具，既不会有个体的发展，也不会有社会的进步。其他社会上层建筑现象在为经济基础服务、维护社会秩序、促进社会发展的同时，也直接或间接地影响人，但都不是以培养人为其专门职能的。因此，其他社会上层建筑现象对人的影响不是系统全面的，都具有偶然性与片面性；而以培养人为根本目的的教育总是有计划、有目的、有组织地实施，有受过专门培养训练的教师，并遵循人的身心发展规律进行的。

因此，专门培养人的教育对人的影响总是全面的、系统的，指向人的身心发展的各个方面，而且也是最有效的，这同社会其他上层建筑现象相比有着本质的区别。培养人是教育的核心特点，教育的其他特点都是这一特点不同侧面的反映。

2. 教育对社会关系和生产力具有双重性与平行性作用

教育由社会关系决定的观点第一次科学地揭示了教育的本质规律，指明了教育属于上层建筑，是由经济基础直接决定的。一定的教育都是同一定的经济基础相适应的。但是，教育的活动领域及其对象与其他上层建筑不同，这就决定了教育一方面由经济基础决定，另一方面又具有同生产力密切联系的特点。生产力决定生产关系，经济基础决定上层建筑，这是社会发展的客观规律。生产关系同生产力又是社会生产不可分割的两个方面。生产关系同生产力之间的关系就如事物的内容与形式的关系，是不能分离开的。

马克思主义肯定生产力对生产关系的决定作用，这是为了深入揭示社会发展的客观规律而进行的理论抽象。事实上，现实中的生产力同生产关系从来就是统一发生作用的。历史唯物主义关于经济基础决定上层建筑的原理，本身就是以承认生产力与生产关系的相互作用为前提的。尽管生产力对国家制度、人们的精神方式等上层建筑现象也具有重大作用，但是起着更为直接作用的是经济基础。教育发生、发展的整个历史事实也证明，任何一个时期的教育，无论其内容、任务、组织还是方法，从来都是同当时生产力的状况密切相关的。

① 教育同生产力的关系首先反映在教育基本职能上。任何社会的教育，都是适应社会需要、培养塑造人的有效手段。人从来都是社会人，都要生存发展于一定的生产方式之中。而生产方式既是个人相互间的关系，又是人们对自然界的实际活动。因此，社会的发展和延续，以及人类自身的存在与发展，都必须世世代代在这两种关系中相互联系着。人要成为一个合格的社会成员，仅具有自然实体是不够的，为了能够在既定的社会中生存，人们还必须能够适应现成的社会关系，继承生产力。这就决定了教育在培养人的过程中一方面通过灌输思想、培养行为习惯、传授一定的社会生活经验，使之能适应现存的社会生活，还必须对个体传授人类社会积累起来的文化知识，赋予特殊的劳动能力，使之能够从事生产劳动。这样就形成了教育既传授社会生活经验，又传授生产知识的双重基本职能。教育的这两个基本职能，在不同程度上并存着。随着社会的发展进步，教育的这两个基本职能在学校教育中也越来越趋向于统一。

② 教育同生产力的关系也反映在教育的反作用上。一定社会的上层建筑都必然要在各自领域内为一定的经济基础服务，并通过经济基础作用于生产力。一定的教育也要直接反作用于一定的经济基础，从而影响生产力。由于教育具有特殊的职能，因而在其反作用上，既有通过经济基础间接作用于生产力的一面，同时又具有直接作用于生产力的一面。这既是教育的特点所在，也是教育本质的反映。现代生产的规律表明，社会生产力的提高，一方面取决于人的因素；另一方面取决于科学技术的因素。而教育的重要职能就在于能生产人的劳动能力，能改变劳动能力的形态，能发展和生产新

的科学技术。而通过教育培养的掌握先进科学技术的全面发展的个人是最强大的生产力。事实上，教育同生产劳动的结合已是现代社会生产的普遍规律，教育对生产力具有直接的促进作用。

综上所述，教育虽属于上层建筑，由经济基础直接决定，但在其职能上却有双重性：在教育对社会的反作用上，不仅有直接为经济基础服务的一面，还有为生产力服务的一面；既通过为经济基础服务而间接作用于生产力，又通过传授自然科学知识和生产技术而直接作用于生产力。教育的服务职能具有平行性特点。教育在产生和发展上直接决定于经济基础，生产力在这里的作用具有间接性，而在为社会服务的反作用上，教育同生产关系与生产力的关系却具有双重的平行性，这是教育的一个客观规律。当然，这种双重性和平行性归根结底是受经济基础制约的。因此，在对教育的认识上，既要看到经济基础对教育的直接决定作用，也要看到教育同生产力的直接联系，承认教育对生产力的直接作用，全面揭示教育的本质，使教育在现代化建设中发挥更大的作用。

3. 教育对人具有全面性与系统性影响

教育对人施加影响不仅有组织、有计划、有目的，同其他上层建筑现象相比较，教育影响人的突出特点还在于对人影响的全面性和系统性。一般而言，其他上层建筑现象在对人的影响上具有两个共同特征：第一，影响的范围主要限于思想、情感和意识等精神领域；第二，对人的影响作用带有一定的偶然性和片面性。因为其他上层建筑都不担负全面培养塑造人的使命，对人的影响是在各自领域内进行的。教育则不然，它是培养和塑造人的专门活动，它不仅把个体人作为自己的活动对象，而且把受教育者作为一个完整的人来施加影响。这个社会实体在本质上是一切现实社会关系的总和，无论是同自然界做斗争，还是参加社会生活，都必须以自己的身体这一物质基础为前提。

因此，人的形成与发展是身心的统一，是思想意识、知识技能，以及体质、体力等方面的综合发展。教育对人的上述诸方面的影响是全面的。也只有经过全面培养和训练，人才能得到完整统一的发展。教育对人影响、作用的全面性，是其他上层建筑所不具备的。同时由于人的各方面品质不是一朝一夕形成的，它们都具有由低级向高级连续发展的规律，而且各种品质之间也存在着相互影响、相互作用的关系，因而也就决定了教育作用的连续性和系统性。正因为教育具有这些特点，教育实践中才产生对教育对象德、智、体、美、劳全面发展和循序渐进、系统培养的要求。所以，要充分发挥教育为现代化建设培养人才的作用，保证教育质量，就必须深刻理解教育的这一突出特点，自觉遵守这一客观规律。

4. 教育活动双边性及其相互制约性

教育活动双边性是指教育过程中存在着教育者与受教育者两个方面，教育活动是教育者和受教育者既共同活动又互相制约的过程。教育的这一特点是由教育的特殊任务和地位决定的。教育活动是一种特殊的认识活动。认识活动是作为认识主体的人对客观世界的认识和改造。学习对受教育者而言也是对世界的认识过程，从这方面看，与一般认识过程是一致的。但是，学习主要是对世界进行间接认识。学习的主要任务是要在较短的时间里，掌握人类社会千百年来经过实践获得的现成的各种认识成果，不再走前人直接在实践中摸索经验的道路。学习就是从有丰富知识和经验的教育者那里间接获取知识，依靠教育者的传授和指导来认识世界、发展主体。所以，教育活动又不同于一般认识活动，教育活动是教育者和受教育者的双边活动过程。

教育过程的双边性，不仅是认识规律的反映，也是社会意志的体现。人的本质是一切社会关系的总和。教育是培养人的活动，一切教育都必然要体现社会的要求。社会要求正是靠教育者来体现的，社会通过教育者决定个人的发展水平和方向。由此可见，教育者是社会意志的体现者，肩负着按社会要求塑造人的使命。因此，教育不仅是教育者与受教育者的双边活动，而且教育者在这一过程中占有主导地位，这也是一个客观观律。

但是，教育者塑造人不是随意的，既要受社会关系制约，又要受教育对象的身心特点制约。因此，教育活动不仅具有教育者和受教育者的双边性，也存在着两方面的相互制约性。社会上层建筑的其他活动和人的认识过程则与教育不同。社会上层建筑的其他活动和一般认识过程都是单一的，而教育则是认识的主体被对象化的过程，即作为学习过程的认识主体在教育过程中变成了被认识和被塑造的客体。这种认识过程中的主客移位，是教育过程的独特特点。

至于主体与客体的相互制约性，在其他上层建筑现象中也是一个客观规律。但是受人的身心发展规律制约，却是教育的特点。例如政治法律的形成并不是根据人的身心发展规律，而是阶级意志的体现。文学艺术虽然也要考虑其对象的心理特点，但是，它所考虑的只是对象的总体特征。而教育活动不仅要反映教育对象的总体特征，还要受对象个体身心发展特征制约。这就构成了教育的自身活动规律和特点。

5. 教育的自觉性与强制性作用

不同的上层建筑现象在对人发生影响时都有各自不同的作用基础，按其影响性质划分，主要有两种：强制和自觉。政治、法律等都是靠强制力起作用的；文学、艺术以及道德等都是靠人们自觉接受来发挥影响作用的。这种作用的性质是由它们各自的职能特点决定的。教育是按照社会需要，全面、系统培养人的活动。教育的职能特点决定了它的作用性质既不同于政治、法律，也不完全等同于文艺、道德，而是具有二者结合的特点。在人的培养过程中，教育影响作用的发挥，一方面具有自觉性的特征；另一方面也体现着一定的强制性特征。教育是靠自觉性与强制性的结合来实现其影响作用的。

教育的作用之所以具有自觉性特点，就在于教育活动的对象是人，教育是对人的全面系统的培养过程。而人是有主观能动性的，教育要真正发挥对人的影响效能，就必须充分调动教育对象的自觉性。事实也是如此，教育要实现社会对人的要求，必须努力把社会要求变成个体愿望与需要，从而使个体产生行为动机。这一转变，不仅是受教育者自觉接受教育的基础，也是促使个体行为发生的动力。因此，教育如果不先有一个变外部要求为个体内部动因的过程，就不会取得以内部因素为基础再转化为外部行动的结果。而这个过程就是教育的自觉性特点之所在。

人的自觉性固然是教育发生效用的基础，但是，要充分发挥教育对人的影响效能，仅靠自觉还不够，还必须同时辅之以约束力，即带有一定的强制性。这是因为教育对人的培养和要求，无论是个人的发展方向还是培养规格，都不完全是个人的自由选择，而是由社会通过教育确定的。这些无论对教育者还是受教育者都具有规范性和约束力，是不允许违背的。教育活动的自觉性必须以一定的规范性和约束性为前提，教育中的约束性和强制性又是以自觉性为基础的，这就是教育活动中的自觉性与强制性的辩证统一关系，也是教育在作用性质上区别于其他上层建筑现象的一个重要特点。

6. 教育的现实性与未来性统一效果

上层建筑现象都必须为社会现实服务，都具有活动效果的现实性特点。教育也是一样，也必须从现实出发，为社会现实服务，但教育的职能特点，决定了其在活动效果上不仅具有现实性的一面，更具有未来性的一面。教育效果的现实性和未来性的统一，就构成教育的又一重要特点。一定的教育是一定的经济基础和政治的反映，教育必然要满足经济基础和政治利益的需要，并为社会现实发展服务。为此，教育就不能不同社会现实相联系。

然而，教育的效果更主要地体现在未来，教育服务于社会的效果必须经过几年或十几年才能体现。教育效果的这一特点是不难理解的，因为教育的基本任务在于全面系统地塑造人。人的成长是有其客观规律和时间过程的，无论是在思想意识、道德品质的形成上，还是在对文化知识和科学技术的掌握上，以及身体发育、体质的增强上，都需要一定的时间，并经过精心培养才能实现。当然，这里所谓的长期性，并非意味着教育对象身上的每一种品质，以及各个品质的任何一个组成要素都需要多年形成。但从教育的目的在于为社会培养塑造完整的一代新人而言，教育效果的长期性和未来性的特点是十分明显的。教育要使培养的对象能综合运用已经形成的各个方面品质，能成为一个合格的社会成员，独立在社会上发挥作用，必须有待于未来。教育效果的现实性与未来性的统一，是教育的一个客观规律。

教育效果的现实性与未来性的统一，体现在对人的培养上，教育通过对人的培养活动而为社会现实和长远利益服务。同时又通过教育与现实的联系以及教育同革命实践相结合，以达到对人的有效培养，实现教育的预期效果。总之，教育属于上层建筑，又有其独有的特点。只有深入认识教育的专属特点，才能真正揭示教育的本质，把握教育的规律，使教育更好地为社会主义现代化建设服务。

二、教育的基本规律

规律蕴藏在客观事物本质及其相互联系之中。教育规律也是同样，它也在教育的各方面的本质关系中得到反映。规律是有层次性的，不同层次的关系反映着不同层次的规律。教育的基本关系反映的是教育的一般规律。

（一）教育与国民经济发展相互适应

1. 教育与国民经济发展相互适应是客观规律

在教育同社会发展的关系中，重要的一点就是教育同国民经济发展的相互关系。国民经济指的是一个国家或地区工业、农业、商业、交通运输业以及科学技术等生产和劳动各部门的总称。国民经济发展即指这些部门整体的增长效率和变化状况。国民经济发展的标志是国民生产总值和国民收入，它通过经济增长率反映出来。

从教育同社会生产的关系可以看出，教育是由经济基础决定的，它又受物质生产所制约，同时教育又要反作用于国民经济。教育的发展依存于经济条件，而国民经济的发展又依赖于教育。可见，在教育同国民经济发展的关系中已反映出教育同国民经济发展相适应的规律。

教育同国民经济发展相适应的规律实际上包含着两方面的含义：一是教育的发展必须符合国民经济发展的要求，随着国民经济状况的变化而变化；二是国民经济也要为教育的发展提供物质条件，使教育能更好地为国民经济发展服务。由此可见，教育与国民经济发展相适应是一种双向关系，即服务与依靠。教育同国民经济发展关系中的相适应，是积极的相互作用。教育既要自觉地按照国民经济发展的要求进行自我调整，积极主动地为国民经济发展服务，同时，国民经济也要根据客观可能，自觉地为教育发展创造条件，促使教育为其服务。服务与依靠都应当是积极主动的。同时也只有双向积极主动，才能真正相互适应。

教育同国民经济发展相互适应，反映了两种生产的关系。历史唯物主义认为对人类社会的历史发展起决定性作用的因素是生产，是直接生活条件的生产和再生产。没有物质资料的生产，就不会有人的存在，也就不会有社会。反之，没有人的生产和再生产，就没有社会的物质再生产，也就没有人类社会的发展和延续。这两种生产在人类社会发展史上是互为前提、互为因果的关系。人，作为人类历史的经常前提，也是人类历史的经常的产物和结果，而人只有作为自己本身的产物和结果才成为前提。物质生活资料的生产和人类自身的生产是前提与结果的历史统一。物质生活资料的生产同人自身的生产是靠教育统一起来的，因为物质生活资料的生产是靠人的劳动来进行的，可是人并非生来就会劳动。人只有经过教育，才能成为一个有用的劳动力。人要成为一个现代化的劳动力，就更需要教育。由此可知，教育同国民经济发展相适应，从根本上而言又是通过对人的培养来实现的。教育通过培养人促进国民经济的发展，国民经济的发展又为教育的进一步发展创造条件，可见，教育与国民经济发展相适应，是教育的客观规律。

2. 教育发展的超前与滞后问题

与教育同国民经济发展相适应规律相联系，还有一个教育发展的超前与滞后问题。国民经济同教育的发展并不总是同步的。根据社会发展决定教育原理，国民经济永远是教育发展的前提。教育的发展必须以国民经济发展状况为依据，因而教育不可能超出国民经济发展水平而任意发展。从教育发展永远受国民经济条件制约而言，教育发展是滞后的，这是客观规律。

然而，在当今世界，教育发展又出现了一种新趋势，即教育在全世界的发展正倾向先于经济的发展，从而有观点提出所谓教育先行或教育超前。也有观点把教育滞后同教育超前现象对立起来，认为教育既然受国民经济发展所制约，就谈不上超前，至多也只能是教育同国民经济发展同步。另一种观点认为教育超前发展是当今世界的先进经验，教育先行，正是对教育滞后规律的否定。

其实这种把教育超前和教育滞后简单对立起来的观点是不正确的。教育超前和教育滞后都具有特定含义，并不互相否定。所谓教育滞后，是针对教育同国民经济总体发展关系而言的。这里是说教育的发展规模和速度，必须同国民经济发展水平相适应。从总体而言，教育投资不能超过国民经济发展的承受力。教育的发展永远是以国民经济的发展为前提的，这是教育同国民经济关系的普遍规律。教育的投资若超出了国民经济发展状况所能承受的限度，就是对教育同国民经济发展相适应规律的破坏。

教育先行，则指在教育与国民经济总体发展相适应的前提下，教育的增长优先于经济增长。这主要表现在教育投资的增长高于国民收入的增长。国民收入是在国民生产总值中扣除同时期消耗掉的生产资料的补偿价值的新创价值。教育先行体现的是国民收入的再分配比例关系。教育费用支出的增长高于国民收入的增长，不仅不影响教育同国民经济发展相适应的规律，反之，恰是规律的要求。现代经济发展证明，教育只有比经济增长先行，国民经济才能得到更好发展。

教育投资的先行和超前，是当代教育同国民经济发展相适应规律的反映，但先行和超前也应有个度，并不是教育投资越超前越好。教育投资应以不破坏国民经济发展平衡为度，超越了国民经济发展所许可的限度，就不仅不是遵循教育同国民经济发展相适应规律，更是对规律的破坏。所谓教育先行或教育超前的概念，不仅局限于经济投入的增长上，还应体现在培养目标和教育内容等方面。教育就其永远是在为一定社会培养未来合格成员而言，其职能同现时相比永远是先行或超前的。然而今天所说的教育先行或教育超前，已远非昔日的一般含义。而今的社会发展已远非昔日可比，科学技术飞跃发展，生产日益现代化，社会的发展日新月异。如无远见，今天的教育培养出来的人就不能适合未来的社会需要。

因此，教育要着眼于未来社会的发展要求，积极改革落后的教育内容，广泛吸收科学技术的新成果，瞄准未来科学技术的发展趋势，这样的教育才能培养出未来社会需要的新人。因此，不难看出教育先行和教育超前也是教育同国民经济发展相适应的一个重要内容。

（二）教育与政治经济的相互联系

1. 教育与政治经济相互联系的客观必然性

从根本而，言教育的发展依赖于经济的发展，教育要同经济发展相适应。但是在历史和现实中，教育同经济发展并不总是相适应的。社会关系主要指的是生产关系的总和，即通常所说的经济基础。这里所说的经济已不是国民经济部门，而是社会的经济结构、经济制度这些生产关系的总和构成社会的经济结构，即有法律的和政治的上层建筑竖立其上并有一定的社会意识形态与之相适应的现实基础。经济基础是决定社会上层建筑的根本力量。

教育作为一种社会现象，同其他上层建筑现象一样，归根结底也是由国民经济基础决定的。社会经济基础不同，受其决定的教育也就不同。经济同政治是密切联系的，经济的利益总是要通过政治反映出来。上层建筑各因素同经济基础的关系并不是等距离的。根据教育同政治、经济的关系可以清楚看出，一定的教育都是由一定的政治经济决定的，又反作用于一定的政治和经济。教育同政治、经济是密切相关的。在这一联系中，教育同政治的联系又是首要的。这就表明，在教育同政治经济的关系中，教育同政治的联系是更直接的。经济基础对教育的决定作用主要是通过政治实现的；而教育为经济基础服务，一般也是首先通过为政治服务来体现的。可见教育同政治、经济联系，特别是首先同政治相联系，是普遍的客观规律，是不以人们的意志为转移的。

2. 教育与政治经济相互联系的原则

通过对教育同政治经济相互联系的规律的探讨得知，教育与政治经济相互联系，必须遵循以下原则。

① 教育同政治和经济相互联系目标上的根本方向性。社会主义教育同政治联系必须坚持根本方向。社会主义的根本就是要加强社会主义革命和社会主义建设，最终实现共产主义。所以，教育同政治经济相联系，就必须把握这一根本方向。教育要面向现代化、面向世界、面向未来，最根本的就是面向社会主义、面向共产主义。这就是社会主义的教育同政治经济相联系的实质所在和根本要义。

② 教育同政治和经济相互联系内容上的多方面性。政治内容是多方面的，社会主义教育必须加强同政治经济的多方面联系。政治包括与其相联系的经济、文化和意识形态问题。教育同政治相联系，包括根本改造旧的生产关系，不断发展生产力，努力提高全民族文化素质，提高劳动人民的科学文化水平。

③ 教育同政治和经济相互联系任务上的发展变化性。政治经济的任务和内容是多方面的，但是在各个时期的重点却又是不同的。不同时期有不同的战略重点。因此，教育同政治和经济相联系，其任务和内容也是发展变化的。党的基本路线要求教育要为社会主义经济建设这一中心服务。可见，教育联系政治和经济的重点任务，必须随国家战略的转移而转移。

④ 教育同政治和经济相互联系的长远利益与现实利益的统一。政治和经济利益有

长远与现实、根本与眼前之分。教育同无产阶级政治、经济相联系，必须坚持二者兼顾、两者统一，但重点在于根本利益。培养新人不仅是教育的根本任务，也是政治和经济的根本利益。教育同政治经济相互联系的基本点就是培养人，培养政治和经济所需要的人。所以，教育在为政治和经济服务时，绝不能忘记自己的特殊使命。

教育同当前政治相互联系，也是培养新人的必要途径。教育脱离了现实的社会关系和社会实践，也不可能培养出合格的新人。所以，从这种意义上而言，教育为培养新人服务，教育同现实的政治经济利益相互联系，这两者并不对立，从根本上而言又是一致的。把二者对立起来不可能达到培养新人的目的。

⑤ 教育同政治和经济相互联系的严肃性和科学性。教育同政治经济相联系应当是严肃的、科学的。这种联系必须实事求是，尊重教育的客观规律。教育联系政治时应考虑学生特点。活动应符合学生身心发展规律。教育同政治经济相联系，为政治经济服务，必须从实际出发，不能违背教育的客观规律。

（三）教育与生产劳动相互结合

1. 教育与生产劳动相互结合是历史必然

教育与生产劳动相结合，是教育思想史上的重要课题之一。以往教育同生产劳动相结合的思想，都是从人性的自由平等出发，不了解其真正的客观规律性，都是以人道主义为基础，把教育与生产劳动相结合当作是社会改良的一种手段。以往的教育与生产劳动相结合的思想，由于时代的局限性，都强调教育同农业、手工业的结合，在技术基础上是保守的。在教育同生产劳动相结合的形式上，过去这些思想都注重形式上的初级结合，只要有教育有劳动就算实现了结合，并不了解结合的实质和真正途径。由此可以看出，以往的教育与生产劳动相结合的思想虽然是宝贵的，但是，就其实质而言还算不上真正的教育与生产劳动相结合，只不过是一种劳动教育思想而已。真正的教育与生产劳动相结合的原理，是在马克思主义产生以后才开始形成的。

马克思主义揭示了教育与生产劳动相结合的客观规律，建立了马克思主义的教育与生产劳动相结合的原理，全面分析了资本主义发展的历史，指明教育与生产劳动相结合，完全是现代大生产的必然趋势。教育与生产劳动的分离和结合是一个历史的发展过程。教育同生产劳动必须结合，这已被现代生产所证实，完全是社会发展的客观规律。今天，这一规律已为全世界所重视，成为现代教育的一条重要原则。

2. 教育与生产劳动相互结合的社会意义

教育与生产劳动相结合，是现代教育和生产的普遍规律。加强教育与生产劳动的相互作用，已成为目前国际教育界所普遍关心的一个问题。当前世界各国虽然对教育与生产劳动相互结合很重视，但是，对于教育与生产劳动相结合意义的认识，却不尽相同。马克思主义强调教育与生产劳动相结合的意义是多方面的，其作用不仅在于改造生产，而且是改造社会和改造人的统一。

① 教育与生产劳动相结合是改造现代社会最强有力的手段之一，马克思主义强调实行教育与生产劳动相结合的一个重要任务是改造社会。教育与生产劳动相结合也是改造传统、意识和习惯的有效途径。

社会主义是劳动者的社会，只有人劳动，才能使社会获得充分发展。所以，马克思主义明确指出，每个人都应该是生产者，任何人都不能把在人类生存的自然条件下所应参加的生产劳动推到别人身上。改革的有效途径是实行教育与生产劳动相结合。通过教育与生产劳动的结合，逐渐树立起劳动观点，树立热爱劳动、热爱劳动人民的新思想，养成热爱劳动的新习惯。

② 教育与生产劳动相结合是提高社会生产的一种方法。教育与生产劳动相结合的社会作用，不仅体现为改造旧的社会制度和生产关系，而且是提高社会生产力的一种方法。通过教育与生产劳动相结合，提高社会生产力，这是现代大工业的重要特点。

马克思主义强调，劳动生产力是由多种情况决定的，其中包括工人的平均熟练程度、科学的发展水平和它在工艺上应用的程度、生产过程的社会结合、生产资料的规模和效能，以及自然条件等。在诸多因素当中，科学在生产上的应用是提高生产力的关键。现代工业的突出特点为生产过程中注重科学的应用，而科学反过来成了生产过程的因素即所谓职能。这一特点就决定了社会生产力的提高已不再取决于劳动时间和劳动的数量，而是取决于科学水平和技术的进步程度及其在生产上的应用。现代大工业的特点也决定了劳动力素质的改变。现代化生产条件下的劳动力定义也发生了改变。现代化的劳动力应当是具有一定生产经验、劳动技能、智力和知识的劳动者。这种劳动者不仅要有高度的熟练程度，更要有知识，懂科学。只有这样的劳动者，才能保证科学和技术在生产上的应用，才能促使生产力不断提高。科学技术的应用和劳动力素质的提高都必须依靠教育，依靠教育与生产劳动的结合。

通过教育与生产劳动相结合提高社会生产力，是现代大生产的客观规律，同时也已为大工业生产的发展历史所证实。无论是提高社会生产力，还是实现教育的现代化，都离不开教育与生产劳动相结合。马克思主义关于教育与生产劳动相结合有利于提高社会生产力的论断，已为现代生产发展所证实。今天，教育与生产劳动相结合，之所以能引起全世界的普遍重视，并积极推行的根本原因也正在于此。

③ 教育与生产劳动相结合也是造就全面发展的人的唯一方法。教育与生产劳动相结合，对个人的全面发展具有特别重要的意义。个人全面发展最根本的是个人智力、体力的广泛、充分、自由和统一的发展。个人全面发展的实质是在智力、体力的广泛、充分发展的基础上，实现脑力劳动与体力劳动相结合。实现这一伟大目标，唯一的方法是教育同生产劳动相结合。

生产劳动是人类最基本的实践活动，不但对社会、对生产具有重要作用，而且也是人的智力和体力的发展源泉。劳动不仅是财富的源泉，也是人自身发展的源泉。马克思主义主张要消除这种人为的脑力劳动与体力劳动的分离，唯一的方法是实行教育与生产劳动相结合。总之，教育与生产劳动相结合，是马克思主义的一个教育基本原则。这一原则的彻底实施，完全是社会发展客观规律的反映，是无产阶级以及全人类解放的需要。对于社会主义而言，实施这一基本原则，对提高社会生产力以及实现个人的全面发展都具有特别重要的意义。

教育与生产劳动相结合，实际上包含两个方面的内容：一是教育同生产结合；二是教育与劳动结合。马克思主义强调的是教育同生产劳动，而非一般的劳动的结合。工厂劳动和物质生产都是生产劳动。教育与生产劳动相结合，所要求的正是同物质生产劳动的结合。因为只有物化在产品中的劳动即生产劳动才是社会发展的基础。物质生产劳动是人类认识世界、改造世界的基本活动，不仅是创造物质财富，还是创造精神财富和改变人自身的革命实践活动。只有这种劳动，才对社会具有重要意义。

所以，教育与生产劳动相结合的真正要义应该是同物质生产劳动结合，而非同一般意义上的劳动相结合。当然，社会公益劳动、自我服务劳动等都是劳动，参加这些劳动也是必要的，也具有重要的教育意义。但是，这些只是劳动教育的内容，并不是真正的生产劳动。因为这些劳动从严格意义上而言，起不到改造社会和提高社会生产力以及培养全面发展的人的作用。由此可见，绝不是有了教育，又能参加劳动，就是教育与生产劳动的结合，其中还有一个劳动性质的问题。生产劳动不仅有性质问题，还有形式的问题。马克思主义强调现代生产劳动不同于以往，表现为多种形式，主要有三种：一是直接劳动；二是一般劳动；三是共同劳动。这三种劳动都在生产过程中起作用，并且是互相联系又互相转化的。

直接劳动即劳动者个体直接参加物质交换的劳动。这种劳动是在生产过程中劳动者亲自动手、直接操作的劳动，一般多表现为体力劳动。直接劳动是生产劳动的要素，是永远不可缺少的。但是，马克思主义强调随着科学技术的发展及其在生产上的应用，直接劳动及其数量在生产过程中越来越不是决定生产的尺度，虽然其在生产过程中还是不可缺少的，但是会更多起着对生产监督的作用。一般劳动是指生产过程中的科学技术劳动。“一般劳动是一切科学工作，一切发现，一切发明。”共同劳动是指劳动者共同协作的劳动，即结合劳动。

3. 教育与生产劳动相互结合的实施原则

上述各种劳动形式表明，现代教育与生产劳动相结合的含义，绝不能再局限于和直接劳动即体力劳动的结合，应该既包括同直接劳动的结合，也包括同生产过程中的科学技术劳动的结合，同时还应是同共同劳动，即同社会化劳动的结合。现代社会发展历史证明，教育与生产劳动相结合已经成为一条普遍规律，高度科学化、自动化是生产的发展趋势。故而教育与生产劳动相结合，已为世界各国所普遍重视。然而如何贯彻教育与生产劳动相结合，社会主义社会同资本主义社会却又不尽相同，它们之间既有共同之处，更有原则区别。社会主义的教育与生产劳动相结合，既要遵循大工业生产的普遍规律，又应坚持社会主义方向，这样才能真正达到结合的目的。社会主义的教育与生产劳动相结合，主要应当以下述原则为实施基点。

① 必须坚持教育与生产劳动相结合目的的完整统一性。根据马克思主义的教育与生产劳动相结合的原理，教育与生产劳动相结合的社会意义是实现改造社会、改造生产和改造人的统一。因而，提高社会生产和造就全面发展的一代新人，是社会主义实施教育与生产劳动相结合的目的，三者不可分离。因此，社会主义实施教育与生产劳动相结合，更要重视提高生产的作用。要培养新人就必须正确处理出产品和出人才的关系。总之，教育与生产劳动相结合，是社会生产发展的客观规律，也是社会主义教育的基本原则。

② 要坚决实行普遍生产劳动与普遍教育相结合。马克思主义强调在合理的社会制度下，每个人都应参加生产劳动，每个人也都应受教育。这一思想已经包含着普遍劳动与普遍教育相结合的精神。由此可见，每个人普遍受教育，同时每个人普遍参加生产劳动，这是社会主义教育与生产劳动相结合的普遍原则，反映了社会主义的特点。

普遍的生产劳动同普遍教育相结合，还包含着另外一个重要含义，那就是所有生产劳动部门同所有学校教育机构普遍结合。因为在社会主义条件下，所有的生产劳动部门不仅担负生产任务，同时也应担负培养新人的使命。所有各级各类学校，所培养的人都应当是脑力劳动与体力劳动相结合的新人。现代化生产和教育都证明了一条规律：只有两者相互结合，才能获得共同发展和提高。否则，都不能达到现代技术水平和科学知识发展所要求的高度。由此可见，教育与生产劳动相结合，不仅是教育部门的事，也是生产劳动部门的使命，不仅是某些学校和某些生产部门的事，而且是各级各类学校和一切生产部门的共同任务。

③ 努力实现教育与生产劳动相结合技术基础的现代化。社会主义的教育与生产劳动相结合，应以现代大工业为技术基础。无论是提高社会生产力还是为了造就全面发展的新人，都必须建立在大工业基础上。只有以大工业为基础，才能全面实现教育与生产劳动相结合的真正目的。不仅现代大工业需要以科学技术为基础，现代农业的发展，同样也要依靠科学技术的应用。所以，只要坚持以现代科学技术为基础，教育即使同落后的农业、手工业结合，也同样会达到社会主义教育与生产劳动相结合的最终目的。由此可见，社会主义的教育与生产劳动相结合，无论在怎样的条件下，都应坚持以科学技术的现代化为基础。

④ 要切实实现理论与实践、知识技能学习与思想教育的统一。社会主义的教育与生产劳动相结合的目的决定了实施这一基本原则的任务和内容是多方面的。在教育同生产劳动相结合的实践中既要坚持理论与实际统一，又要做到掌握劳动知识技能与思想教育兼顾。理论联系实际，学用一致，是科学的学风。通过实践促进理论与实际统一发展，学用结合，这是教育与生产劳动相结合的重要使命之一。学校的教育与生产劳动相结合，可以使学生通过生产劳动实践受到技术训练，同时也为科学理论教育提供实践基础。所以，理论与实践的统一，是教育与生产劳动结合的一个重要任务。通过生产劳动实践，验证科学理论，同时又把生产实践中的科学技术引进课堂和教材，这种双向交互作用，对教育和生产的意义都是重大的。

社会主义的教育与生产劳动相结合还必须坚持学技术与学思想相统一。为了实现提高社会生产的目的，劳动实践中必须学习和掌握现代化的生产知识和技术。学习劳动知识和技术是社会主义教育与生产劳动相结合的不可缺少的内容和任务。甚至在一定意义上，掌握劳动知识和技术是教育与生产劳动相结合的核心内容。但是，在重视劳动知识和技术学习的同时，不能忘记思想教育任务。

⑤ 积极实施综合技术教育。综合技术教育是促进教育与生产劳动相结合的重要措施。现代化的生产和教育发展事实表明，综合技术教育越来越成为生产劳动与教育相联系的桥梁和纽带。加强实施综合技术教育，已经受到当今世界各国的普遍重视。从大工业发展的趋势中可以看到，大工业技术基础的革命性，必然使生产不断发生变化。大工业生产的不断变革，就决定了劳动的变换、职能的变动和工人的流动性。大工业的这一本性，就使过去那种专精一种技艺的工人，不再适应现代生产的需要。大工业要求工人掌握全面的生产技术，获得尽可能多方面的发展，以适应生产不断变动的要

求，这就需要进行综合技术教育。

综合技术教育的内容概括起来有两个方面：一是了解生产各个过程的基本原理；二是获得运用各种生产的最简单的工具的技能。需要注意的是，这里所说的生产各个过程的基本原理，不是一般的科学文化知识，也不是各个生产过程的单一原理，而是指一切生产过程最普遍的、通用的基本原理，其中包括科学知识在生产上的应用。运用各种生产的最简单的工具的技能，也不是指运用各种各样单一的生产技术和简单的原始工具的技能，而是运用为一切生产所共同运用的最基本的生产工具的技能。例如计算机的运用，就具有各种生产的基本工具技能的性质。由此可见，综合技术教育既不同于普通文化知识教育，也不同于一般的职业技术和专业教育，它们之间既有联系，又有区别。综合技术教育的关键就在于技术技能的综合性，是各种生产过程所具有的共同的技术教育。

综合技术教育是现代大工业的迫切需要，也是现代科学技术规律的反映，同时还是个人全面发展的重要条件。科学只有通过技术的转化，才能同物质生产结合起来。所以，综合技术教育既是教育与生产劳动的结合点，也是实现教育与生产劳动相结合的有力措施。需要把综合技术教育引入普通教育，使之成为社会主义的教育与生产劳动相结合的重要方式和环节。

（四）教育需要不断改革

一定时代的教育，总要受制于特定的社会发展状况和人的身心发展状况。要更好地为社会的变革服务，培养出既能适应社会又能不断引领社会发展变革的新人，教育就要不断地进行自我完善。

1. 教育改革是社会发展的客观要求

唯物史观强调物质生活的生产方式制约着整个社会生活、政治生活和精神生活的过程。一定的教育是由一定的社会关系决定的，是一定社会政治经济的反映。社会关系是不断变革的，历史上没有永恒不变的社会关系。因此，受社会关系制约的教育同其他上层建筑一样，也必然随着社会关系的变革而变革，这是不以人们的意志为转移的规律。由此可知，变革是一切社会教育的普遍规律，它是由社会发展的客观要求决定的。

教育变革是必然的，一定社会的教育都是随着一定社会的政治、经济和意识形态等条件的改变而改变的。在社会相对稳定的时期，教育的变革是缓慢的，表现为量的变化。这种变化不为人们所注意。任何社会的教育都要变革，社会主义社会的教育当然也不例外，甚至更需要自觉地不断变革。社会主义的教育必须不断改革，这不仅反映社会的一般规律，而且也是由社会主义社会的性质决定的。

此外，社会主义的教育必须为社会主义现代化建设服务。社会主义社会不仅要进行政治和经济的革命，还要极大地提高社会生产力，推进科学技术的革命。社会主义的教育也必须为发展生产和科学技术革命服务。科学技术是不断发展的。为适应社会生产和科学技术不断革命的要求，教育也必须不断改革。所以，社会主义的教育必须不断改革，也是不以人们的意志为转移的客观规律。

2. 社会主义教育改革的根本目的

社会主义教育改革是为了培养人，为了立德树人。因为教育同国民经济相适应，教育为社会主义的政治、经济服务，都是通过培养人实现的。所以，提高人才质量就成为社会主义教育改革的直接目的。社会主义教育具有人民大众性，即社会主义教育是人民的教育。社会主义的教育必须面向全体人民，以全体人民的质量提高为目的。教育体制改革必须以提高全民族素质为根本目的，在此基础上，多出人才、出好人才，这是由社会主义制度决定的。社会主义的教育改革必须依据这一根本目的。

3. 社会主义教育改革的基本任务

社会主义教育改革的两种不同的性质，决定了社会主义教育改革任务的双重性：一方面是根本改造旧教育；另一方面是建设社会主义新教育。这是一个问题的两个方面，二者是有机统一的。社会主义的教育改革，更重要的是建设社会主义的新教育。社会主义教育改革的任务，在改革过程中固然存在重点的转移，但两者不可以截然分离，在相当长时期内还是互相渗透的。

4. 社会主义教育改革的主要内容

教育改革的内容是多方面的，它主要体现在教育思想、教育体制、教育内容等方面。这些方面的改革也明显反映着社会主义的特点。教育思想包括教育基本观点、基本理论和学说，其中最关键的是教育观。在不同的教育观指导下，就有不同的教育实践。社会主义教育的指导思想是马克思主义教育思想。马克思主义教育思想是科学的教育观。一切非科学的教育思想都必须予以改造。

教育体制，是教育管理体系、教育结构和教育制度的总和。一定的教育体制，都是由一定社会的政治经济所决定的。教育与政治经济是否适应，首先就体现在教育体制上。社会主义的教育体制，必须与社会主义的政治经济相适应，随着政治经济的变革而变革。影响社会主义政治和经济发展的教育体制必须革除。教育内容和教育方法体系不仅反映政治和经济的要求，也反映科学技术的发展状况和水平。

（五）教育需要适应人的身心发展状况

1. 教育的客观依据是人的身心发展状况

教育的对象是人，教育是专门培养人的活动。人的发展是有规律的，教育只有依据人的发展规律，才能达到既定目的。教育在各种影响人的因素中起主导作用。但是教育的主导作用也并不是随意发挥的，必须符合客观规律。教育除了必须遵循相应的社会发展规律，还必须同人的身心发展相适应。教育只有适应人的身心发展规律，才能发挥主导作用。教育是变社会需要为个体需要，使个体需要适应社会需要的过程。这个转变过程也是以人的身心发展规律为依据的。教育的要求必须符合人的身心发展水平。

人的身心发展状况是教育的客观依据。教育过程、教育内容、教育方法和手段，以及教育的组织形式都要受到人的身心发展状况和特点的制约。教育只有适应人的身心发展规律，才能发挥有效的作用。所以，教育必须适应人的身心发展状况，这是教育的一个客观规律。教育只有符合这一规律，才能发挥自身的功能和作用。

2. 教育要与人的身心发展特点相适应

人的身心发展是有规律的，人的身心发展的特点是人的身心发展规律的具体体现。教育者必须了解教育对象，使教育影响同教育对象的身心发展特点相适应。人的身心发展是内外因统一的，教育就要遵循人的发展的内外因统一规律，正确对待内外因的相互作用关系。教育者首先要了解教育对象的生理发展特点和主观能动性状况，然后根据其身心发展特点，充分调动受教育者的主观能动性，使之积极接受教育影响。

人的身心发展中有量变与质变，由量变的积累发生质变。所以，人的身心发展又是渐变与突变统一的。教育就必须把握教育对象身心发展的量变与质变关系，在渐变过程中抓住突变机遇，充分利用发展的最佳时期，适时促进人的身心发展。

人的发展是有年龄阶段差别的，不同年龄阶段的身心发展具有不同的特点。教育者要注意年龄阶段差别，在不同的年龄阶段采用不同的教育方法和手段进行教育。人的发展不仅有阶段性，还具有连续性。人的身心发展是一个连续不断的过程。因此，教育应该是由浅入深、循序渐进的。无论是知识的掌握还是道德的发展以及身体的锻炼，都应注意系统性和连贯性。

人的发展由于自身的生长特点和环境、教育的影响，具有个体差异性。教育必须根据个体差异性因材施教，针对发展的个别差异进行教育。人的发展又是完整统一的，每个人都应成为完整的社会人，因此，必须坚持全面教育，促进教育对象身心的全面发展，使每个人都成为全面发展的社会成员。

综上所述，人的身心发展是有规律的，教育要适应人的身心发展状况，这是教育的总体规律之一。教育目的任务的贯彻、教育过程的组织、教育内容的安排、教育方法手段的选择、教育组织形式的规划、教育环境的建设等都应与人的身心发展特点相适应，这也是对教育的总体要求。

3. 教育对于人的发展具有积极前导性

教育要同人的身心发展水平相适应，这是客观规律。教育活动不能背离这一规律。教育的积极适应表现在对人发展的前导性上。教育要适当地走在人的身心发展前面，这是教育同人的身心发展相适应的积极含义。教育对人的发展要有前导性，要在可能的范围内经常走在发展的前面，引导发展前进，这才是教育对人发展的积极适应。但是，也不能因此而一概否定教育对人的发展的同步和滞后作用。不过，对于人的新的发展而言，教育则必须走在发展的前面。

第二章　新时代高校劳动教育的新内涵与新定位

《关于全面加强新时代大中小学劳动教育的意见》（以下简称《意见》）指出，劳动教育是中国特色社会主义教育制度的重要内容，具有树德、增智、强体、育美的综合育人价值，直接决定社会主义建设者和接班人的劳动精神面貌、劳动价值取向和劳动技能水平。2014 年 9 月 9 日，习近平总书记同北京师范大学师生代表座谈时指出："'两个一百年'奋斗目标的实现、中华民族伟大复兴中国梦的实现，归根到底靠人才、靠教育。"① 当前我国进入高质量发展阶段，更加呼唤高等教育在培养创新人才、促进科技研发、提升综合国力等方面发挥关键作用。站在"两个一百年"奋斗目标的历史交汇点，深刻把握国内外形势发展对高等教育的新变化新要求，把劳动教育摆在更加突出的位置，从新的历史高度审视新时代劳动教育的新内涵、新定位，构建德、智、体、美、劳全面培养的教育体系，实现劳动教育与德育、智育、体育、美育的同频共振，协同发展，对于激发高等教育发展新活力、谱写培养时代新人新篇章都具有重大的意义。

第一节　劳动教育的内涵

一、劳动的概念

马克思认为，劳动是人类社会存在与发展的基本前提，劳动创造了人，创造了文

① 习近平．做党和人民满意的好老师——同北京师范大学师生代表座谈时的讲话［M］．北京：人民出版社 2014：3.

明，创造了社会。劳动是“人们使用工具改造自然物，使之适合自己需要的有目的的活动，即劳动力的使用或消费，包括脑力劳动和体力劳动”①。作为人类存在方式的劳动，是指人类发挥主观能动性不断创造物质财富和精神财富的活动过程，在这一过程中，人类立足自然、改造自然，不断满足自身对美好生活的向往。在人类社会财富还没有达到极大丰富的条件下，劳动更多是作为一种谋生的手段、一种职业的存在。在人类社会实践活动中，劳动创造物质财富，满足人及人类社会生存和发展的需要；劳动实现自我，人类通过劳动创造精神财富，进而获得精神层面的满足感、幸福感；劳动超越自我，人类通过劳动不断提升自身技能，进而激发自身发展潜能和创造潜力。

劳动具有创造性。劳动是人类有目的、有意识的活动，创造了人类生存和发展所必需的物质财富与精神财富。马克思认为，人与动物最本质的区别就在于，“最蹩脚的建筑师从一开始就比最灵巧的蜜蜂高明的地方，是他在用蜂蜡建筑蜂房以前，已经在自己的头脑中把它建成了。劳动过程结束时得到的结果，在这个过程开始时就已经在劳动者的表象中存在着，即已经观念地存在着。它不仅使自然物发生形式的变化，同时他还在自然物中实现自己的目的”②。与动物不同，人类在意识的支配下，带着一定的目的，运用自己的体力和脑力参与到社会实践中，并与物质生产资料相结合，改变劳动对象的形态，创造出自身所需要的产品。正因为劳动具有强大创造能力，人类才能够不断认识自然、改造自然，人类社会才能得以持续发展。

劳动具有实践性。劳动是人类生存和发展的基础。劳动是实实在在的社会实践活动，人的吃、穿、住、用、行等基本生活问题要得到解决，就必须通过参加生产劳动实践，获取基本生活资料。同时，劳动也是人类社会发展的重要推动力量。“正像社会本身生产作为人的人一样，社会也是由人生产的。活动和享受，无论就其内容或就其存在方式来说，都是社会的活动和社会的享受。”③ 在人类社会发展的初期阶段，劳动作为一种最基本的社会实践活动，不断改变着像茹毛饮血、刀耕火种这类原始的生活方式，为人的发展开辟了宽广的天地。之后，人类社会经历农耕文明、工业文明发展到今天的信息社会，人类通过自身的智慧和辛勤劳动，不断推动社会进步。

劳动具有利他性。劳动是人类社会的存在方式，作为创造物质财富与精神财富的社会活动，劳动生动诠释了“人人为我，我为人人”的文明理念。人是社会中的人，社会是由人构成的社会，任何人都无法脱离社会而单独存在。人类在劳动实践中，立

---

① 高清海．文史哲百科辞典［M］．长春：吉林大学出版社，1998：340.
② 马克思，恩格斯．马克思恩格斯选集［M］．北京：人民出版社，2012：178.
③ 马克思，恩格斯．马克思恩格斯文集［M］．北京：人民出版社，2009：187.

足自身所处环境，发挥自身优势，创造特定的物质财富和精神财富，并将自身创造的各类产品与他人交换，以获取自身不能创造的产品，弥补自身的不足，不断满足自身对美好生活的需要。人类社会就是在这种创造与交换中不断发展的，劳动在人类社会发展中发挥了基础性作用。

可见，劳动是一种具有独立价值的人类活动，是人有目的、有意识地改造客观世界和主观世界的实践过程，是人同动物最根本的区别，是人类社会生存和发展的重要动力。

二、劳动教育的概念

劳动教育是对学生进行劳动理念、劳动知识和劳动技能的教育活动，是促进学生养成正确劳动价值观、形成良好劳动素养的基本途径。劳动价值观是对劳动的认知、理解、判断或抉择。劳动教育引导学生形成正确的劳动价值观，就是要确立正确的劳动观念，形成积极的劳动态度，培养对劳动人民的真挚情感，养成良好的劳动习惯。劳动教育引导学生形成良好劳动素养，就是要通过不断参与劳动实践，增加知识储备，提高劳动技能，进而提升进行创造性劳动的能力。

劳动教育是在坚持全面、系统的科学文化知识学习的前提下，有目的、有计划地组织学生参加生活劳动、生产劳动和创造性劳动的教育活动，其目的是让学生动手实践、出力流汗，接受锻炼、磨炼意志，感同身受、增进认同，最终促进学生全面发展。

劳动教育是触及灵魂的思想政治工作。学生在施教者的言传身教中，培养品格，磨砺心性，加深对劳动价值的认识，坚定对劳动的正向情感，增进对劳动者、劳动行为、劳动成果的敬重之情，懂得劳动最光荣、劳动最崇高、劳动最伟大、劳动最美丽的道理，进而形成“崇尚劳动、尊重劳动”的正确劳动价值观。

劳动教育是入脑入心入行的社会实践。“劳力劳心，亦知亦行”，陶行知先生的话，深刻阐明了劳动教育的意义和重要性。学生在正确劳动价值观的指引下，身体力行，劳动热情不断焕发，劳动知识不断丰富，劳动技能不断提高，创造性劳动潜能也进一步释放，“必须依靠辛勤劳动、诚实劳动、创造性劳动”，[①] 最终成为适应时代发展要求的创造性劳动者。

重视劳动教育是马克思主义劳动观和教育观的重要内容，是中华民族的优良传统。马克思主义认为，劳动不仅创造财富，而且对于人的全面自由发展具有不可或缺的作

① 习近平．习近平谈治国理政［M］．北京：外文出版社，2014：44.

用。"耕读传家久，诗书继世长"，中华民族源远流长的耕读文化传统，是教育与生产劳动相结合的典型形式，不仅夯实了劳动教育的社会基础，也丰富了劳动教育的人文底蕴，更拓展了劳动教育的实践内涵。

三、劳动教育的基本特征

（一）劳动教育具有普通教育的属性

劳动教育旨在落实党和国家的教育方针，具有普通教育的属性。劳动教育的着眼点在于培育德、智、体、美、劳全面发展的社会主义建设者和接班人。劳动教育可以树德，锤炼学生认同劳动、尊重劳动、热爱劳动人民的道德品质；劳动教育可以增智，提高学生认识世界和改造世界的能力，激发创新创造的灵感；劳动教育可以强体，让学生增强体质、磨砺意志、锻炼身心；劳动教育可以育美，让学生塑造美的体型、创造美的事物、收获美的感受。"德、智、体、美、劳"五个方面相互渗透、相互促进，缺一不可，共同构成了促进人的全面发展的教育体系。可见，劳动教育是覆盖不同教育类型的教育形态，职业教育、普通教育、大中小幼不同学段都需要开展劳动教育，劳动教育对于成长阶段的大学生具有极其重要的意义。

（二）劳动教育具有价值教育的特征

劳动教育要引导学生树立正确的劳动价值观，具有价值教育的特征。劳动教育所要提升的劳动素养，包括培育劳动情感、形成劳动习惯、有一定劳动知识与技能、有能力开展创造性劳动等。其中，劳动价值观是劳动素养的核心。劳动教育的开展离不开具体的劳动形式以及专门劳动技术的学习，真正健康的劳动教育则应当特别注重核心目标的达成，即努力帮助学生确立正确的劳动观点、积极的劳动态度，努力帮助他们形成尊重、热爱劳动的价值态度，这也是学校立德树人工作的重要任务。从立德树人的高度认识新时代的劳动教育的价值教育属性，能够弘扬劳动精神，强调劳动价值，培育劳动品格，引导、激励广大学生在学习和劳动的双向互动中求真学问、练真本领，立鸿鹄志、做奋斗者，努力成为有理想、有才干、有作为的实干家。

（三）劳动教育具有鲜明的时代特征

劳动教育紧跟时代步伐，不断创新教育形式，具有强烈的时代特征。由于人类劳动的方式处在不断演进的过程之中，劳动形态也在不断变化，具体表现为脑力劳动的比重不断增加、新形态的劳动不断形成。劳动教育是以劳动为基础的，劳动所具有的多样化特点成为劳动教育时代性的鲜明印记。这就要求劳动教育要做到"顶天立地"，即劳动教育既要体现时代发展方向，也要适应社会发展需求。劳动教育包括引导学生积极参加体力劳动，但又不能狭隘理解为简单的体力劳动锻炼。劳动教育的内容和方式要根据劳动形态的演进而不断完善。在信息时代，学习和生产的形式都发生了质的改变，劳动教育也呈现出新的特点，脑力劳动、探索性劳动、创造性劳动、多样性劳动等成为劳动教育领域重要内容，需要引起高度重视。

第二节　新时代高校劳动教育的新内涵

党的十八大以来，中国特色社会主义进入新时代。新时代之“新”，主要是新的时代背景、新的使命、新的挑战和要求。新时代对培养时代新人也提出了新的要求。时代新人之“新”，在于面对“百年未有之大变局”，需要以高度的使命感、责任感，肩负起时代赋予的重任，这对劳动者素质提出了新的更高要求。习近平总书记在全国教育大会上明确要求，教育要培养德、智、体、美、劳全面发展的社会主义建设者和接班人。新时代高校劳动教育，指的是在新时代环境中，不断塑造劳动精神、弘扬劳动文化、培养劳动习惯，帮助人们养成劳动技能，实现人的全面发展，为国家培养大批杰出卓越的人才，为社会主义现代化建设、为实现中华民族的伟大复兴贡献力量。

一、强化“四最”的劳动观念教育

2013 年 4 月 28 日，习近平总书记在全国总工会机关同全国劳动模范代表座谈并发表重要讲话，要求“牢固树立劳动最光荣、劳动最崇高、劳动最伟大、劳动最美丽的观念”。[①] 2018 年 4 月 30 日，习近平总书记在给中国劳动关系学院劳模本科班学员的回信中再次强调了“四最”的观点。大学生作为党和国家未来事业发展的主力军，肩负着实现中华民族伟大复兴的时代使命，强化“四最”的劳动观念教育，对于促进大学生增强劳动观念、培养劳动感情、树立正确劳动价值观具有特殊的意义。

（一）科学认识劳动观念教育的重要性

大学生是劳动教育的特殊对象。大学生处于劳动价值观定型的关键时期，在即将走向社会、走上劳动岗位的时间节点，“四最”的新时代劳动观念能够为大学生提供丰

① 习近平．习近平谈治国理政［M］．北京：外文出版社，2014：46.

厚的道德滋养、巨大的精神力量，也能够为其树立正确的就业观和创新创业观、提高抗挫能力、培育社会责任感打下坚实的基础。当前，社会上还存在“不劳而获”“劳而不获”等不正常现象，可能对大学生的劳动价值观造成一定的冲击，如果不加以正确引导，一些大学生就可能被不良社会现象所迷惑，漠视甚至厌恶劳动，看轻甚至反感劳动群众，最终与劳动脱节。新时代大学生劳动教育肩负着重要的世界观培育功能。劳动观决定劳动态度，劳动态度影响劳动者的精神面貌。在大学生中普遍开展“四最”的劳动观念教育，要重点引导他们正确认识劳动、积极参加劳动、乐于与劳动群众打成一片，让他们在劳动中增长知识、提高能力、增进感情。要引导广大大学生深刻理解劳动的本质、价值和方式，认清劳动与社会发展的关系，以科学理性的态度对待劳动、劳动者、劳动方式，进而正本清源、反求诸己，思考如何才能紧跟时代、夯实基础、服务社会，真正成为社会主义事业的建设者和接班人。

（二）切实把“四最”劳动观念教育列为德育工作的重要内容

人的一切优秀品德的形成都与劳动密不可分。在劳动实践中，我们往往会遇到各种各样的难题，解决这些难题，需要发挥主观能动性，在这一过程中，我们的创造能力和实践能力也能得到同步提高。育人先育德，“四最”劳动观念作为一种正确的劳动价值观，只有真正融入德育全过程，才能更加夯实大学生的精神之基，才能提高大学生德育工作的实效性。在高等教育中，只有让大学生懂得劳动是一种光荣、是一种崇高、是一种美丽的道理，他们才会发自内心地热爱劳动，并愿意身体力行去实践；只有让大学生懂得劳动的价值和意义，他们才会在自身发展过程中不断铭记劳动的真谛，并为之努力奋斗；也只有让大学生真正体验劳动过程中的酸甜苦辣，他们才会更加珍惜劳动成果。

（三）塑造正确劳动价值观

劳动教育本质是品质教育，在于培养劳动价值观。新时代高校劳动教育目的在于培养大学生劳动观念、增强劳动意识、提升劳动能力、激发劳动热情，从而树立正确的劳动价值观。劳动是培养正确劳动观念的基本途径，通过劳动实践，才能让“四最”劳动观念绽放出绚丽的色彩，在潜移默化中真正融入大学生的精神世界。新时代高校劳动教育，使学生真正具备满足生存发展需要的基本劳动能力，形成良好的劳动习惯。新时代劳动教育以立德树人为目标，核心指向是提升学生的劳动素养，实现劳动在树德、增智、强体、育美方面的独特价值。在正确塑造劳动价值观和良好劳动习惯的同时，还要注重劳动知识技能的传授，科学设置劳动教育课程，确立劳动教育内容要求，健全劳动素养评价制度，广泛开展劳动教育实践，切实提升学生在个人发展和贡献社会方面的基本劳动能力。通过劳动教育，实现以劳促全，锤炼学生的道德品格，提升学生的思维能力，增进学生的身体健康，培养学生的审美情趣。[①] 在劳动教育中，教师还要对学生进行适时适当的指导，并针对劳动教育内容进行总结，让学生的劳动热情不断焕发，劳动知识不断丰富，劳动技能不断提高，创造性劳动潜能进一步释放。也只有这样，才能筑牢劳动观念之基，让正确劳动价值观入脑入心，进而强化对劳动教育的认同，提升劳动教育的效果。

二、强化辛勤劳动的劳动态度教育

态度是培养良好劳动习惯的前提和基础。劳动教育就是要使大学生树立正确的劳动观点和劳动态度，热爱劳动和劳动人民，养成良好的劳动习惯。培养大学生良好的劳动态度是当前高校劳动教育的内在需要。当前，大学生大多出生于物质条件较好的年代，对劳动的艰辛、生活的不易等缺乏直观感受。2016 年 4 月，习近平总书记在安徽合肥主持召开知识分子、劳动模范、青年代表座谈会并发表重要讲话，希望广大青年“要坚持艰苦奋斗，不贪图安逸，不惧怕困难，不怨天尤人，依靠勤劳和汗水开辟人生和事业前程”。[②] 美好生活靠劳动创造，实现中华民族伟大复兴的中国梦，需要一代又一代有志青年接续奋斗。强化辛勤劳动的劳动态度教育，引导大学生树立辛勤劳动的劳动态度，具有非常重要的现实意义。

（一）加深大学生对于辛勤劳动的认识

勤劳是中华民族的优良传统，我们的祖先靠着勤劳创造出灿烂的中华文明。随着时代的发展、物质条件的改善、生活水平的提高，有的人价值观也随之发生了改变，认为勤劳已经过时，依靠朝九晚五的日常工作便能满足基本需要，甚至大数据时代只需要动脑就能够获取丰厚回报，“佛系”“啃老”等对大学生价值观可能造成的负面影响需要引起高度重视。幸福都是奋斗出来的，勤劳美德无论何时都不会过时。习近平总书记指出：“全社会都要以辛勤劳动为荣、以好逸恶劳为耻，任何时候任何人都不能看不起普通劳动者，都不能贪图不劳而获的生活。”[③] 当前，面对科学技术的突飞猛进，勤劳已经不能单纯地等同于体力劳动，而是更多地体现为脑力劳动与体力劳动的有机结合。高校劳动教育既要引导学生树立起不畏惧困难、一往无前、辛勤劳动的劳动态

① 尤俊琦．以劳动教育锻造健全的时代新人［N］．吉林日报，2020－5－13.

② 习近平．习近平关于青少年和共青团工作论述摘编［M］．北京：中央文献出版社，2017：37.

③ 习近平．习近平在庆祝“五一”国际劳动节暨表彰全国劳动模范和先进工作者大会上的讲话［M］．北京：人民出版社，2015：5.

度，也要引导学生树立起改革推动进步、创新提升效益的劳动观念。

（二）培养大学生勤奋刻苦的学习态度

学习本身就是一种劳动，是学生付出体力与脑力获取知识的过程。学习是大学生的天职，高校要引导大学生勤奋学习、刻苦学习、创新学习。勤能补拙，勤奋刻苦的学习态度是进步的重要因素。高校在劳动教育中，要使学生认识到认真刻苦学习，不仅能够不断增进自身的知识储备、提高文化涵养，更是一个锻造人格、锤炼自我的过程，只有这样才能适应社会不断发展的要求。同时，通过刻苦学习所获的知识和技能，是对学生劳动的回报，又能够更加激发学生的学习兴趣和热情。高校要高度重视学生的需求，积极营造刻苦学习的氛围，褒奖热爱学习、刻苦学习的优秀大学生，树立典型模范，大力宣传学习，培育优良校风学风。

（三）增加大学生从事体力劳动的机会

在大学生的劳动教育实践中，可以综合运用多种教育方式，增加从事体力劳动的机会，让身体回归到劳动教育中，这样既可以帮助劳动理论学习的实践化，还能够增进劳动教育的现场感、体验感、参与感，进一步发挥体力劳动在劳动教育中的基础作用。在不耽误学习的情况下，高校可以采用校园保洁包干到班、分配校园种植地、认领“责任田”等方式，还可以采用下乡、下厂等途径，适时适量参加一线生产活动，给高校学生增加体力劳动的机会，从中获得劳动锻炼。还可以建立健全适合大学生的褒奖制度，采取“第二课堂学分”“素质拓展学分”等多种多样的方式，与学生个人评奖评优相结合，更好地调动大学生参与体力劳动的积极性、主动性。

（四）发挥劳动模范的典型示范作用

2013 年 4 月 28 日，习近平总书记在同全国劳动模范代表座谈时指出：“长期以来，广大劳模以平凡的劳动创造了不平凡的业绩，铸就了‘爱岗敬业、争创一流，艰苦奋斗、勇于创新，淡泊名利、甘于奉献’的劳模精神。”① 劳动模范是劳动群众的杰出代表，是最美的劳动者。劳动模范身上体现的“爱岗敬业、争创一流，艰苦奋斗、勇于创新，淡泊名利、甘于奉献”的劳模精神，是伟大的时代精神的生动体现。劳动模范所展现的精神风貌是中华民族宝贵的精神财富，是新时代建设美好生活的强大精神动力。榜样的力量是无穷的。高校要发挥好劳动模范的示范作用。高校可以聘请他们来校担任兼职劳动教师，充分发挥劳模的榜样激励和示范作用。此外，还可以举办“心中劳模分享会”“劳模和我共成长”等主题党日、主题团日活动，加强典型引领，从先

① 习近平．习近平谈治国理政［M］．北京：外文出版社，2014：46.

锋模范的真实事件中培养对辛勤劳动者的真挚情感，为大学生树立成长的标杆。从更贴近大学生群体的人物和活动出发，充分发挥优秀劳动者的典型模范作用，在学生中培养对劳动者的真挚情感，引导大学生崇尚劳动、尊重劳动，懂得劳动“四最”观念。

三、强化诚实劳动、人本关怀、家国情怀的劳动品德教育

劳动品德是人们在劳动过程中所表现出来对他人、对社会的比较稳定的心理特征或心理倾向，是对集体主义精神的形象诠释，直接反映出人的思想境界。当前，社会上还存在损人利己、唯利是图、损公肥私、不讲信用等道德失范的现象，可能对大学生劳动品德的养成造成不良影响，需要通过强化诚实劳动、人本关怀、家国情怀等劳动品德教育，引导大学生健康成长。

（一）强化诚实劳动教育

2013 年 4 月 28 日，习近平总书记在同全国劳动模范代表座谈时强调指出：“人世间的美好梦想，只有通过诚实劳动才能实现；发展中的各种难题，只有通过诚实劳动才能破解；生命里的一切辉煌，只有通过诚实劳动才能铸就。”[①] 诚实是一种美德，是社会主义核心价值观个人层面的重要内容，诚实劳动坚持了实事求是的唯物主义原则，使我们的劳动闪耀着最光荣、最崇高、最伟大、最美丽的光辉。诚实劳动彰显了我们每个人辛勤劳动为社会做出的贡献，把不同的劳动者联系起来，是共同创造社会财富的基础和纽带。诚实劳动，是指劳动者以积极、实干、诚信的态度为他人和社会提供产品服务，基本要求是合法合理劳动，表现为劳动者在不违背法律法规伦理的前提下从事的劳作，具有至真性、共享性、至善性等特点。高校要引导大学生牢固树立诚实劳动理念，在法律法规、校纪校规允许的范围内从事各种有益于社会发展的体力和脑力劳动，实事求是地认识和对待自己的劳动过程和劳动成果，坚决摒弃不劳而获、投机取巧、眼高手低、驰于空想、桀于虚声、坑蒙拐骗、偷工减料等不良思想观念，以实实在在的劳动创造劳动成果，收获劳动果实。

（二）强化人本关怀教育

人本关怀是对于人性的关注和理解，从人的自身需求、人的欲望出发，满足人的需求，维护人的利益。强化人本关怀指的是要加强对劳动主体的认同和尊重，尊重劳动者，尊重劳动创造，尊重劳动成果。新时代大学生劳动品德教育要凸显“尊重劳动者”的人本关怀。高校在劳动教育中，要教育广大大学生正确地认识新时代社会劳动

① 习近平．习近平谈治国理政［M］．外文出版社，2014：46.

领域和劳动群体发展的新势态，由衷尊重劳动和劳动者，特别是尊重体力劳动和体力劳动者，为建构一个所有“劳动者参与发展、分享发展成果的”公平正义的社会而奋斗。[①]“谁知盘中餐，粒粒皆辛苦”“一粥一饭，当思来之不易；半丝半缕，恒念物力维艰”，任何劳动成果都是人体力脑力付出所得，都应该得到尊重。要使大学生充分认识当代社会劳动领域和群体发展新态势，增强对劳动的情感，在实践中培养学生劳动品格，构建劳动教育的良好人文氛围，让学生真正理解习近平总书记“劳动没有高低贵贱之分，任何一份职业都很光荣，任何时候任何人都不能看不起普通劳动者”[②] 的深刻内涵。

（三）强化家国情怀教育

“家国情怀”是中华优秀传统文化的基本内涵之一，是主体对共同体的认同表现，高校劳动品德教育要强化家国情怀这一家与国共同发展的思想和理念。[③] 劳动与家国情怀之间的关系是相辅相成的，对于百姓而言，劳动创造财富，通过辛勤劳动，建设幸福美满的小家、积累物质基础、营造和谐稳定的氛围，形成人人劳动的理想状态，减少犯罪等影响社会和谐的事件发生。对于国家而言，劳动实现国家富强，人民幸福。实现“两个一百年”奋斗目标，根本上靠劳动、靠劳动者创造。党的十八大以来，习近平总书记多次强调“空谈误国，实干兴邦”。“实干兴邦”的家国情怀是实现中国梦的实践基础，祖国的发展和富强离不开每个人的劳动，民族的复兴需要每个人的奋斗。新时代大学生劳动品德教育要培育“实干兴邦”的家国情怀。当代大学生是进取有为的一代、是愿意努力奋斗的一代，但在利益分化加剧、利益格局日趋多元化的今天，不少大学生的进取与奋斗往往带有明显的自我本位特点，他们更加强调通过奋斗实现个人发展，对自己应尽的社会义务与责任则考虑不太周全。当前，高校劳动教育要切实强化家国情怀教育，引导学生将个人职业理想与国家发展相结合，积极引导学生自觉把人生理想、家庭幸福融入国家富强、民族复兴的伟业之中，把个人梦与中国梦紧密相结合。[④]

① 刘向兵．新时代高校劳动教育的新内涵与新要求——基于习近平关于劳动的重要论述的探析［J］．中国高教研究，2018（11）：17－21.

② 习近平．习近平在知识分子、劳动模范、青年代表座谈会上的讲话［N］．人民日报，2016－4－30.

③ 杨清虎．“家国情怀”的内涵与现代价值［J］．知行铜仁，2016（5）.

④ 刘向兵．新时代高校劳动教育的新内涵与新要求——基于习近平关于劳动的重要论述的探析［J］．中国高教研究，2018（11）：17－21.

四、强化劳动知识和劳动技能教育

高校在教育学生掌握必备劳动知识、劳动技能的过程中，要加强对劳动知识和劳动技能的教育，为其全面提升劳动素质打下坚实基础。人类在总结规律、创新知识的过程中形成了劳动哲学、劳动伦理学、劳动文化学、劳动社会学、劳动教育学等一系列“劳动+学科”。[①] 这些学科不仅加深了人们对劳动问题的理论研究，提升了高等教育水平和劳动人才培养质量，也拓宽了学生的知识维度，有效提升了学生对劳动多学科、多维度的认识，使学生学到分析解决劳动问题的本领，增强劳动观念、提升劳动技能。劳动技能教育是使学生初步掌握基本的劳动技术知识和技能，培养学生正确的劳动观点，形成良好的劳动习惯的教育。通过劳动技能教育，使学生学到一定的基本生产技术知识和某种职业技术的基础知识，使学生参加一定的生产劳动实践，学会使用一些生产劳动工具的技能，促进学生身心的健康发展。高校劳动教育区别于中小学最重要的一点，是其需要进行专业实习、毕业实习。在实现形式上，可以将技能教育明确列入教学计划，安排学生参加校内工厂、农场或校外挂钩单位的生产劳动，可以安排学生参加校内外服务性劳动和公益劳动，可以结合生产的实际，进行生产劳动技术知识的教学，可以组织学生参观工农业现场的生产劳动，可以指导学生开展课外科技学习小组活动，等等。

（一）加强生活中的劳动知识和劳动技能教育

社会主义的大学培养的是社会主义建设者和接班人，大学生不仅要在德、智、体、美、劳上成为优秀的时代新人和未来实现中华民族伟大复兴中国梦的主力军，也必须从劳动中体验生活的本质，了解社会责任，明确奋斗方向。[②] 日常生活劳动是劳动教育的重要内容。高校可以区分不同层次、类型学生特点，将社会劳动体验与家务劳动贯穿全过程，既突出劳动价值观念的培养，也重视劳动知识和劳动技能的提升，使学生尊重劳动，崇尚奋斗，强调身心参与，注重手脑并用。生活中的劳动知识和劳动技能教育是多方位参与的教育。高校是立德树人的重地，理应成为对学生进行日常生活劳动教育的主阵地；父母是孩子最好的老师，家庭是传授日常生活劳动知识和劳动技能的第一站；社会为学生成长成才提供外部环境，是对学生进行日常生活劳动教育的重要部分。高校要加强家一校一社的协调配合，构建起多元立体日常生活劳动教育格局。

---

① 丁德良，李娟，章临婧．习近平空谈误国、实干兴邦的思想是马克思主义实践观的具体运用［J］．中共南昌市委党校学报，2015，13（06）：11－15.

② 陶蕾韬．大学生劳动教育的价值意蕴［N］．光明日报，2020－5－18.

一是加强养成教育，注重在学生个人生活自理中强化劳动自立意识，体验持家之道，培养勤俭、奋斗、创新、奉献的劳动精神，培养服务社会、服务他人的奉献情怀和服务意识，培养通过劳动提高生活品质和生活品位的精神境界，比如，结合新时代校园爱国卫生运动，强化个人生活能力和习惯养成；二是引导家长转变观念，发挥家庭在劳动教育中的基础作用，组织教育学生在衣食住行等日常生活中参加劳动，自己事情自己做，家里事情一起做，积极参与孝亲、敬老、爱幼等方面的劳动，弘扬优良家风；三是积极吸引社会力量参与学生日常生活劳动教育，充分发挥企事业单位、社会组织的作用，利用其知识、技能、工具、设备等方面的优势，为学生搭建多样化公益劳动平台，让学生在公益劳动、志愿服务中强化社会责任，培养良好的社会公德。

（二）加强生产中的劳动科学知识和劳动技能教育

生产劳动教育使学生亲历工农业生产等创造过程。加强生产中的劳动科学知识教育，可使学生掌握一定的知识、生产经验和劳动技能，感受劳动创造价值、劳动创造幸福的深刻内涵。具体来说，本科层次高校可以结合学科专业开展生产劳动和服务性劳动，在提升创新创业能力、提升科研创新能力中提升劳动技能，树牢劳动意识，强化劳动观念。职业院校要注重职业荣誉感和工匠精神的培育，倡导半工半读，提高劳动技能。高校要在课程设置中适当增加劳动技能课程，切实提升学生动手能力，提升解决实际问题的能力。高校还应加强劳动安全知识教育，引导学生自觉树立安全意识，在精神上远离安全隐患。通过一系列安全知识培训，了解劳动安全防护体系，掌握相应的应急处理方法，在劳动过程中遇到危险时，能保护自己并及时进行自救。此外，高校还可加大与地方政府、周边社区、产业园区等的合作，有效整合各类社会劳动教育资源，构建优势互补、协同发展的校内外多元劳动教育实践教学平台，发挥好技术技能支持作用，对于加强生产中的劳动科学知识教育极具意义。

第三节　新时代高校劳动教育的新定位

中国特色社会主义进入新时代，高校劳动教育内涵发生了深刻的变化，劳动教育的地位、目的、方式方法、长效机制等方面也要求适应新的要求，实现新的定位。

一、劳动教育地位的重新定位

长期以来，党和国家将劳动教育置于极为重要的位置，制定了一系列政策，出台了一系列文件，“教育与生产劳动相结合”作为党的教育方针的重要内容。1949 年 9 月，中华人民共和国成立前夕，具有临时宪法性质的《中国人民政治协商会议共同纲领》，把“爱劳动”与“爱祖国”“爱人民”“爱科学”“爱护公共财物”一并列为中华人民共和国全体国民的公德。1957 年，毛泽东同志在《关于正确处理人民内部矛盾的问题》中明确提出：“我们的教育方针，应该使受教育者在德育、智育、体育几方面都得到发展，成为有社会主义觉悟的有文化的劳动者。”① 1995 年颁布的《中华人民共和国教育法》规定：“教育必须为社会主义现代化建设服务，必须与生产劳动相结合，培养德、智、体等方面全面发展的社会主义事业的建设者和接班人。”② 此后，党和国家的教育方针不断发展完善，更加注重与生产劳动和社会实践相结合，党的十六大、十七大报告均提出“培养德智体美全面发展的社会主义建设者和接班人”的目标，在“德智体”的基础上增加了“美”。

中国特色社会主义进入新时代，新时代教育服务功能也发生了新变化，我国高等教育发展方向要同我国发展的现实目标和教育未来方向紧密联系在一起，特别是高等教育要承担起“为人民服务，为中国共产党治国理政服务，为巩固和发展中国特色社会主义制度服务，为改革开放和社会主义现代化建设服务”③。习近平总书记对高等教育“三个服务”的重要论述，赋予劳动教育极其重要的历史地位和使命，为新时代我国高校劳动教育提供了根本遵循。党的十八大以来，习近平总书记准确把握新时代的历史方位，对劳动教育做出了系列重要论述。2013 年，在同全国各族少年儿童代表共庆“六一”国际儿童节时的重要讲话中，习近平总书记要求少年儿童从小就要立志向、有梦想、爱学习、爱劳动、爱祖国。2014 年，习近平总书记在乌鲁木齐同劳动模范和先进工作者、先进人物代表座谈时强调，要通过各种措施和方式，教育引导广大青少年牢固树立热爱劳动的思想、牢固养成热爱劳动的习惯，为祖国发展培养一代又一代勤于劳动、善于劳动的高素质劳动者。2015 年，习近平总书记在庆祝“五一”国际劳动节暨表彰全国劳动模范和先进工作者大会上指出：“要教育孩子们从小热爱劳动、热

---

① 毛泽东．毛泽东文集［M］．北京：人民出版社，1999：226.

② 十四大以来重要文献选编［M］．北京：人民出版社，1997：1293.

③ 习近平．习近平谈治国理政［M］．北京：外文出版社，2017：377.

爱创造，通过劳动和创造播种希望、收获果实，也通过劳动和创造磨炼意志、提高自己。”① 2018 年，习近平总书记在全国教育大会上要求把劳动教育纳入培养社会主义建设者和接班人的总体要求之中，明确提出构建德、智、体、美、劳全面培养的教育体系。2019 年，习近平总书记在学校思想政治理论课教师座谈会上强调，要努力培养担当民族复兴大任的时代新人，培养德、智、体、美、劳全面发展的社会主义建设者和接班人。习近平总书记对劳动教育提出的一系列新理念新思想新观点，立意深远，思想深邃，凸显了劳动教育在新时代教育体系中的重要地位，系统回答了新时代劳动教育一系列方向性、全局性、战略性重大问题，进一步推动了新时代劳动教育回归初心、回归育人，具有重大的时代价值和鲜明的现实针对性，是对马克思主义教育观、劳动观的重大发展，是新时代党对劳动教育的根本要求。

2020 年 3 月 20 日，中共中央、国务院发布的《关于全面加强新时代大中小学劳动教育的意见》指出，劳动教育是中国特色社会主义教育制度的重要内容，直接决定社会主义建设者和接班人的劳动精神面貌、劳动价值取向和劳动技能水平。② 2020 年 7 月 7 日，教育部印发《大中小学劳动教育指导纲要（试行）》重点针对劳动教育为什么、是什么、教什么、怎么教等问题，在劳动教育的性质、目标、内容、途径、评价、保障等方面，提出了明确、具体的要求。这些充分体现了党中央、国务院对劳动教育的高度重视和殷切期望，凸显了全面加强新时代大中小学劳动教育的重要性和紧迫性，从而把劳动教育上升到前所未有的高度，开启了新时代劳动教育新篇章。

二、劳动教育目的的重新定位

虽然我国在劳动教育方面开展了许多有益的探索，积累了许多有益的经验，但不容否认的是，以往劳动教育存在学校中被弱化、家庭中被软化、社会中被淡化的现象。从学校看，劳动教育往往是“有教无劳”“有劳无教”，变成了“说起来重要，做起来不要”，劳动教育被边缘化。从家庭看，家庭教育淡化，一些家长认为劳动影响学习，较少让孩子做家务事，间接导致个别孩子轻视劳动。从社会看，个别人的劳动观念出现偏差，“重学历、轻技能”，轻视体力劳动不同程度存在。当前我们比历史上任何时期都更接近中华民族伟大复兴的目标，同时比以往任何时候都更迫切需要提高广大劳动者素质，比以往任何时候都更迫切需要构建完善的劳动教育体系。新时代高校劳动

① 习近平．习近平在庆祝“五一”国际劳动节暨表彰全国劳动模范和先进工作者大会上的讲话［M］．北京：人民出版社，2015：5.

② 中共中央，国务院．关于全面加强新时代大中小学劳动教育的意见［N］．人民日报，2020－3－27.

教育肩负起培养担当民族复兴大任时代新人的重任，其根本目的就是要实现以“劳”促进德、智、体、美全面发展，以“劳”培养一代又一代全面发展的社会主义建设者和接班人。从这一点来看，新时代高校劳动教育有了新目标，有了新使命，在劳动教育目的上有了新定位。

劳动教育的核心价值是以劳促全。培养时代新人，高校必须把劳动教育摆在更加突出的位置，建立完善体现时代特征的劳动教育体系，以劳促进德、智、体、美全面发展、协同育人，这既是对马克思主义教育思想的继承和发展，也是对新时代中国特色社会主义教育制度的坚持和完善。高校要以贯彻落实《意见》为契机，全面加强劳动教育，系统构建德、智、体、美、劳全面培养的教育体系，使劳动成为大学生全面发展最鲜亮的底色，努力培养更多能够担当民族复兴大任的时代新人。从具体层面来看，高校劳动教育目的以普及劳动科学理论、基本知识和提升劳动技能为教育的主要内容，以讲清劳动道理为教育的着力点，让大学生通过对劳动的基本理论学习，深刻认识人类劳动实践的创造本质，深入理解劳动对于立德树人的重大意义，深切感悟和领会习近平总书记反复强调“四最”的深刻道理及其重大意义，从而真正树立起尊重劳动、尊重知识、尊重人才、尊重创造的意识。①

实现新时代高校劳动教育，应坚持“知行合一”的基本原则。从教育的视角来看，“行”指学校开展的具体劳动实践活动，目的是使学生亲临劳动实践场所，体验劳动的真切感受。“知”则指通过课堂教学环节，使学生掌握关于劳动的知识。“格物致知”，贵在明理。在劳动实践活动中的直接体验固然重要，但获得劳动体验绝非劳动教育的终极目的，最终目的在于对劳动道理的感悟，对劳动知识的科学把握。高校学生作为社会生产实践的“准劳动者”和后备力量，要爱劳动、会劳动，更要懂劳动，“明劳动之理”。习近平总书记要求，“要通过各种措施和方式，教育引导广大青少年牢固树立热爱劳动的思想、牢固养成热爱劳动的习惯，为祖国发展培养一代又一代勤于劳动、善于劳动的高素质劳动者。”②

三、劳动教育方式方法的重新定位

中华人民共和国成立以来，劳动教育不断受到重视，却一直未能真正内化为国民

① 刘向兵．新时代高校劳动教育的新内涵与新要求——基于习近平关于劳动的重要论述的探析［J］．中国高教研究，2018（11）：17－21.

② 习近平．习近平在乌鲁木齐接见劳动模范和先进工作者、先进人物代表　向全国广大劳动者致以“五一”节问候［N］．人民日报，2014－5－1.

教育体系的有机组成部分，主要原因在于劳动教育方式方法缺乏准确定位，在学科建设上，诸如劳动科学相关学科散布于各个学科门类或一级学科中，学科地位与其重要性不相称。同时，专业化的劳育师资培养乏力、劳动教育方法缺乏创新性、劳动教育理论与实践相脱节，等等。[①]

习近平总书记在学校思想政治理论课教师座谈会上的讲话中强调，德育工作要"坚持显性教育和隐性教育相统一，挖掘其他课程和教学方式中蕴含的思想政治教育资源，实现全员全程全方位育人"[②]。加强高校劳动教育，既要强化显性教育，传授与大学生就业和职业发展息息相关的劳动科学知识，又要深化隐性教育，深入开掘专业教育、思政教育和各类"第二课堂"活动中的劳育资源。新时代高校劳动教育应推动教育方式方法的创新，在多样化发展的过程中系统建构课程、思政、专业、实践"四位一体"的劳育育人体系。

一是"课程劳育"，专门开设劳动教育必修课程，如"劳动科学概论"或"劳动概论"。大、中、小学劳育应是爱劳动、会劳动、懂劳动的三部曲。与中小学生相比，大学生在爱劳动、会劳动的同时，还应懂劳动，"明劳动之理"。《意见》规定，根据各学段特点，在大中小学设立劳动教育必修课程，系统加强劳动教育。要整体优化学校课程设置，将劳动教育纳入中小学国家课程方案和职业院校、普通高等学校人才培养方案，形成具有综合性、实践性、开放性、针对性的劳动教育课程体系，向大学生系统介绍劳动法律、劳动关系、劳动经济、劳动社会保障、劳动安全、职业卫生等各门劳动科学基础知识。

二是"专业劳育"，把劳动教育融入大学生的专业课程学习与实习实训。《意见》规定，除劳动教育必修课程外，其他课程应结合学科、专业特点，有机融入劳动教育内容。要在专业课程中强化本专业劳动伦理和劳动价值教育，构建具有本专业特色的劳育价值体系；要在实习实训中强化劳动知识和技能训练、劳动权利和责任教育、劳动情感和态度培养，全面培育劳动精神；要在课程建设上挖掘本专业大国工匠、劳动模范等特色资源，开展劳育特色专业课程。

三是"思政劳育"，把劳动教育融入思想政治教育。要特别强调用好思想政治理论课堂这个主渠道、主阵地，形成德育、劳育协同效应。比如，在"马克思主义基本原理概论"中强化劳动经典解读，深化马克思主义劳动价值观教育；在"毛泽东思想和

---

① 闫新科．新时代高校加强劳动教育的路径探析［J］．改革与开放，2019（7）：96—99．

② 张烁．用新时代中国特色社会主义思想铸魂育人，贯彻党的教育方针落实立德树人根本任务［N］．人民日报，2019—3—19．

中国特色社会主义理论体系概论”中加入习近平总书记关于劳动问题重要论述的阐释；在“形势与政策”中加入当前劳动力市场的分析与发展展望；在“思想道德与法治”中结合工匠精神内容，强化劳动观念、劳动意识的培养。

四是“实践劳育”，把劳育融入广阔的第二课堂活动。全面推进劳动教育与大学生社会实践和志愿服务、创新创业教育、职业生涯教育、就业指导、产教研融合及校园文化的结合，通过形式多样的劳动实践锻炼，在提高大学生综合素质的同时，引导他们懂得并由衷认可劳动最光荣、劳动最崇高、劳动最伟大、劳动最美丽的道理。

四、劳动教育长效机制的重新定位

《意见》明确指出，劳动教育是中国特色社会主义教育制度的重要内容，要全面贯彻党的教育方针，坚持立德树人，把劳动教育纳入人才培养全过程，贯通大中小各学段，贯穿家庭、学校、社会各方面，把握育人导向，遵循教育规律，创新体制机制，注重教育实效，实现知行合一，促进学生形成正确的世界观、人生观、价值观。高校要结合新时代党对劳动教育的新要求和高校人才培养目标，直面劳动教育在落实落细过程中普遍存在的问题和瓶颈，主动适应新时代高校劳动教育需要，建立健全常态长效的运行机制。

（一）完善课程育人机制

高校要加强劳动教育课程建设，不断提高教学质量、增强学生的本领。在劳动教育课程体系建设中，要注意学科内容的与时俱进、形式的多样性、目标的科学性，要做相应的实践调查，了解社会和个人的发展需要，加强与用人单位的联系及合作，制定出符合需求的目标和内容体系；要注意借鉴其他学科的经验，在实践中发现问题、不断完善，同时也要将劳动教育融入其他学科建设中，增强和巩固学科的育人效果。一是完善课程系统设置，明确劳动教育在“五育”并举教育体系中的定位，将劳动教育融合于学校综合教学中，通过将劳动教育基础课程纳入高校必修类课程，设置必修课学分，同时要注重打造精品课程和特色课程，供学生有选择性地学习。统筹劳动教育与专业教育和职业教育的关系，使高校教育内涵更加丰富、更加殷实。二是加强师资队伍建设，培育与引进并举，优化劳动教育专任教师队伍结构，既为学生提供专业理论指导，又指导学生参与劳动实践。三是创新教学方式，将地域特色融入劳动教育，聘请当地手工艺人或非物质文化遗产传承人参与授课，带领学生参与生产劳动，增强课程趣味性，延伸劳动教育知识广度，激发劳动教育学习热情。

（二）完善全员育人机制

新时代高校育人体系中蕴含着丰富的劳动教育元素，高校育人主体要结合立德树人工作实际充分挖掘劳动教育资源，统筹推进“十大”育人体系和育人育才机制，实现全员、全方位、全过程的劳动育人。① 一是发挥专业课教师主体作用，挖掘课程育人、科研育人、实践育人等维度的劳动教育资源。高校要积极挖掘学科教学中的劳动教育元素，适应新时代特征建构劳动教育课程体系，引导学生主动参与社会调研、田野调查、实操实训、教育实习、采风创作等实践课程，加强专业教育中劳动技能训练，增强学生参与劳动的自觉性与主动性，实现专业教育与劳动教育的有机融合。二是发挥思想政治工作队伍主体作用，提升文化育人、心理育人、资助育人、网络育人等维度的劳动教育实效。思政课教师、团学干部、辅导员承担着重要的育人使命，是培养德、智、体、美、劳全面发展的时代新人，贯彻落实《意见》的直接引导者、谋划者和推动者。高校要搭建多角度、广覆盖的劳动实践平台，设立更多与学科专业和能力提升紧密结合的勤工助学岗位，完善“双创”教育体系，拓展“双创”教育空间，提供更多创新创业机会，引导大学生自觉自愿参与劳动实践，培养劳动情怀、劳动意识和奉献精神。三是发挥行政教辅后勤人员主体作用，强化组织育人、管理育人、服务育人等维度的劳动教育保障功能，加强劳动教育的保障体系建设，为师生提供优质高校服务。

（三）完善实践育人机制

劳力劳心，亦知亦行，高校要积极打造学以致用的实践平台，着力完善劳动实践育人机制。一是理顺实践的主客体关系。学生是接受劳动教育的主体，高校要充分尊重和了解他们的劳动需求与愿望，有所分类、有所侧重地进行安排和指导。用人单位或实践平台是劳动教育的客体，要为学生提供实践机会和创造良好环境，给予悉心指导，并根据实践效果及时调整实践计划。二是丰富实践内容。高校的劳动实践要区别于其他阶段，落脚于引导青年将劳动实践能力发挥到未来的工作岗位当中，除传统意义上的劳动内容的实践，还要让劳动教育与职业教育内容纵向贯通、横向连接，服务社会发展建设。三是创新实践方式。可以结合办学优势和专业特色，分层分类，落细、落小、落实，依托学校校内外实践、实训平台，有导向地为学生参与劳动教育实践“搭桥铺路”，真正实现“走出去，请进来”。可依托志愿服务活动、“三下乡”“牵手乡村教育”等，引导广大学生走向四面八方，走入生产一线，积极参加劳动实践，使其实践能力得到增强，思想和灵魂受到洗礼，职业素养和业务能力得到年提升。

---

① 邓军．把劳动教育纳入新时代高校育人体系［N］．光明日报，2020－7－4.

第三章　加强新时代高校劳动教育的时代价值与实践要求

党的十八大以来，习近平总书记立足新时代历史方位，明确提出构建德、智、体、美、劳全面培养的教育体系，要求把劳动教育纳入培养社会主义建设者和接班人的总体要求之中。习近平总书记关于劳动教育的系列重要论述，是对马克思主义劳动观的时代阐释与最新发展，具有重大的时代价值和鲜明的现实针对性，体现了党和国家对新时代高校人才培养质量的新要求，同时也对高校加强大学生劳动教育提出了新任务、新课题，为新时代高校开展劳动教育提供了行动指南和根本遵循。

第一节　加强新时代高校劳动教育的时代价值

新时代贯彻党的教育方针，要坚持马克思主义指导地位，贯彻习近平新时代中国特色社会主义思想，坚持社会主义办学方向，扎根中国大地办教育。加强新时代高校劳动教育，是全面落实立德树人根本任务的重要途径，是实现中华民族伟大复兴的客观需要，也是促进大学生全面发展的现实需要。高校作为大学生劳动教育的组织者和实施者，应及时更新观念，提高认识，创新载体，以“生”为本，促进融合，为新时代中国特色社会主义事业培养更多的高素质劳动者与建设者，为实现“两个一百年”奋斗目标和中华民族伟大复兴的中国梦提供坚实的人才保障。

一、全面落实立德树人根本任务的重要途径

建设教育强国，首先要解决为谁办学、为谁培养人、培养什么样的人这些根本性

问题。习近平总书记在同北京大学师生座谈时明确提出“坚持办学正确政治方向”[①]“我国社会主义教育就是要培养社会主义建设者和接班人”[②] 的观点。坚持办学正确政治方向是前提和保证，坚持办学政治方向就是要坚持社会主义办学方向，全面贯彻党的教育方针，坚持党对高校的领导。历史一再证明，培养什么样的人、如何培养人以及为谁培养人，事关党和国家的前途命运。党的十八大以来，以习近平同志为核心的党中央，始终把立德树人作为学校教育的根本任务。习近平总书记在全国高校思想政治工作会议上强调高等教育要“为人民服务，为中国共产党治国理政服务，为巩固和发展中国特色社会主义制度服务，为改革开放和社会主义现代化建设服务。”[③] 习近平总书记关于坚持立德树人的重要论述，为时代高校劳动教育开展提供了根本遵循，为构建新时代中国特色社会主义劳动教育体系、发挥劳动教育在立德树人中的重要作用指明了方向。

高校立身之本在于立德树人。立德树人，是习近平总书记在多个场合、反复提及的高校的根本任务。2012 年，在党的十八大报告中，针对教育问题首次提出“把立德树人作为教育的根本任务”。2013 年，《中共中央关于深化改革若干重大问题的决定》强调深化教育领域的综合改革必须坚持立德树人。2015 年，“立德树人”被相继纳入“十三五”规划和《中华人民共和国教育法》。2016 年，习近平总书记在全国高校思想政治工作会议上发表重要讲话，提出要坚持把立德树人作为中心环节，高校立身之本在于立德树人。[④] 党的十九大报告更是明确指出要全面贯彻党的教育方针，落实立德树人根本任务。国无德不兴，人无德不立。在北京大学师生座谈会上，习近平总书记强调：“要把立德树人的成效作为检验学校一切工作的根本标准，真正做到以文化人、以德育人，不断提高学生思想水平、政治觉悟、道德品质、文化素养，做到明大德、守公德、严私德。要把立德树人内化到大学建设和管理各领域、各方面、各环节，做到以树人为核心，以立德为根本。”[⑤] 习近平总书记关于立德树人根本任务的重要论述，抓住了教育本质，明确了教育使命，为人才培养指明了方向。立德树人是教育的根本任务，要深入学习贯彻习近平总书记的重要讲话精神，充分发挥劳动教育在立德树人中的重要作用，教育引导青年学生以劳立德、艰苦奋斗，担负起作为社会主义建设者

① 习近平．习近平在北京大学师生座谈会上的讲话［M］．北京：人民出版社，2018：5.

② 习近平．习近平在北京大学师生座谈会上的讲话［M］．北京：人民出版社，2018：6.

③ 习近平．习近平谈治国理政［M］．北京：外文出版社，2017：377.

④ 俞国良，李森．我国“立德树人”教育政策历史进程的文本分析与启示［J］．西南民族大学学报（人文社会科学版），2019，40（06）：217－222.

⑤ 习近平．习近平在北京大学师生座谈会上的讲话［M］．北京：人民出版社，2018：7.

和接班人的历史使命。

育人的根本在于立德。这是人才培养的辩证法。习近平总书记反复强调立德树人作为根本任务，深刻揭示了育人和育才辩证统一的关系，即育人为本，育德为根。习近平总书记指出："人才培养一定是育人和育才相统一的过程，而育人是本。人无德不立，育人的根本在于立德。这是人才培养的辩证法。办学就要尊重这个规律，否则就办不好学。"① 他在会见中国少年先锋队第七次全国代表大会代表时寄语全国各族少年儿童，指出："要从小学习做人，要学会做人的准则，就要学习和传承中华民族传统美德，学习和弘扬社会主义新风尚，热爱生活，懂得感恩，与人为善，明礼诚信，争当学习和实践社会主义核心价值观的小模范。"② 2016 年 4 月，习近平总书记在致清华大学建校 105 周年贺信中指出："站在新的起点上，清华大学要坚持正确方向，坚持立德树人，坚持服务国家，坚持改革创新。"③ 2018 年 5 月 2 日，在北京大学师生座谈会上，他指出："要把立德树人内化到大学建设和管理各领域、各方面、各环节，做到以树人为核心，以立德为根本。"④

中国共产党历来重视德育在人才培养中的重要作用，始终将"德"放在人才标准的首位，强调德才兼备、以德为先。才者，德之资也；德者，才之帅也。要实现树人目标、完成树人任务，首先必须"立德"，坚持育人为本、德育为先。立德树人的"德"，应该是"大德、公德、私德"之总称，与德智体美劳中"德"的含义相同，包括政治、道德、法律，即理想信念、道德品质、法治素养三个方面。立德就是要在坚定青少年理想信念、塑造青少年道德品质、涵养青少年法治素养方面下大功夫、花大力气。⑤

劳动教育是实现立德树人根本任务的重要途径，高校要毫不动摇地把劳动教育纳入人才培养全过程，形成劳动育人的人才培养体系。劳动教育的目的不仅仅是引导学生完成理论的学习，而且是激发学生内心深处的自觉认知，也就是要把树立和弘扬劳动价值观作为一种自由自觉的能动性活动。高校要深入贯彻落实习近平总书记关于劳动教育的系列重要论述，深刻领会新时代劳动教育的丰富内涵和重大意义。通过劳动教育帮助学生树立马克思主义劳动观，厚植劳动情怀，培养匠心精神，引导学生发自

---

① 习近平．习近平在北京大学师生座谈会上的讲话［M］．北京：人民出版社，2018：7.

② 习近平．习近平在会见中国少年先锋队第七次全国代表大会代表时寄语全国各族少年儿童强调美好的生活属于你们美丽的中国梦属于你们［N］．人民日报，2015－6－2.

③ 习近平．习近平致清华大学建校 105 周年贺信［N］．人民日报，2016－4－23.

④ 习近平．习近平在北京大学师生座谈会上的讲话［M］．北京：人民出版社，2018：7.

⑤ 王树荫．厘清立德树人根本任务中"德"的含义［N］．光明日报，2019－12－4.

内心地认同劳动、尊重劳动、热爱劳动，努力成长为具备工匠精神的高素质劳动者和专业人才。新的时代，新的要求，站在新的战略高度，劳动教育在立德树人中赋予了新的时代内涵和历史使命，在高校发展和社会主义现代化建设者和接班人培养中具有重要而深远的意义，具体表现在：其一，劳动教育与高校立德树人工程相辅相成，塑造劳动精神、确定价值取向，培育学生德行养成，对于学生成长成才至关重要；其二，劳动教育与高校人才培养目标相得益彰，劳动教育是德、智、体、美、劳五育并举教育体系的重要组成部分，对于实现人的全面发展意义重大，肩负着培养一代又一代矢志奋斗的建设者和接班人的重任。

加强新时代高校劳动教育，要把劳动教育与践行社会主义核心价值观有机结合起来。习近平总书记在考察北京市海淀区民族小学时，要求社会主义核心价值观教育要从少年儿童抓起，并且提出，“在少年儿童中培育和践行社会主义核心价值观，要适应少年儿童的年龄和特点，主要是要做到记住要求、心有榜样、从小做起、接受帮助。”[①] 学校要把社会主义核心价值观教育贯穿教育教学全过程，根据青少年儿童特点和成长规律，循循善诱，春风化雨，让社会主义核心价值观的种子在青少年心中生根发芽，引导广大师生做社会主义核心价值观的坚定信仰者、积极传播者、模范践行者。劳动是社会主义核心价值观形成和认同的现实基础、实践根基，劳动精神内蕴社会主义核心价值观的基本追求。劳动教育是践行社会主义核心价值观的载体和途径。新时代的劳动精神，尤其是劳模精神、工匠精神、创造精神，是社会主义核心价值观的现实呈现和具体实践。因此，无论从出发点、目的、实现路径等方面来看，劳动教育与践行社会主义核心价值观具有内在的一致性。学校是培育和传播社会主义核心价值观的主阵地，要把劳动教育和践行社会主义核心价值观有机结合起来，在自觉弘扬和践行核心价值观中培育弘扬劳动精神、传播马克思劳动价值观，从而促进社会主义核心价值观的高度认同与自觉践行。

加强新时代高校劳动教育，要充分吸取中华优秀传统文化中的劳动教育理念。中华民族在漫长的历史发展过程中，构建了一套成熟的道德价值体系，形成了丰富的个人伦理、家庭伦理、国家伦理以及宇宙伦理的道德规范体系和道德教育理论。习近平总书记多次强调中华优秀传统文化是涵养社会主义核心价值观的重要源泉，要认真汲取中华优秀传统文化的思想精华和道德精华，更好地构筑中国精神、中国价值、中国力量，为人民提供精神指引。他在庆祝澳门回归祖国 15 周年大会上的讲话中指出：

① 习近平．习近平在北京市海淀区民族小学主持召开座谈会时的讲话［N］．人民日报，2014－5－31.

"中华民族在几千年历史中创造和延续的中华优秀传统文化，是中华民族的根和魂。"[①]我们党通过对历久弥新的中华优秀传统文化精髓的发掘、继承、弘扬，用马克思主义真理的力量激活了中华优秀传统文化，使中华文明再次迸发出强大精神力量。正如习近平总书记所指出的，如果没有中华五千年文明，哪里有什么中国特色？如果不是中国特色，哪有我们今天这么成功的中国特色社会主义道路？[②] 回望五千年历史长河，诸如"天道酬勤""力耕不欺"等根植于中华优秀传统文化理念，是中华民族劳动精神的绵延、弘扬和传承。中华优秀传统文化蕴含着丰富的劳动教育思想与比较具体的劳动教育措施。中华民族传统的劳动认知和劳动价值是历经历史实践不断总结凝练出的科学认知。将劳动教育实践内容同传统文化相结合，是高校劳动教育的宝贵资源。中国传统劳动教育渗透于人民日常生活之中，通过礼仪制度、学校教育、家训家风等途径实现，使人民在"日用而不知"的状态中潜移默化地接受劳动教育。中国传统劳动教育的理论与方法，可以为当今的劳动教育提供有益的借鉴和启示。[③] 因此，要吸取中华传统文化中的劳动智慧，把握传统劳动思想中的文化源流，才能用历史之光照亮新时代劳动教育之路，为新时代未来劳动教育谋划发展之路，才能培养出一代又一代肩负起民族复兴的时代重任的时代新人。

加强新时代高校劳动教育，要充分发挥劳动育人功能，实现劳动教育与德育、智育、体育、美育相互促进。通过劳动教育，帮助学生树立正确的劳动价值观，澄清有些人对劳动价值观的模糊认识，消除把劳动当成负担的错误认识，扭转对苦脏累险工作不愿干的不良做法，让受教育者认识到劳动之于社会、之于个人事业成功、之于理想抱负实现的重要性。[④] 要向受教育者阐明劳动是世界上一切欢乐和一切美好事情的源泉，世界上最美好的东西都是由劳动创造出来的道理，要想实现人生的意义，就要树立正确的劳动价值观，以劳动为荣，把劳动当作一种乐趣融入物质和精神生活之中。2018 年全国教育大会，习近平总书记提出了"六个下功夫"，进一步明确了新时代落实立德树人的具体任务，而这每一项任务的落实都离不开劳动教育的有力助推。一是要在坚定理想信念上下功夫，大力加强劳动价值观教育，让大学生真正理解并懂得"劳动最光荣、劳动最崇高、劳动最伟大、劳动最美丽"的道理，立志肩负起"劳动托起

---

① 习近平．习近平谈治国理政［M］．北京：外文出版社，2017：426.

② 中共教育部党组理论学习中心组．学习习近平总书记关于"两个结合"的重要思想［N］．人民日报，2021—8—27.

③ 崔海亮．我国传统劳动教育的现代启示［N］．中国社会科学报，2020—12—20.

④ 张丽波．劳动教育的本质是培养劳动价值观［N］．吉林日报，2018—11—9.

中国梦”的时代重任；二是要在厚植爱国主义情怀上下功夫，大力加强爱国主义教育，让爱国主义精神在学生心中牢牢扎根，加强劳动情感态度教育，教育大学生热爱劳动、热爱创造，深刻体验“中国梦·劳动美”的真理性意义，立志扎根人民、奉献国家；三是要在加强品德修养上下功夫，着力培养大学生良好的劳动品德，教育大学生辛勤劳动、诚实劳动、创造性劳动，由衷地尊重各类劳动和劳动者、珍惜他们的劳动成果，教育引导学生培育和践行社会主义核心价值观，踏踏实实修好品德，成为有大爱大德大情怀的人；四是要在增长知识见识上下功夫，要大力加强劳动技能教育和劳动实践锻炼，转变长久以来唯分数、唯书本、唯训练、唯考试的“纸面成长”不良取向，教育引导学生求真理、悟道理、明事理；五是要在培养奋斗精神上下功夫，切实加强劳动实践锻炼，精心组织好大学生社会实践与志愿服务，不断深化产教融合，扎实推进创新创业教育，引导大学生在广阔的生产劳动与社会生活大熔炉中真抓实干、埋头苦干；六是要在增强综合素质上下功夫，充分发挥劳动具有的树德、启智、健体、育美、创新的综合育人价值，将劳动教育有机融入人才培养体系中。

二、实现中华民族伟大复兴的客观要求

强调劳动价值和劳动教育，是马克思一以贯之的立场和观点，是马克思主义唯物史观的核心内容和本质规定。在马克思主义观点看来，在未来社会发展形态上，未来共产主义社会主要表现为人的自由全面发展为特征的生活样态，对于人的本质生活而言，劳动作为第一需要，它与教育的结合是未来社会发展的显著特征。因此，劳动观点不仅是马克思主义教育观与劳动观中不可或缺的内容，而且对于人们身心健康以及精神面貌有着非常大的影响。马克思指出：“生产劳动同智育和体育相结合，它不仅是提高社会生产的一种方法，而且是造就全面发展的人的唯一方法。”① 列宁也曾指出：“没有年轻一代的教育和生产劳动的结合，未来社会的理想是不能想象的：无论是脱离生产劳动的教学和教育，或是没有同时进行教学和教育的生产劳动，都不能达到现代技术水平和科学知识现状所要求的高度。”② 马克思主义劳动观告诉我们，劳动创造世界、劳动创造历史、劳动也创造了人本身，劳动是人类的本质特征和存在方式，是实现人的全面发展的重要途径。教育与生产劳动相结合是社会主义教育的根本原则。③

教育是提高人民综合素质、促进人的全面发展的重要途径，是民族振兴、社会进

① 马克思，恩格斯．马克思恩格斯选集［M］．北京：人民出版社，2012：230.

② 列宁．列宁全集［M］．北京：人民出版社，2013：463－464.

③ 张丽波．劳动教育的本质是培养劳动价值观［N］．吉林日报，2018－11－9.

步的重要基石，对中华民族伟大复兴具有决定性意义。“坚持把服务中华民族伟大复兴作为教育的重要使命”是新时代党和国家对教育使命的新论断。“育才造士，为国之本。”在实现中国梦的伟大征程中，教育事业承担着提供接续不断人才保障和智力支持、培育合格建设者和可靠接班人的职责。以习近平同志为核心的党中央，以恢宏的理论勇气和卓绝的政治智慧，描绘了中国梦的宏伟图景，确立了中国人民的奋斗目标。“现在，我们比历史上任何时期都更接近实现中华民族伟大复兴的目标，比历史上任何时期都更有信心、更有能力实现这个目标。”① 但我们也应清醒地认识到，在实现中华民族伟大复兴中国梦的征程中，幸福不会从天而降，梦想不会自动成真。“中华民族伟大复兴，绝不是轻轻松松、敲锣打鼓就能实现的。全党必须准备付出更为艰巨、更为艰苦的努力。”② 这些重要论断深刻阐释了劳动创造的哲学意义，揭示了劳动发展的本质所在，继承和发展了马克思主义劳动思想，重申和强调了劳动之于社会发展的历史价值和重要意义，勾勒出了中国特色社会主义伟大事业的实践路径，并赋予了丰富的时代内涵，成为习近平新时代中国特色社会主义思想的重要组成部分。因此，新时代高校劳动教育必须全面贯彻党的教育方针，抓住机遇、整体布局，协同推进德育、智育、体育、美育以及劳动教育全方位育人，构建德、智、体、美、劳全面培养的教育体系，为实现中华民族伟大复兴培养有用之才。

民生在勤，勤则不匮。劳动不仅创造了人类，而且创造了社会，并推动着社会历史滚滚向前发展。中华民族在数千年的漫漫古道中扬帆至今，靠的就是勤劳勇敢、务实重行、开拓奋进、百折不挠的精神，这种精神激励着一代又一代中华儿女不断进取、奋发图强，使中国人民实现了从“站起来”到“富起来”再到“强起来”的伟大飞跃。可以说，尊重劳动、倡导劳动、保护劳动，是社会主义社会先进性的显著标志；勤奋劳动、诚实劳动、创造性劳动是社会主义国家劳动者的鲜明特征。③ 党的十八大以来，习近平总书记在多个重要场合强调了劳动者、劳动态度、劳模精神在中国特色社会主义事业中的重要作用，他号召全社会应该始终弘扬劳模精神、劳动精神、工匠精神，为中国经济社会发展汇聚强大正能量，为实现中国梦提供“崇尚劳动”的价值引领。党的十九大报告提出要“弘扬劳模精神和工匠精神，营造劳动光荣的社会风尚和精益

① 习近平．习近平谈治国理政［M］．北京：外文出版社，2014：35－36.

② 习近平．习近平谈治国理政［M］．北京：外文出版社，2020：12.

③ 刘向兵，李珂，彭维峰．深刻理解新时代加强劳动教育的重大意义与现实针对性［J］．中国高等教育，2018（21）：4－6.

求精的敬业风气”。[1] 说到底，追求精益求精、质量至上的工匠精神不但是爱岗、敬业、专注、创新、拼搏等可贵劳动品质的具体实践，也是劳模精神、劳动精神的升华。加强新时代高校劳动教育，有利于培养坚忍不拔、追求卓越的劳动品格，有利于培育一支高素质的产业工人队伍和大量的“能工巧匠”，为“中国速度”向“中国质量”转变、“中国制造”向“中国创造”转变提供人力支撑、智力支撑和创新支撑。从国家层面上来看，我们要始终弘扬劳模精神、劳动精神，为实现中华民族伟大复兴的中国梦注入强大的精神动力。从社会层面上来看，大力弘扬工匠精神、劳模精神有助于在全社会范围内营造劳动光荣的社会风尚和精益求精的敬业风气，培养出更多创新型、技术型、知识型的劳动大军，为中国特色社会主义事业汇聚起强大的正能量。从个人层面上来看，榜样的力量是无穷的，劳模精神、工匠精神可以感染并引领广大劳动者勤奋做事、勤勉为人、勤劳致富，自觉为民族复兴铺路架桥，为祖国建设添砖加瓦。新时代高校劳动教育，要引导新时代大学生在饱览祖国大好河山的同时，了解祖国发展，感悟祖国的繁荣强大，在参与生产劳动活动中，自觉把人生理想、责任担当融入国家富强、民族复兴的伟业之中，把个人梦与中国梦紧密结合起来；[2] 自觉建构个人与集体、小家与国家、个人梦与中国梦融合统一的发展共同体和命运共同体。2020 年新冠肺炎疫情席卷全球，中国国家领导人、基层公务员、公安民警、医护人员等各行各业的劳动者们，为了捍卫共同的家园日夜奋斗在战“疫”前线。其他民众为了不给战“疫”添乱，则听从指挥“闷”在家中。在这一过程中，中华民族深深地向世界展现了自身坚忍不拔、热爱劳动和积极向上的优良品质。疫情恰逢中国春节期间，各行各业都几乎处于休假状态。突发疫情难免引起各项物资短缺紧张。一线工作者日夜兼顾，奋力抗“疫”；普通民众则走向口罩厂、物流公司、菜地等，通过自己的劳动为抵抗疫情出一分力量。在整个抗“疫”过程中，中华民族向世界人民展现了自身热爱劳动、坚忍不拔、同舟共济的优良品质，充分体现了中华民族的家国情怀，每个人都将自己的个人梦融入国家发展、民族复兴的“中国梦”。相比西方国家和民众的战“疫”过程，这不仅是一堂生动的爱国主义教育课程，更是最佳的劳动教育实践教学时代化和特色化的课程内容，还是中华民族传统美德和优良品质的生动体现。因此，加强新时代高校劳动教育，是中国共产党深化广大劳动人民群众感情、扎根中国大地、实现发展壮大的经验总结，是新时代中国特色社会主义的本质要求，也是实现中华民族伟大

---

① 习近平．习近平谈治国理政［M］．北京：外文出版社，2020：24.

② 习近平．习近平在同全国劳动模范代表座谈时的讲话［N］．人民日报，2013－4－29.

复兴的客观需要。

三、促进大学生全面发展的现实需要

培养什么人、如何培养人、为谁培养人，是我国社会主义教育事业发展中必须解决好的根本问题。正确认识和切实解决好这个问题，事关党和国家的长治久安，事关中华民族的前途命运。毛泽东同志提出了培养造就千百万社会主义事业接班人的战略任务，他指出："我们的教育方针，应该使受教育者在德育、智育、体育几方面都得到发展，成为有社会主义觉悟的有文化的劳动者。"① 邓小平同志反复强调，青少年是祖国的未来，一定要教育好我们的后代，培养造就有理想、有道德、有文化、有纪律的具有社会主义觉悟的一代新人。② 江泽民同志也多次强调指出："正确引导和帮助青少年学生健康成长，使他们能够德智体美全面发展，是一个关系我国教育发展方向的重大问题"。③ 我国是中国共产党领导的社会主义国家，这就决定了我们的教育必须把培养社会主义建设者和接班人作为根本任务，培养一代又一代拥护中国共产党领导和我国社会主义制度，立志为中国特色社会主义奋斗终身的有用人才。习近平总书记在2018年全国教育大会上全面总结了党的十八大以来教育改革发展实践中形成的新理念、新思想、新观点，并围绕"培养什么人、怎样培养人、为谁培养人"这一根本问题作出了重大战略部署，为加快推动教育现代化指明了方向目标，提供了根本遵循。党的十八大以来，我们围绕"培养什么人、怎样培养人、为谁培养人"这一根本问题，全面加强党对教育工作的领导，坚持立德树人，加强学校思想政治工作，推进教育改革，加快补齐教育短板。教育事业中国特色更加鲜明，教育现代化加速推进，教育方面人民群众获得感明显增强。我国教育的国际影响力加快提升，人民的思想道德素质和科学文化素质全面提升。

教育对人的全面发展起着重要的作用，劳动教育是学生全面发展的必要途径。马克思指出："为改变一般人的本性，使他获得一定劳动部门的技能和技巧，成为发达的和专门的劳动力，就要有一定的教育或训练。"④ 对于新时代人的全面发展，习近平总书记指出，教育是民族振兴、社会进步的重要基石，是"国之大计、党之大计"，对提高人民综合素质、促进人的全面发展、增强中华民族创新创造活力、实现中华民族伟

① 毛泽东．毛泽东文集［M］．北京：人民出版社，1999：226.
② 十六大以来重要文献选编［M］．北京：中央文献出版社，2006：632.
③ 江泽民．江泽民文选［M］．北京：人民出版社，2006：587.
④ 马克思，恩格斯．马克思恩格斯选集［M］．北京：人民出版社，2012：166.

大复兴具有决定性意义。要以凝聚人心、完善人格、开发人力、培育人才、造福人民为工作目标，培养德、智、体、美、劳全面发展的社会主义建设者和接班人。[①]《意见》面向全体学生明确了劳动教育总体目标，指出劳动教育在培养全面发展的人的过程中所发挥的重要作用，强调了加强新时代劳动教育的重要性。劳动教育是新时代党对教育的新要求，强调劳动在人类社会发展中的重要作用、劳动的育人功能，要在坚定理想信念、厚植爱国主义情怀、加强品德修养、增长知识见识、培养奋斗精神、增强综合素质上下功夫，要努力构建德、智、体、美、劳全面培养的教育体系，形成更高水平的人才培养体系。《意见》强调，新时代加强劳动教育必须以习近平新时代中国特色社会主义思想为指导，落实立德树人根本任务，把劳动教育纳入人才培养全过程，贯通大中小学各学段，构建具有中国特色的“全面培养的教育体系”，为实现人的全面发展提供更加充分的条件。

在构建德、智、体、美、劳全面培养的教育体系中，将教育与劳动相结合开展新时代劳动教育，具有独特的育人价值。《意见》明确指出，“劳动教育是国民教育体系的重要内容，是学生成长的必要途径，具有树德、增智、强体、育美的综合育人价值”。[②] 要开展“以日常生活劳动、生产劳动和服务性劳动为主要内容开展劳动教育”。[③]在日常生活劳动教育方面，让学生注重抓住衣食住行等日常生活中的劳动实践机会，主动分担家务，掌握洗衣、做饭等必要的家务劳动技能，养成爱劳动的好习惯。在服务性劳动教育方面，强调让学生参加校内外公益劳动、志愿服务，培育公共服务意识，使学生具有面对重大疫情、灾害等危机主动作为的奉献精神，参与社区治理。在生产劳动教育方面，强调让学生参加力所能及的生产劳动，丰富职业体验，提高职业技能水平，培育学生精益求精的工匠精神和爱岗敬业的劳动态度，提升就业创业能力。加强新时代高校劳动教育，不仅有利于大学生树立正确的劳动价值观，培养劳动态度，养成良好的劳动习惯，提升劳动技能和本领，还有利于大学生在体味艰辛、挥洒汗水中启迪心灵、开启心智，在艰苦奋斗、顽强拼搏中强健体魄、磨炼意志，养成认真敬业、自信自律的心理素质，从而形成健全完善的人格；不仅使大学生成为德、智、体、美、劳全面发展的有思想、有觉悟的劳动者，更让个体生命的潜能得到自由、充分、

① 陈云龙．劳动教育是学生全面发展的必要途径［N］．中国教育报，2020－8－14.

② 中共中央，国务院．关于全面加强新时代大中小学劳动教育的意见［N］．人民日报，2020－3－27.

③ 中共中央，国务院．关于全面加强新时代大中小学劳动教育的意见［N］．人民日报，2020－3－27.

全面、和谐和可持续的发展。①

第二节 加强新时代高校劳动教育的实践要求

加强新时代高校劳动教育，要求坚持立德树人，把劳动教育纳入人才培养全过程，贯通大中小学劳动教育一体化，发挥家庭、学校、社会协同育人作用，把握育人导向，遵循教育规律，创新体制机制，注重教育实效，找准切入点，实现知行合一，大力提升劳动教育的实效性、针对性、可操作性。

一、在“五育并举”中全面提升劳动育人功能

将“劳”与“德、智、体、美”并列发展，是我国教育体制深化改革的重大体现，这既是对劳动教育本身的有效加强，也是对德、智、体、美教育的有力支撑。② 在“五育并举”的育人过程中，劳动教育的价值和功用应该受到高度重视和强调，应该被深入研究；劳动教育作为载体，应该被高校有效利用，广泛建立起劳动教育课程与其他课程之间的有效联系。③ 劳动教育是构建全面教育体系不可或缺的一环，开展高校劳动教育，形成符合新时代要求的劳动教育观，要求我们深入了解“五育”的深刻内涵，把握其内在关联性。

“五育”是指由德、智、体、美、劳五部分构成的一个有机体，其中德育、智育、美育为心理层面的教育，体育是生理层面的教育，劳育是实践层面的教育，它们之间存在着内在的逻辑联系，是一个有机整体。各部分相互依存、相互渗透、相互制约，又各自相对独立，不可替代，既内在统一，又各有侧重，目标是促进人的自由全面发展。因此，需要辩证处理“五育”之间的关系，促进“五育”之间的相互贯通、相互融合，最终实现“五育”的整体育人功能。树立正确的劳动价值观，培养积极的劳动

---

① 冯刚，刘文博．新时代加强大学生劳动教育的时代价值与实践路径［J］．中国高等教育，2019（12）：22—24.

② 刘向兵．新时代高校劳动教育论纲［M］．北京：社会科学文献出版社，2019：25.

③ 叶志明，陈方泉，杨辉．我国高等教育中劳动教育的演变、内涵与进路［J］．中国高等教育，2020（Z3）：9—11.

态度，养成良好的劳动习惯，解决教育对象的世界观、人生观、价值观问题是高校德育工作的重要内容，体现了“善”的要求；教育学生掌握劳动科学、开发智能是高校智育工作的重要内容，体现了“真”的要求；促进身体发育和功能发展是高校体育工作的重要内容，体现了“健”的要求；陶冶情操、提升审美、塑造心灵是高校美育工作的重要内容，体现了“美”的要求；而劳动教育侧重培养劳动观念，培育劳动技能，体现了“实”的要求。

“五育”中，德育居于核心地位，是方向、是灵魂。于德育而言，劳动教育是最好的德育。德育起源于对人的态度，对劳动分工的态度。“人世间的一切幸福都需要靠辛勤的劳动来创造。”从一定意义来说，学生德行的养成、奋斗精神的培养始于辛勤劳动教育。劳动是人的逻辑起点，是人类社会的逻辑起点，是教育的逻辑起点，当然也是德育的逻辑起点。劳动的过程是锤炼人意志、塑造品格、完善自我的过程。劳动教育的一项重要任务是培养学生的劳动观念、劳动习惯，促进学生良好思想品德的形成，包括道德认识、道德情感、道德行为。“以劳育德”是我国教育工作者长期教学中形成的重要理念和经验结晶。劳动承载着社会生活方式、人们的思维方式和行为方式，塑造着人的勤奋、责任心、诚实、正义、纪律、严谨、自信、向善、创新等品性和德行。大学是大学生世界观、人生观、价值观确立的关键时刻，劳动教育，可以让大学生立足实践，认识世界，探索真理，不断完善自己。当代大学生应不畏艰难、百折不挠、敢于担当，在劳动中增阅历、长才干、坚意志、熟技能、知荣辱、懂感恩。劳动教育帮助青年学生正本清源、反求诸己，思考如何才能紧跟时代、夯实基础、服务社会，真正成为社会主义事业的建设者和接班人，为美好的未来做好思想、信念、人格、品质上的准备。

于智育而言，以劳启智是实现智育的根本任务，也是提高大学生智力水平的有效途径。劳动教育需要使学生掌握劳动与技术的基本知识和技能，在社会劳动实践中增长见识、丰富学识、掌握本领。除此之外，劳动教育的实践，还可以使学生做到手脑并用，促进人的智力发展，提升创新意识和创造力。大学生群体想象力丰富，思维活跃，且动手、实践能力强，极具创造活力。在劳动实践的具体过程中，由手接收到信号后，神经反应传输到脑中枢，再由脑中枢反馈到手，脑指挥手，手丰富脑，相互作用，刺激脑细胞，使大脑状态得以更加活跃，从而达到以劳益智的目的。在劳动过程中，学生们观察现象、运用知识、解决问题，既能把书上知识运用于实践活动，加强理解和应用，从而构建更为完备的知识体系；又能够培养其分析和判断的能力，促进其逻辑思维和形象思维的发展。

于体育而言，以劳健体是实现体育的根本目的，也是实施素质教育、促进学生全面发展的重要方式。劳动教育虽然不是体力劳动，但劳动教育需要借助于体力劳动而进行，劳动教育可以促进学生强身健体，促进身体机能的发育，增强体质，促进身心健康。劳动教育引导青少年在做中学，学中做，把感性与理性、直接经验与间接经验结合起来，培育学生的动手操作能力、创造能力和实践智慧。在参与劳动实践的过程中，青少年不仅能逐渐培养起良好的生活习惯，自觉采取有益健康的生活方式，以减轻、消除影响健康的危险因素，而且还能强健体魄、提高自身身体素质。① 通过劳动教育，引导学生在劳动中享受乐趣、磨炼意志，锻炼吃苦耐劳的品格和耐挫能力，促进心理和人格的健全发展。

于美育而言，劳育是美育的创造者。劳动是一种创造，是按照美的规律建构新的世界。劳动中蕴含着美，展示着美的力量。劳动是美的，劳动者是美丽的，因为它创造了世界，创造了美好的幸福的生活。② “以劳育美、以美育人”，通过劳育的实践强化，学生能从生活实践中感受美的存在，促进学生树立“劳动最光荣、劳动最崇高、劳动最伟大、劳动最美丽”的劳动审美观，提升个体的审美能力和人文素养，培养发现美、感受美、鉴赏美的能力。

二、坚持与时俱进和学以致用相结合

回顾中华人民共和国成立以来我国教育理念的历史演变，不难看出，自 20 世纪 50 年代开始，教育与生产劳动相结合是我国历来坚持的教育方针。从新时代劳动教育的新方位来看，劳动教育更加强调劳动主体的价值塑造，更加强调在劳动价值观、劳动态度和劳动品格上对劳动主体的客观塑造，培养受教育者的劳动素养，进而在全社会形成积极向上的劳动风尚。新时代高校劳动教育要从时代特征出发，既要守正，也要创新，要坚持与时俱进和学以致用相结合的原则，通过加强劳动教育课程体系建设，拓展劳动教育载体，建立健全劳动教育体制机制，强化劳动教育实践教学，形成劳动教育系统完整的人才培养体系。

加强新时代高校劳动教育，要深刻理解和把握新时代劳动的“变”与“不变”。一方面，要认清新时代劳动的本质不变性。马克思主义唯物史观强调，劳动是人类的本质活动，劳动改造自然、劳动创造世界、劳动创造人本身，离开劳动人类就不能生存

① 孔梓俊．论劳动教育的重要性［J］．广东教育，2020（01）：76—77．

② 冯建军．构建德智体美劳全面培养的教育体系：理据与策略［J］．西北师大学报，2020，57（03）：5—14．

与发展。即使当前人工智能可以代替人类部分体力或脑力劳动，也绝不能滋生贪图享乐、好逸恶劳的心理。人类的文明进步、社会的健康和谐、国家的繁荣富强，离不开全体社会成员人尽其才、各尽所能的辛勤劳动、诚实劳动、创新性劳动。习近平总书记强调："劳动是人类的本质活动，劳动光荣、创造伟大是对人类文明进步规律的重要诠释。"[①]"人民创造历史，劳动开创未来。劳动是推动人类社会进步的根本力量。实现我们的奋斗目标，开创我们的美好未来，必须紧紧依靠人民、始终为了人民，必须依靠辛勤劳动、诚实劳动、创造性劳动。"[②] 这一系列论述生动诠释了马克思主义"劳动创造世界"的深刻道理。加强新时代高校劳动教育必须以更生动、更接地气、更有显示度的方式，将马克思主义劳动观的本质特征讲深、讲透、讲活，引导学生强认识、得技能、磨意志、提升自我，实现全面发展。

另一方面，要深入把握新时代劳动的形式变化性。劳动教育是国民教育体系的重要内容，是学生成长的必要途径。新时代的劳动教育，不能把劳动教育只是局限于体力劳动、简单劳动，要教育和引导大学生充分认识到新时代劳动形态的丰富性，以及不同形态的劳动在社会生产生活中的地位、作用，真正明白并由衷认同"不论是体力劳动还是脑力劳动，不论是简单劳动还是复杂劳动，一切为我国社会主义现代化建设作出贡献的劳动，都是光荣的，都应该得到承认和尊重"[③] 的道理；要阐明劳动教育新意蕴，挖掘劳动教育新内涵、创新劳动教育新形式、彰显劳动教育新价值，以提升劳动教育的新境界；要充分认识新时代劳动关系的复杂性，强化劳动教育的人本情怀，教育大学生正确认识体力劳动的社会价值，由衷地尊重体力劳动和体力劳动者；要回归劳动教育促进个体全面和谐健康发展的内在目的，教育引导学生深刻认识新时代劳动为自身全面发展创造的有利条件、提出的素质要求，加强职业生涯规划教育，引导学生积极主动地根据自己的才能、禀赋、兴趣、爱好就业创业，真正把劳动作为实现自我价值的内在需要。

新时代高校劳动教育，要坚持一切从实际出发，继承而不守旧，借鉴而不照搬，追赶而不追随，使学生们在改革开放和社会主义现代化建设的大熔炉中，在社会的大学校里，掌握真才实学，增益其所不能，努力成为可堪大用、能担重任的栋梁之材。[④]

① 习近平．习近平在庆祝"五一"国际劳动节暨表彰全国劳动模范和先进工作者大会上的讲话［M］．北京：人民出版社，2015：3—4.

② 习近平．习近平谈治国理政［M］．北京：外文出版社，2014：44.

③ 江泽民．江泽民文选［M］．北京：人民出版社，2006：540.

④ 习近平．习近平在同各界优秀青年代表座谈时的讲话［N］．人民日报，2013－5－5.

要结合新时代党对劳动教育的新要求和高校人才培养目标，直面劳动教育在高校落地过程中普遍存在的问题和瓶颈，跳出传统劳动教育的窠臼，主动适应新时代高校劳动教育需要，发挥自身优势，创新打造学以致用的实践平台，建立健全常态长效的运行机制，多措并举，推动高校劳动教育高质量发展。

坚持与时俱进和学以致用相结合，在劳动教育内容上要体现时代特征。高校要适应科技发展和产业革新，不断适应经济社会发展的新变化以及学生全面发展的新要求。深化产教融合，精心设计劳动教育内容，创新劳动教育形式，改进劳动教育方式，赋予劳动教育信息化、时代化、全球化的丰富内涵，与生产实践、社会实践、专业实践紧密结合，使劳动真正成为理论教育与实践锻炼的契合点，提升能力素质的大“熔炉”，使大学生在实践中实现对理论的应用和理论总结的提升，最终实现学以致用。

坚持与时俱进和学以致用相结合，要用科学的方法优化劳动教育体系建设，推进劳动教育课程融合。将劳动教育与通识课、专业课等课程有机结合起来，打造多学科交叉的复合型劳动教育体系。开设系列课程“劳动＋”，如劳动伦理学、劳动社会学、劳动经济学、劳动哲学等。深入开展劳动教育理论探讨，丰富劳动知识，提高劳动理论素养，增强劳动价值认同。在高校课程改革与教育改革的大背景下，应适时适量引入专业劳动知识与技能、劳动法、职业道德等教育内容，引导大学生自觉劳动、诚实劳动、科学劳动和创造性劳动。

坚持与时俱进和学以致用相结合，要强化劳动实践育人。“梦想从学习开始，事业从实践起步”。① 习近平总书记强调：“我们的学习应该是全面的、系统的、富有探索精神的，既要抓住学习重点，也要注意拓展学习领域；既要向书本学习，也要向实践学习；既要向人民群众学习，向专家学者学习，也要向国外有益经验学习。学习有理论知识的学习，也有实践知识的学习。”② 高校在开展劳动教育过程中，要依靠产教结合、校企合作及高等学校的资源，联合创立或共享劳动实践基地。通过专业实习、志愿服务、公益活动、勤工俭学等形式，拓宽学生的劳动实践渠道，使学生在劳动生产的学习体验中获得劳动技能，为学生今后的职业生涯做好全面准备。

三、坚持综合实施与因地制宜相结合

家庭、学校、社会协同是推进劳动教育的根本渠道和途径，在落实立德树人根本

① 习近平．习近平在欧美同学会成立100周年庆祝大会上的讲话［N］．人民日报，2013－10－22.

② 习近平．习近平谈治国理政［M］．北京：外文出版社，2014：404.

任务中具有重要的意义和价值。必须充分发挥三方在劳动教育中的独特育人价值和功能，完善三方协同推进劳动教育的运行机制，在全社会形成崇尚劳动的良好氛围。劳动教育不只是学校单方面的事情，更需要学校、家庭、社会多方相互配合、协同推进，需要建立学校、家庭、社会“三位一体”多元协同、整体融通的综合实施体系。《意见》明确指出，新时代高校劳动教育应坚持综合实施原则，加强政府统筹，拓宽劳动教育途径，整合家庭、学校、社会各方面力量。坚持综合实施原则，指的是在深刻理解和把握学校教育、家庭教育与社会教育三者关系的基础上，充分发挥家庭在劳动教育中的基础作用，高校在劳动教育中的主导作用，社会在劳动教育中的支持作用，各方主体相互补充，相互协调，相互促进，齐抓共管，形成协同育人新格局。

首先，充分发挥家庭在劳动教育中的基础作用。家庭是孩子终身的学校，是立德树人的重要阵地，也是劳动教育的重要场所。上好“劳动教育第一堂课”，家长有不可推卸的义务和责任。作为与学生成长成才密切联系的重要场所，要积极发挥家庭教育在劳动教育中的基础性作用，树立崇尚劳动的良好家风，培养劳动意识，使其学会“上手”和“在手”。一是要切实提高家庭劳动教育意识，充分认识到劳动教育的必要性。家庭劳动教育的目的在于培养孩子热爱劳动、尊重劳动，珍惜劳动成果，获得一些基本的生产知识和劳动技能。通过家庭劳动教育，有利于锻炼孩子坚强的意志和负责任的态度，有利于培养孩子勤俭、奋斗、创新、奉献的劳动精神，具备满足生存发展需要的基本劳动能力，形成良好的劳动习惯。二是要注重在日常生活中言传身教、身体力行地教育孩子。家庭劳动教育不是简单说教，而是家长陪伴孩子一起成长的过程．家长的一言一行、一举一动，都会潜移默化地改变孩子。家庭要树立崇尚劳动的良好家风，让孩子和家长一起做家务劳动，通过日常生活的言传身教、潜移默化，使孩子从小养成热爱劳动的好习惯。三是要合理安排家务劳动，有意识地训练孩子。家长要在孩子成长的不同阶段，利用孩子学习空当或者假期时间，有意识地给孩子合理安排家务劳动。家长可以通过“劳动清单”积分兑换制，激励孩子做一些力所能及的家务劳动，如洗自己的衣服、洗碗筷、拖地、垃圾分类等，有目的地向孩子传授家务劳动和相关生产劳动的知识和技能，锻炼其劳动能力，增强社会责任感。

其次，充分发挥高校在劳动教育中的主导作用。高校作为大学生劳动教育的主阵地，应积极发挥自身主导作用，切实承担劳动教育的主体责任。要在充分尊重学生主体地位的基础上，设计开展符合学生年龄阶段的、个性化需求的劳动理论课程和劳动实践活动，强化大学生的劳动意识培育，强化劳动价值观的树立。要坚持理论教学与实践教学相结合，加强劳动教育的实践教学环节，注重依托劳动教育实践基地，以项目为牵引，开展劳动教育活动。同时，高校应着眼于未来大学生职业谋划，结合工匠精神，工学结合，知行合一，着力于劳动文化熏陶、劳动素养的养成及核心能力的重构。要通过多种形式，培养大学生的创新精神和实践能力，使学生真正做到“手中有活，眼中有光”。

最后，充分发挥社会在劳动教育中的支持作用。社会是劳动教育的大课堂，要发挥好社会在劳动教育中的支持作用，支持学生走出教室，动起来、干起来，充分利用和挖掘社会资源优势，开放实践场所，增加劳动体验，加强宣传引导，在公益劳动、志愿服务中强化社会责任感，促进学生德、智、体、美、劳全面发展。《意见》指出，要充分利用社会各方面资源，为劳动教育提供必要保障。除了搭建多样化实践平台，满足各级各类学校实践需求之外，更为重要的是弘扬“劳动光荣、创造伟大”的主旋律，汇聚正能量，强化舆论引导，积极营造劳动教育的良好氛围，从根本上消除“不劳而获、贪图享乐、崇尚暴富”的陈规陋习。比如，在新冠肺炎疫情防控中，广大医护人员、公安干警、人民解放军、社区干部、公益志愿者，挺身而出、舍生忘死，昼夜奔波在抗疫第一线，坚守岗位，不胜不休，为阻击疫情贡献着实实在在的力量，创造着一个个高光时刻，他们不仅是最值得敬佩的逆行者和坚守者，更是践行“劳动最光荣、劳动最崇高、劳动最伟大、劳动最美丽”的奉献者和担当者，应该受到全社会的尊重厚待，也是我们每个人赞美和学习的榜样。

发挥社会在劳动教育中的支持作用，政府要充当“桥梁搭建者”的角色。各级政府部门要积极协调和引导企业公司、工厂农场等组织履行社会责任，开放实践场所，支持学校组织学生参加力所能及的生产劳动、参与新型服务性劳动，使学生与普通劳动者一起经历劳动过程。鼓励高新企业为学生体验现代科技条件下劳动实践新形态、新方式提供支持。工会、共青团、妇联等群团组织以及各类公益基金会、社会福利组织要组织动员相关力量、搭建活动平台，共同支持学生深入城乡社区、福利院和公共场所等参加志愿服务，开展公益劳动，参与社区治理。① 由于不同阶段、不同类型、不同地区的学校教学情况不尽相同，劳动让广大学生在良好的社会氛围、社会风气中健康成长、全面发展，在改革开放和社会主义现代化建设的大熔炉里，感知中国大地，体察国情民情，在社会的大学校里，掌握真才实学，增益其所不能。

新时代高校劳动教育既要坚持综合实施原则，还应坚持因地制宜原则。所谓因地

① 中共中央，国务院．关于全面加强新时代大中小学劳动教育的意见［M］．北京：人民出版社，2020：15.

制宜，是指在劳动教育方针指导下，各高校从本校相关教学资源、师资队伍、学生实际等客观情况出发，结合当地自然、经济、文化等方面条件，制定并实施适用于本校实际的劳动教育教学计划和方案。① 劳动教育应根据本校的实际情况，对劳动教育的课程安排、内容设计、实践教学等进行合理性规划与区分性设计，充分利用可利用的渠道及资源，宜工则工、宜农则农，多措并举开展新时代高校劳动教育，避免“一刀切”。

坚持因地制宜原则，关键在于要结合地域、行业、学校特色来做文章。结合新时代高等教育的发展趋势以及自身的办学特色，面向地方经济社会发展，结合行业技能、新兴技术、传统技能，不断探索可行有效的方法，从而形成自身的教育特色。要充分发挥好高等教育的社会服务功能，最大限度地利用本地区现有劳育资源，积极与企事业单位、科研院所建立产学研用、互惠互利的合作共赢关系，科学筹建劳动教育校外综合实践基地，建立健全开放共享机制，使之成为学生进行劳动教育的实践场所。要将劳动教育与学校办学思想和办学理念相融合，积极开发利用地方传统文化、非物质文化遗产等劳育资源，结合特色主题活动，开展特色研学活动、特色劳动创新活动等。带领学生走出校园，还原真实的劳动情境，能激发学生创造性劳动，丰富学校课程，开发学校劳动教育资源，进而形成学校的劳动教育特色。要和专业发展结合起来，将大学生劳动教育与其专业课程深度融通，通过探索多元化“劳动+”课程，让劳动教育内容彰显特色化。依据不同学科专业的优势特征和育人目标，适时适当适度地融入专业劳动知识技能、劳动法规等内容，通过融合高校自身的精气神，依托高校自身的专业特色实现劳动教育目标，实现“一校一特色、一校一品牌、一校一成果”，从而形成百花齐放的校园劳动教育文化新格局。

四、统筹推进大中小学劳动教育一体化

2020 年 3 月 20 日，中共中央、国务院印发《关于全面加强新时代大中小学劳动教育的意见》，对劳动教育进行了整体设计，要求把劳动教育纳入人才培养全过程，在大中小学设立劳动教育必修课程。全面加强新时代大中小学劳动教育，是落实习近平总书记关于教育重要论述的重要举措，是新时代全面提升人才培养质量和水平的具体体现，是把握立德树人基本规律、统筹推进大中小学劳动教育一体化的长久大计。为此，要通过顶层设计、统筹规划、协同创新，统筹推进大中小学劳动教育一体化建设。

① 赵健杰，刘向兵．论新时代高校劳动教育的课程建设［J］．北京教育（高教），2020（02）：14－17.

统筹推进大中小学劳动教育一体化建设要求劳动教育遵循各学段学生的成长规律，制定符合各学段学生身心发展特点的劳动教育政策和内容。要根据现实的要求以及不同年龄阶段知识文化和心理结构特点，遵循循序渐进、螺旋式上升原则，把握育人导向，遵循教育规律，创新体制机制，注重教育实效，实现知行合一，从课程建设、教材建设、队伍建设以及体制机制等方面实现劳动教育的有机衔接、顶层设计、多元协同、统筹推进。实践证明，统筹推进大中小学劳动教育一体化建设对于构建中国特色社会主义教育体系、培养德、智、体、美、劳全面发展时代新人具有重要的意义，是不可或缺的重要一环。

小学是思想教育的黄金时期，也是劳动教育的“第一关”。小学劳动教育以个人生活起居为主要内容，注重培养劳动意识和劳动安全意识，使学生懂得人人都要劳动，感知劳动乐趣，爱惜劳动成果，让学生明白劳动光荣的道理，并形成基本的劳动意识和劳动能力。小学是学生们模仿与学习的主要阶段，这个阶段的学生往往难以明辨是非、意识薄弱，但模仿思维很强，因此这个时期的劳动教育重心要放在“做事”“懂事”上，从小事做起，培养学生的劳动意识、劳动习惯。在小学低年级阶段．学校应优先培养学生的独立能力，引导其独立完成分内之事，培养自我劳动意识。小学高年级期间，可采取家校结合的形式，在家长、老师和同学的帮助下，引导学生尝试部分简单的生产劳动和社会志愿活动，培育强烈劳动兴趣，养成良好的劳动习惯，并不断汲取新知识。

中学是承上启下的阶段，它的任务是在小学劳动教育的基础上，兼顾家政学习、校内外生产劳动、服务性劳动，安排劳动教育内容，开展职业启蒙教育，体会劳动创造美好生活，养成认真负责、吃苦耐劳的劳动品质和安全意识，增强公共服务意识和担当精神。普通高中阶段劳动教育要注重围绕丰富职业体验，开展服务性劳动和生产劳动，理解劳动创造价值，接受锻炼、磨炼意志，具有劳动自立意识和主动服务他人、服务社会的情怀。在小学劳动教育的基础上着眼于劳动品质的锤炼，着眼于劳动意识的提升，着眼于正确劳动价值观的树立。如果说小学是模仿思维较强的时期，那么中学时代就是追求个性和独立的时期，学生开始独自判断是非曲折，但也有被带偏的风险。因此，学校开展劳动教育的内容要以“理”为本，通过劳动教育感悟体会劳动的伟大、劳动的光荣、劳动的美好，引导学生探索劳动创造的价值，并进一步提高自身劳动技能，实现对劳动的感性认识到理性认识的转变，达到以劳育人，以劳明理的目的。

大学阶段的劳动教育核心在于引导广大学生树立正确的劳动价值观。思想决定行动，树立什么样的劳动价值观直接影响着学生们对劳动的态度和行为。正确的劳动观是人类对劳动实践活动及其创造本质的基本看法。于学生个人而言，形成正确的“三观”需要以正确的劳动观为基础。职业院校要重点结合专业特点，增强职业荣誉感和责任感，提高职业劳动技能水平，培育积极向上的劳动精神和认真负责的劳动态度。普通高等学校要强化马克思主义劳动观教育，注重围绕创新创业，结合学科专业开展生产劳动和服务性劳动，积累职业经验，培育创造性劳动能力和诚实守信的合法劳动意识。高校应基于学科专业特点，立足于人的全面发展，融合多学科知识，将理论知识有机融入实践应用，将劳动教育融入、渗透到专业教育、思想政治教育、创新创业教育、职业生涯教育及就业指导等教育教学活动中。[①] 培育积极健康的劳动价值观，在劳动实践中学、做、悟、思，强化敬业、诚信、创新、奋斗、合作、奉献等新时代劳动精神的培育，强化劳动树德、增智、健体、育美的功能。

统筹推进大中小学劳动教育一体化建设，要落脚到“一体化”。所谓“一体化”，是指将各学段的劳动教育进行整体谋划和通盘设计，并实现大中小学各学段劳动教育的有机衔接、协调发展、融合创新。《意见》突出强调劳动教育要“贯通大中小学各学段”，明确了对大中小学生劳动教育进行一体化、贯通式设计的总思路。因此，要把劳动教育任务落到实处，必须遵循教育教学规律和人才培养规律，有序安排劳动教育内容要求，形成各学段依次递进、贯通一致的劳动教育体系。大中小学劳动教育一体化是一个动态延伸、持续运行、有效整合的共生发展过程。在大中小学的劳动教育中，既要大中小整体谋划，全盘考虑，也要考虑各阶段的教育的内容和侧重点，体现区分度，体现层次性，实现劳动教育有效衔接、循序渐进、螺旋上升。在一体化设计与实施中，体现各学段实施劳动教育的不同特点和规律。要建立由不同学段组成的劳动教育一体化建设领导小组，全面规划研制各学段劳育课建设的“一揽子”方案，绘好“路线图”，确定“任务书”与“时间表”，构建大中小学劳动教育一体化建设的“四梁八柱”。

劳动教育课程实施要树立“一体化”理念。统筹推进劳动教育课程一体化建设，是大中小学劳动教育一体化的核心内容。要针对不同学段学生特点、劳动理论教育规律和学生成长规律，科学合理地进行顶层设计，制定科学的课程计划、课程标准、教材体系和课程教材评价体系，促进教学目标设计一体化，教学内容设计一体化，教学方式一体化，使小学、中学、大学各教育阶段的劳动教育课程形成由低到高、由浅入

① 陈云龙，吴艳玲．新时代劳动教育的内涵、特征与价值［J］．人民教育，2020（07）：35—38.

深、循环上升、有机统一的体系。[①] 在构建大中小学相互衔接的劳动教育课程体系时，要统筹劳动教育公共课与通识课、必修课与选修课、思政课与专业课之间的关系，构建一个大中小学相互衔接的劳动教育课程框架，实现各学段的纵向衔接与横向贯通。纵向衔接主要指不同学段劳动教育课程之间的连续性，缩小不同层级学习的间距，实现学习阶段的顺利过渡；横向衔接主要指劳动教育课程与其他各类、各门课程之间以及课程不同部分之间相互联系、有机衔接。

劳动教育教材设计要贯彻“一体化”理念。劳动教育课程一体化建设离不开劳动教育教材一体化建设。要遵循在大中小学循序渐进、螺旋上升的原则，明确各学段劳动教育课程的目标任务，贯穿育人主线，以一体化的课程体系为遵循，改革以往“互不干涉”的教材编写体制机制，建立互相连通、大中小学段前后贯通的教材编写机制。教材编写机制要从组织保障、人员构成、平台构建、经费保障等方面实现一体化的整体设计，建立联席会议交流制度，定期研究教材中教学内容、教学方法、教学目标、教学实施等问题，从而推动教材一体化真正落到实处。

劳动教育评价要遵循“一体化”理念。《意见》规定，要将劳动素养纳入学生综合素质评价体系，制定评价标准，建立激励机制，组织开展劳动技能和劳动成果展示、劳动竞赛等活动，全面客观记录课内外劳动过程和结果，加强实际劳动技能和价值体认情况的考核。推进大中小劳动教育一体化建设，要统筹推进劳动教育评价的“一体化”。这就要求改变以往评价考核单一化、片面化的现象，不断创新考试考核方式，建立合理的考核机制，形成一体化的考核体系，做好大中小思政课一体化的考核衔接与考评工作，形成整体性考核评估方案。要把劳动素养评价结果作为衡量学生全面发展的重要内容，作为高一级学校录取的重要参考或依据，作为评优评先的重要参考和毕业依据。

劳动教育师资队伍建设要确立“一体化”理念。高校劳动教育的有效推进，离不开一支高水平的师资队伍，离不开大中小学劳动教育师资队伍的一体化建设。要建设专职为主、专兼结合、数量充足、素质优良的劳动教育教师队伍，努力造就一大批骨干教师以及名师。要协调全社会力量参与到劳动教育一体化建设上来，积极邀请国内学术专家、劳动模范、党政干部为大中小学生讲授劳动教育。要把劳动教育纳入教师培训内容，依托“国培计划”“省培计划”和在线远程培训等开展全员培训，强化教师的劳动意识、劳动观念，提升实施劳动教育的自觉性，提高劳动教育专业化水平。要

① 廖辉，魏文锋．大中小劳动教育怎样实现一体化［N］．中国教育报，2020－11－26．

充分利用好大中小学思政课一体化集体备课平台，构建大中小学劳动教育的教学、教研的合作互助机制，探索建立跨学段、跨学校、跨学科的劳动教育学习交流互动平台，开展多样化交流互动活动。要建立劳动教育培训研修基地，建立各学段贯通、区域联动的培训机制，协同推进基础教育与高等教育教学研修，做好阶段式衔接，改变以往“各管一段”“各自为政”“互不往来”的局面。

统筹推进大中小学劳动教育一体化建设工作是一项系统性工程，需要各级党委政府、教育部门、学校、家庭和社会各界凝聚共识，同向发力。要全面贯彻党的教育方针，坚持立德树人，“把劳动教育纳入人才培养全过程，贯通大中小学各学段和家庭、学校、社会各方面”。[①] 因此，统筹推进大中小学劳动教育一体化建设，必须按照党的指导方针，坚持一体化原则，坚持用系统思维推进各阶段的劳动教育改革，建构大中小学劳动教育体系，在劳动教育的目标定位和内容层次上要加强统筹规划，体现不同阶段劳动教育特征的渐进性和大学阶段劳动教育的承前启后性。要在统筹推进大中小学劳动教育一体化建设责任落实上动真格，建立责任督查与追究机制，强化政治责任，明确主体责任，分别制定并履行好各级组织、党政领导、校长、教师、学生、家长、社会各界人士的“共同责任”与“特定责任”，各自守好一段渠、种好责任田，共同画大、画好大中小学劳动教育一体化建设的同心圆。

① 习近平．习近平在全国劳动模范和先进工作者表彰大会上的讲话［M］．北京：人民出版社，2020：5—6.

第四章　新时代高校劳动教育的经验借鉴及现状分析

弘扬劳动精神、加强劳动教育是培养德、智、体、美、劳全面发展的社会主义建设者和接班人的重要途径。通过调查研究发现，高校对劳动教育的重视程度较高，大学生劳动认知水平整体较好，很多高校积极开展探索，取得了可供借鉴的经验及其思路。不容否认的是，虽然高校劳动教育取得了很大的成绩，但劳动教育独特的育人价值没有受到足够的重视，劳动教育存在方式方法陈旧、课程的内容单一滞后、缺乏实践教学、缺乏师资等问题。反思其原因，大学生劳动观念淡薄、劳动教育课程缺乏，家庭教育缺失，缺乏制度保障机制是其重要原因。因此，通过调查研究，坚持问题导向，准确把握新时代高校劳动教育现状，分析影响高校劳动的因素，对于加强和改进新时代高校劳动教育具有重要的理论价值和实践意义。

第一节　新时代高校劳动教育经验借鉴

分析和阐释当前我国高校劳动教育的探索经验，可从他们独特的劳动课程体系、学科研究与实践平台以及育人资源等方面学习参考，从而为新时代高校劳动教育路径探索提供借鉴启示。

一、劳动教育课程体系方面的探索

学校是实施劳动教育的主体，承担着发挥劳动教育主导作用。构建学校劳动教育实施体系，关键在于建设学校劳动教育课程体系。许多学校单独开设劳动教育必修课，或纳入通识教育，或纳入第二课堂，在劳动教育课程体系建设方面进行了很好的探索，发挥了劳动教育课程育人的作用。

中国劳动关系学院充分发挥劳动领域学科高度集聚、相关的优势，以劳动科学研究丰富、深化新时代劳动教育研究，把研究优势转化为教学优势，学校系统、全面地进行了课程设计，开设了劳动教育的必修与选修课程。一是面向全体大一新生开设《劳动通论》通识必修课。《劳动通论》课程纳入人才培养方案课程体系，占 2 学分，分配 32 学时。主要系统进行马克思主义劳动观和社会主义劳动关系教育，讲授劳动与法律、劳动与伦理、劳动与社会保障、劳动与管理、劳动与安全等知识，普及大学生未来职业发展必备的通用技能，培养懂劳动、“明劳动之理”的新时代大学生。二是开设《大国工匠面对面》思政类公选课。《大国工匠面对面》课程作为面向全校学生的公选课，精心挑选若干主题作为案例背景，每个案例邀请该行业领域的 1 位劳动模范走进课堂，实现校内主讲教师和劳模共上一堂课，通过劳模讲述自身的从业经历，演示精湛技艺，阐释工匠精神。学校先后邀请了许振超、郭明义等 20 余名全国著名劳模走上讲台，分享成长历程，宣讲劳模事迹。这一课程改革创新，在与劳模的面对面中实现了交流分享，课程接地气、聚人气，已经成为学校劳动育人的经典品牌，形成了很大的影响力。三是开设《劳动实践创新》实践类公选课。以劳动—创新—实践为主线，将“科学、技术、工程学”三大创新理论模块与“工艺类实践、家庭类实践、工程发明学引导、工具使用与车库文化模拟、信息时代的工程学探索”五大动手实践模块有机结合，在手脑并用的创新实践中，引导大学生树立“劳动光荣、技能宝贵”的观念。

湘潭大学早在 1995 年就开设了劳动教育实践课程，明确一个星期的劳动实践周为本科生集中实践环节。《意见》出台后，学校将本科各专业人才培养方案的《劳动课》设置为 32 学时，8 个学期不中断，每次学期不低于 4 学时。各学院根据不同专业制定了《〈劳动课〉课程教学实施方案》，从教学目标、活动设计、考核评价、安全保护等方面制定了实施细则。同时，学校将每学期预备周设立为劳动周，要求学院组织学生集中宿舍、教室、楼道的卫生清扫，根据学生表现评定等级，作为评优评先的重要参考和毕业依据。

浙江大学把劳动教育通识课开到了“田间”，实现了劳动教育理论与实践的有机统一。自 2020 级本科生起，浙江大学分别在第一课堂和第二、第三课堂设置“＋1 学分”和“2 记点”的劳育学习要求。作为学校首门劳育类通识课程，不同季节的农事课程所具有的内容版块各有不同，组成了理论＋实践课程模式，包含了播种、农具使用、除虫防虫、田间管理等基本农事的方方面面。自课程开设以来，学生非常受益，反响良好。

汕头大学强化学生劳动服务，开设了公益课程，并纳入全校本科生的公共必修课。每门公益课程1学分，总共48学时。其中，劳动服务环节不得少于32学时。每位本科生的毕业条件之一为获得至少1个公益课程学分。公益课程以“在服务中学习，在学习中服务”为理念，由教师根据不同的服务内容设计特色课程，涵盖人文关怀类（服务对象包括智障儿童、视障儿童、脑瘫儿童、孤独症儿童、农村留守儿童、家境困难儿童、外来务工人员子女、农村女童、麻风康复村老人等）、环境保护类（含水资源保护、海洋保护、山林保护等）、学科专业结合类（如与新闻专业、艺术专业相结合）、传授知识技能类（如为中小学生提供助学服务、传授中华传统文化、乐器演奏技能、户外安全知识、护眼健康知识、法律知识等）、宣教类（如珍爱生命、保护环境等）、志愿服务类、历史传承类、综合类共8个模块。

上海财经大学统筹推进劳动教育课程体系、制定和实施“1＋7”的劳动教育体系。学校制定了《新时代劳动教育行动计划（2020－2023)》，结合学科专业特色，遵循学生成长规律，把创新性劳动能力培养有机融入专业课，将服务性劳动教育有机融入实践课，切实将劳动教育纳入人才培养全过程。通过实施生活技能培育、社会实践体验、公益志愿服务、合作发展助力、创新创业创造联动、就业能力拓展、劳动文化建设“七大行动”，形成“1＋7”劳动教育体系。在课程设置上，开辟“生活技能劳动培育课”“社会实践劳动体验课”“志愿公益劳动实践课”“合作发展劳动实践课”“创新创业劳动实践课”“就业能力拓展实践课”六大模块，供学生自主选择，线上下单、线下实践。学校将劳动价值观教育纳入思政课和通识课，安排一定学时的劳动理论教育专题，并在《马克思主义基本原理》《习近平新时代中国特色社会主义思想概论》《政治经济学》《经济中国》等课程中注重马克思主义劳动观和劳动法规、劳动安全等的教育。

天津大学修订完善本科生培养方案，将劳动教育纳入家国情通识教育必修课程体系，利用“北洋学堂”网络教学平台资源，采取“慕课”、翻转课堂、微课堂等方式讲好劳动教育类课程，建设生活技能、绿色节能、餐饮文化、商业经营、青春健康五大系列课程，加强生活劳动教育，引导学生树立“懂生活、会生活、爱生活”的价值观念。

二、劳动教育实践教学方面的探索

借助微信、微博、抖音等新媒体，把形式多样的劳动教育融入校园活动中，融入产学研、创新创业、科研实践中，有助于激发学生的劳动热情，增强劳动的主动性，实现劳动教育的知行合一，提高劳动教育的实效性。这也是目前很多高校的通用做法，在实践探索中很多高校运用独特的育人资源来开展劳动教育实践教学，把学校独特的资源优势转化为育人优势，深入推动了劳动教育融入人才培养、立德树人全过程，成效显著。

早在 2016 年，中国劳动关系学院就明确将“劳动情怀深厚”确立为学校人才培养的四维目标之一，劳动法律宣传与服务进社区进企业、关注民生志愿公益行动团等一大批“专业＋劳动”特色育人活动涌现出来，成为持续时间久、参与面广、社会影响力高的劳动教育特色品牌。自 1992 年以来，坚持举办劳模进校园活动，形成了“劳动模范在身边，大国工匠在校园”的独特育人资源优势。近年来，学校着力开展“大国工匠面对面”志愿服务活动，以“1 名劳模志愿者＋10 名青年志愿者服务团队”的模式开展。学生志愿者与劳模学员结伴走进军队、社区、医院、企业，开展劳模事迹宣讲、劳模技艺展示、劳模精神座谈，反响很大，取得了很好的成效。在精神宣传上，学校在教学楼、图书馆等公共场所，以多种形式展示各行各业劳动模范和大国工匠的成长故事；在官方微信公众号开设“身边劳模”专栏，在官方网站报道劳模故事，在学校报纸讲述劳模事迹，实现劳模精神宣传的常态化、传播的广域化。在校园活动上，通过开办“劳模大讲堂”，先后邀请许振超、郭明义等 20 余名全国著名劳模走上讲台，分享成长历程，宣讲劳模事迹，弘扬劳模精神，让青年大学生近距离感受“爱岗敬业、争创一流，艰苦奋斗、勇于创新，淡泊名利、甘于奉献”的劳模精神，自觉践行社会主义核心价值观。开展一系列特色鲜明的劳动文化宣传活动，如以“劳动的名义”为主题组织 70 周年校庆系列活动，设计“爱劳动立信正青春，迎校庆奋斗新时代”劳动文化节，举行劳动主题诗词朗诵会；开展“迎校庆，学劳动，筑精神”校友系列讲座等。

湘潭大学是毛泽东同志亲笔题写校名并亲切嘱托一定要办好的大学。在伟人嘱托的使命担当和红色基因的传承引领下，湘潭大学依托红色实践基地，传承红色基因，赓续红色血脉，充分挖掘红色资源中劳动育人元素，把劳动教育融入红色基因传承中，引导学生主动将专业实习、社会调研、学科竞赛、创新创业与乡村振兴、精准扶贫、红色旅游相结合，实现了知识应用与价值引领、劳动育人与时代精神相统一。开展“红色文化进校园活动”，每年的参与学生达 15 000 余人次，全校共有注册志愿者 22 457 人，约占在校学生人数的 70%。打造了“重走毛泽东小道”“徒步韶山行”“孝文化节”“国学月”等品牌校园活动，成立了毛泽东思想生平研究会、习近平新时代中国特色社会主义思想青年学习会等多个“红色社团”。尤其值得一提的是，经典品牌活动

“徒步韶山行”，已经持续开展17年。学生从学校南校门毛主席铜像广场出发，到韶山毛主席铜像广场，历时18小时的长途跋涉，总路程近50公里。参加该项活动的学子每年都有1000多人。这样一次体验活动，学生们经历了夜间降温与疲惫的考验，完成了一次身体与精神的双重洗礼，在传承红色基因中强化了对劳动内涵的深刻感悟。在校内劳动氛围营造与劳动文化活动组织上，湘潭大学厚植文化底蕴，依托学院专业特色，创新劳动教育形式。哲学学院每年定期开展“国学文化月”活动，以国学文化宣传、体验活动为主，传承优秀中华文化，弘扬红色基因；将精准扶贫、“非遗”文化保护与大学生创新创业相结合，组织多支调研队伍深入乡村开展实践调研后，开展了保护“浏阳夏布”“蓝染”“耕织图”非遗项目，组织学生参加公益艺术作品创作和对写生基地进行实地调研等活动。同时，依托传统节日，打造节日劳动实践平台，组织师生开展相关节日劳作，如“三月三”挑葱节湘西演出、清明祭扫先烈、重阳节养老院探访、“五一”及“十一”韶山文明劝导等，传承和弘扬中华优秀传统文化，切实增强师生文化自觉和文化自信。同样根植红色文化开展劳动教育的还有井冈山大学。学校推进红色资源进课堂、进教材、进方案、进头脑、进基地的“五进”活动，将蕴含井冈山精神的劳动价值观教育纳入思政课程和课程思政，将劳动教育融入校园文化、社会实践、学生管理、党建活动全过程，形成了以传承井冈山精神的“映山红文化节”等特色经典品牌。

上海财经大学设立宿舍管理、食堂帮厨、快递收发、校园绿化等勤工助学岗，引导学生走进劳动一线与工人一起出力流汗；规范助教助管助研岗位设置，引导学生走进教学科研管理一线与教师一起奋力耕耘；设立“企业开放日”，开展实习实训，引导学生走进企业与企业工人一起进行生产实践，培养学生服务意识、奋斗精神和职业素养。开设“帮扶类”“社区类”“会议类”“论坛类”“赛事类”五大志愿服务项目，制定劳动教育日历，广泛开展公益志愿服务活动，为学生提供丰富实践机会。

在校外劳动实践上，许多学校以“田间课堂”的形式培养学生的劳动能力和劳动习惯。武汉大学将劳动教育与专业学科相结合，组织新生参观杂交水稻实验田。在老师们的指导下，同学们围绕水稻穗粒数、实粒数、穗长、千粒重等展开了水稻品种性状调查。东北大学同样开展种植劳动实践活动，来自两校区的百余名学生在专业人员指导下，亲身体验大豆栽种的过程，亲身经历田地整理、灌溉捡苗、采收总结等环节，引导学生体会劳动喜悦。上海财经大学组织开展“千村调查”项目，在部分定点调查县设立“田间课堂”，以实践行动助力乡村振兴。在千村调查劳动日，让学生走进田间地头与农民一起劳作，以社会实践培育劳动情怀。在助力乡村振兴上与扶贫工作上，天津大学连续 3 年开展了“兴学之路”劳动实践项目，不断加大扶贫类劳动实践的力度与频次，至今已组织 1 200 余名师生深入全国 50 余个国家级贫困村，建设“北洋梦想教室”58 间，一对一帮扶留守儿童 108 名。

天津大学通过打造“一起劳动吧”活动站、劳动创新实验室、劳动聚力空间三类校内教育实践基地，构建多样性实践平台。建设“后勤大课堂”，加强生活劳动教育，引导学生树立“懂生活、会生活、爱生活”的价值观念。整合校内外资源，建立“劳动体验站”，鼓励学生参与田间劳动、校园美化、校舍净化等活动，掌握劳动技能，开展体验式劳动教育，让学生在亲身体验中涵养“劳动最光荣、劳动最崇高、劳动最伟大、劳动最美丽”的价值观念。

采用同样做法的湖南应用技术学院也值得推介。湖南应用技术学院建校 26 年来一直坚持在日常生活中开展劳动教育。学校有 300 多亩鱼塘、200 多亩园林实习实训基地，学校分批次组织学生参加劳动植树、摘茶籽、除草等劳动，引导学生感受劳动带来的乐趣。1 000 多亩的校园一草一木都是师生参与种植的，园林景观也由园艺专业师生设计完成。

东南大学搭建劳动教育实践平台，形成了比较完善的实践教学体系。学校依托工业培训基地，打造“小小工业 DIY”工业劳动实践课，要求参加劳动实践课同学至少制作一件工艺作品，并组织系列主题工艺作品展；依托专业教育，开展课外专业劳动实践，形成多学科交叉融合的专业劳动实践课堂，如乡村空间要素与社会经济发展认知、城乡历史环境认知、实地踏勘测绘调研、“医路有你”等专业实践，着力拓展师生视野、提高动手能力；汇聚整合社会各界资源，开展“星火大仓”等乡村劳动实践，如实地踏勘测绘形成专业图纸，采访烈士后人形成口述历史，积极传承弘扬革命先烈红色基因。其中，“耕读园”劳动实践平台是在学校九龙湖校区开辟一片园地，由党支部、团支部、班级、社团等学生群体自主申请、自主规划、自主种植。遴选 200 个学生团队进驻“耕读园”，形成集花卉、果树、植物等为一体、极具特色的学习生活社区，鼓励和支持学生在园中劳动、收获，享受劳动乐趣，使学生能够切实感受到劳动所带来的幸福感、获得感、成就感。

浙江大学广开实践渠道，拓展劳动教育实施路径。学校将社会实践作为劳动教育的重要平台，深入推进“三下乡”“青年学者社会责任行动”等社会实践活动，实施“行远”“致远”等专项实践计划，每年组织近万名学生、近千支团队开展社会实践，打造学生受教育、长才干的精品实践课程。大力推进志愿服务工作，持续创新志愿服务项目，引导广大学子在志愿服务中涵养劳动精神、提高实践能力，先后承担 G20 杭州峰会、全国学生运动会、世界游泳锦标赛等大型赛会的志愿服务工作，每年参与志愿服务的学生达12万余人次。依托“蒲公英”“挑战杯”“互联网+”等创新创业赛事平台，大力支持学生开展基于创新的创业实践，引导学生在劳动中培育奋斗精神。推动劳动教育常态化、生活化，鼓励学生主动投身学生社区运营管理，积极参与教室、实验室、食堂、校园等场所的卫生保洁、绿化美化、公共秩序管理工作。充分挖掘勤工助学工作的劳动育人内涵，在校内设立2 300余个勤工助学岗位，每年参与人数达1.1万余人次。

第二节　新时代高校劳动教育现状分析

2020年，课题组以“新时代高校劳动教育调查问卷”为题，对湖南省部分高校学生进行线下及线上问卷调查，发放3 000份问卷调查，共收到2 611份有效答卷。其中，36.08%为城镇人口，63.92%为农村人口；女性占52.85%，男性占47.15%；职业技术学院专科占9.95%，本科学生占80.7%，硕士、博士研究生占9.35%。在专业分布上，工学与理学分别占比34.58%及23.48%，其他主要专业为文学、法学、哲学及管理学。从受教育水平来看，被调查大学生中本科低年级（大一、大二）学生占比54.05%，本科高年级（大三、大四）学生占比45.95%。调查中发现，大学生整体劳动参与意愿较强，劳动精神认同度较高。具体而言，首先，学生群体投身社会、积极劳动的意愿整体较强，尤其在女大学生群体中体现得更为明显。约60%受访大学生表示愿意定期参与志愿活动和假期社会实践活动，其中女性大学生比例为68%，略高于男性的59%。另有69%的男大学生和78%的女大学生表示愿意付出辛勤劳动以实现目标，并表示即使目前家境优越仍愿意积极劳动工作。其次，超过八成大学生对中华民族传统美德和时代劳动精神高度认同，他们认为热爱劳动是中华民族传统美德，对我国现阶段大力弘扬“工匠精神”也表示赞同，认为实干才能实现个人梦想和国家发展。他们还表示从大学时代就应当树立终身劳动的观念。同时我们也发现，当前高校劳动教育也存在这样或那样的问题，如高校劳动教育认同度有待提高，劳动教育内容形式缺乏多样性，劳动教育方式方法有待优化，劳动教育缺乏实践教学，等等。

一、高校劳动教育认同度有待提高

调查结果显示，受访对象对高校劳动教育的了解程度，非常了解的受访者仅占6.97%，比较了解占24.21%，了解一点的占到了54.92%，有13.9%的高校学生完全不了解，超过非常了解的比例。调查发现，当前高校对劳动价值观、劳动人民形象及劳动事迹的直接宣传较少，高校劳动教育资源仍存在分配不合理现象。高校虽然十分重视思想政治教育中的理想信念及道德等内容，但是对学生劳动观的养成缺乏足够的关注，劳动教育都以思想政治教育的一部分或课外学生活动来开展。没有特定的劳动教育课程、没有专门的授课教师、没有明确的劳动教育体系等现象普遍存在。[①] 对此，有82.37%的大学生表示高校有必要进一步加强劳动教育。高校劳动教育的主体是大学生，调查发现，在主动自愿的自我劳动教育实践中，大学生能够积极主动参与劳动实践、勤工俭学、义务劳动、清洁卫生等活动，但在自我主动反省和养成劳动观念等方面仍存在较大不足，有59.23%的大学生表示当代大学生缺乏勤劳朴素、艰苦奋斗的劳动品质，有45.60%的大学生认为这主要归咎于自身养成的懒惰习性。可见当代大学生自我劳动观念教育仍存在不足，自我劳动教育的自觉性及个体主观能动性需进一步增强。

高校劳动教育开展离不开家庭教育和社会教育的支持协同，家庭劳动教育对大学生影响较大，但社会因素影响相对较低。在家庭教育方面，有57.91%的大学生经常被要求做家务，而真正与父母一同参与家务过程、交流劳动问题的情况却相对较少；在社会教育中，媒体或公众人物大多在公共场合宣传正向劳动价值观，但仍存在大学生参与度不足、宣传浮于表面、劳动价值观导向不强等问题。家庭和社会作为教育的另两大主体，其劳动教育的基础地位需巩固提高。[②]

二、劳动教育内容形式单一

习近平总书记在全国高校思想政治工作会议上进一步强调，要强化实践育人，坚持教育同生产劳动和社会实践相结合，让广大青少年在投身实践、亲身参与中认识国情、了解社会，在增长才干和磨砺意志中感受劳动所带来的收获和乐趣，进而形成尊重劳动、热爱劳动的真挚情感。当前高校劳动教育存在内容和形式单一、没有充分利

① 赵翼．基于课程思政的劳动教育：价值、问题与实现路径［J］．教育观察，2021，10（23）：54－58．

② 张拥军，李剑，徐润成．新时代大学生劳动教育现状及认知影响因素研究——基于湖北省部分高校大学生的实证分析［J］．思想教育研究，2020（06）：151－155．

用好各类课程的思想政治资源、教育内容没有得到充分挖掘等问题。在理论教学上，主要表现在劳动教育教科书内容更新速度慢，缺乏时代性，难以满足大学生个性化的需要。在实践教学上，当前高校劳动教育普遍存在劳动形式单一的问题，劳动教育很多只是停留在打扫卫生、捡拾垃圾等层面，缺乏新颖的形式。劳动教育不能采取单次、简单、纯体力的教育方式，也不能以空大、纯理论的教育方式展开，否则体力劳动将引起大学生的抗拒，理论教学也将成为“陈词滥调”。受访者认为，开展相应的志愿服务、勤工助学、研学旅行、团日队日活动是最喜爱的方式，而开展家政、烹饪、手工、园艺等实践活动也具有较强的吸引力。如与企业联合开展劳动体验，通过专业实习、勤工助学、大学生课外实践、日常生活管理及校园文化活动开展劳动教育，等等。

三、劳动教育实践教学有待加强

理论与实践结合是马克思主义劳动教育思想的重要特征。《意见》指出，要适应科技发展和产业变革，针对劳动新形态，注重新兴技术支撑和社会服务新变化。因此，针对当今大学生特点，在加强理论教学的同时，开展个性化、多样化的劳动实践教学是推进新时代高校劳动教育必须要解决的一个重大课题。从现实情况来看，高校现有劳动教育主要利用思政课来开展，以理论授课为主。虽然加入“三下乡”、课外活动等实践形式，但实际效果有限。有学者指出，实际上，当前很多高校劳动教育都以思想政治教育的一部分或课外学生活动来开展，没有特定的劳动教育课程、没有专门的授课教师、没有明确的劳动教育体系等现象普遍存在。以社会实践、志愿者活动、勤工俭学充当劳动教育形式，这其实是劳动教育形式化的真实体现，也是劳动教育工作落实不到位的问题。[①] 调查发现，有71.70％的大学生认为，目前高校劳动教育实践主要通过公益服务、寝室卫生、勤工俭学、“三下乡”等形式来开展，这些活动固然受到了大学生的赞同和欢迎，且十分有必要，但必须明确，新时代劳动教育实践教学不只局限于此，而是要通过不断优化实践教学课程、拓展实践教学载体、丰富实践教学内容、完善实践教学体制机制，形成完善的劳动教育实践教学体系，充分发挥劳动教育实践教学育人的功能。

① 赵翼．基于课程思政的劳动教育：价值、问题与实现路径［J］．教育观察，2021，0（23）：54－58.

第三节 新时代高校劳动教育问题的原因分析

高校劳动教育存在问题的原因多样，受访者认为，“劳动教育管理制度不健全”“功利化价值取向的影响”以及“劳动价值观引导不足”等是影响高校劳动教育的主要阻碍因素。

一、劳动教育管理制度不健全

从体制机制来看，高校的劳动教育管理体系不完善，管理制度不健全。一是缺乏专门的管理部门来对劳动教育的实施情况进行系统的统筹与量化的考核，二是缺乏专业师资力量对大学生劳动教育课程进行专业、特色的设计和管理。这些制度的不足引发了劳动教育缺乏强有力的保障、缺乏系统的组织管理和高效的宣传平台，劳动教育实施情况缺乏持续跟进等问题。

从顶层设计自上而下，到具体目标规划设定，再到规划的执行实施、审核考察、机制建设方面做得不够完善。总体而言，高校劳动教育存在理论、文件学习有余，行动落实不足的现状。率先开展劳动教育的高校，以劳动文化活动形式间断开展，缺乏基本理念、系统组织、长期计划以及操作性落实。部分高校将社会实践与志愿服务纳入学分体系后，通过课程化规范社会实践活动的开展，但在实际开展活动的过程中，存在娱乐化、形式化、无序化等现象。

一是劳动教育监督机制、奖惩机制尚未建立。奖惩制度可以促进高校劳动教育实施与运行。奖励机制是一种正激励机制，可以充分调动学生在劳动学习过程中的学习潜能和积极性。惩戒制度是一种负激励机制，可以通过学分与成绩评定，对实习不端行为以及回避、拒绝参加劳动的学生给予最大限度的防范和纠正的制度。高校对大学生的劳动教育没有固定考核内容和量化的考核标准，只能通过实际记录进行考评，无法实现反馈的有效传达，达到劳动教育课程工作的合理化、动态化管理。奖惩机制的不健全也将一定程度上影响高校学生、教师以及社会民众对劳动教育的认知。

二是劳动教育评价机制不健全。学校开展劳动教育情况的评价机制，主要作用是督察和评估学校落实劳动教育的情况。劳动教育的评价机制不够完善，也会导致劳动教育结果评价失真。劳动教育效果评价应一个是从学生的角度评价，如学生的劳动认识是否正确、劳动情感是否积极、劳动意志是否坚定、劳动行为习惯是否良好等；另一个是从教师的角度评价，如劳动教育大纲是否完善、劳动教育内容是否全面、劳动教育形式是否多元等。目前，我国劳动教育没有一套科学的、行之有效的评价体系，评价者难以科学评价和把握劳动教育的效果，也不利于对劳动教育实行情况进行进一步的统筹与规划。因此，应将劳动教育与专业课程同等对待，精心制定劳动教育考核、评价办法是落实劳动育人的重要举措，是提升劳动教育实效性的制度保障。

三是劳动教育的协同机制尚未成熟。实施劳动教育需要成熟的劳动实践平台和基地为学生提供劳动锻炼机会。示范性综合实践基地的建设可以为大学生提供更多志愿服务与调研机会，培养学生的创新精神和实践能力。街道、社区、乡村企业等可为大学生提供劳动教育实践教学的岗位和场所，但是当前合作的劳动教育基地较少且合作管理机制不够成熟。同时，在实际运行中，有些社团活动名为劳动教育，实际上异化为“观光旅游”“参观考察”等，社会实践的内涵与意义完全变味，虽有参与度，但劳动教育的实效性大打折扣。

二、劳动教育价值取向功利化

尽管当前大学生具有较强的劳动意识，但由于受西方实用主义、拜金主义、享乐主义等不良思潮的影响，学生劳动价值取向趋于功利化，其劳动观念仍存在知行不一的倾向。例如，在面对劳动课程时习惯性地思考劳动教育“有用”或“无用”的问题。在多元思想文化的交流碰撞中，一些大学生的劳动观念偏离了主流价值观，从而出现了劳动认同危机。例如，部分大学生迷恋于吃喝玩乐的幸福观，奉行享乐主义，崇拜金钱，互相攀比，追求名牌，超前消费。这些现象都是大学生劳动观念扭曲、劳动意识淡薄的表现。① 调查显示，仅有 26.24％的大学生愿意实际从事体力劳动；而有 56.40％的大学生认为体力劳动和其他形式劳动同等光荣，但在实际中仍不愿意从事此类劳动，这一比例在理工科学生和文科生中分别为 54.84％和 63.41％，相对而言文科生在职业选择时知行不一的倾向更为明显。另外，薪酬福利是大学生选择职业时考虑的首要因素，优先于自身的兴趣爱好和职业的社会价值。有 48.55％的文科生和 40.86％的理工科学生表示只要薪酬高，劳动形式无所谓。② 首先，在学习生活中，面

① 吴玉涛，冯雅静．高校开展劳动教育的路径［J］．教育文化论坛，2021，13（02）：74—78.

② 张拥军，李剑，徐润成．新时代大学生劳动教育现状及认知影响因素研究——基于湖北省部分高校大学生的实证分析［J］．思想教育研究，2020（06）：151—155.

对学校开设的劳动教育选修课与各类劳动文化活动，学生以“志愿者服务时间多少”“服务酬劳多少”“时间性价比”“成绩高低”“荣誉奖惩”等作为衡量是否参与课程与活动的标杆。若是不能满足自身的预设，将大大降低参与活动的积极性，或者选择不参与。其次，部分学生因为家庭教育的偏差或个人有限的社会实践认知，对“劳心者治人，劳力者治于人”“万般皆下品，唯有读书高”等消极劳动文化尚不能正确辨识。在择业时，受到消极劳动文化的影响，薪资报酬、福利待遇等外在条件成为大学生首要考虑的标准。个人职业兴趣、人生理想和职业发展前景、所学专业与所选岗位的匹配度等因素，却不被重视。每个月的月收入及年收入的高低不仅成为大学生追逐的目标，也成为大部分家长之间攀比的内容。很多大学生对职业有“高低贵贱”之分，为了“工资丰厚”“体面”的工作，在就业时鲜少选择去基层工作，存在对自我认知不清、眼高手低的问题。劳动教育在新时代赋予了新的时代内涵和时代价值，大学要突出人才培养的历史使命，教育引导大学生深刻认识通过自己的双手创造生活、改变生活，进而获得物质收获、精神满足和社会价值的理念，树立正确的劳动价值观。

三、劳动价值观引导不足

劳动价值观的引导不足造成了劳动教育的社会认同度低，学生、教师及家长的劳动热情不足，成为影响高校劳动教育的重要因素之一。劳动教育的目的在于引导学生树立科学的劳动价值观，养成良好的劳动习惯。劳动的内在育人性体现在学生在有意识地改造自然和社会关系中，认清人与自然、人与社会的关系，进而实现自我认定；体现在劳动过程中，学生可以直接获得一定的劳动成果，形成“幸福是创造出来的，有劳才有果”的正确认识；体现在劳动过程中，学生不仅收获物质成果，而且可以收获愉悦的精神享受，促进身心健康发展。劳动价值观引导不足，具体来说，体现为以下三个方面。

其一，在校期间缺少相关劳动教育价值观的引导和培养，导致部分大学毕业生在择业、就业过程中形成了一种“佛系”就业观：“高薪”已不再是他们求职的最终目标，而是选择“慢就业”等方式，大量毕业生热衷于考公务员、事业单位、考研或出国深造；对待职场不走心，工资待遇不关心，热衷于健身房、下午茶等个人工作环境舒适度。“佛系”就业观的出现，正是高校劳动教育引导缺失。[①] 我国劳动教育曾在很长一段时间里被视为惩罚的一种手段，学校和教师企图通过劳动进行思想改造和行为

① 吴玉涛，冯雅静．高校开展劳动教育的路径［J］．教育文化论坛，2021，13（02）：74—78.

纠正，忽略了劳动教育的实际价值。其二，是学校、家庭在劳动教育价值观的引导上出现偏差。社会分层直接影响着社会流动，为了激励和鞭策学生们“争上游”，现实中不同程度存在部分家长和老师用矮化劳动、歧视普通劳动者的方式来进行教育，无形之中在学生心中埋下了“不尊重劳动、不敬畏普通劳动者”的种子。其三，劳动教育价值观引导不足表现在优秀劳动文化与劳模精神宣传的不充分。在 2020 年新冠肺炎疫情防控中，广大医护人员、公安干警、人民解放军、社区干部、公益志愿者，挺身而出、舍生忘死，昼夜奔波在抗疫第一线。他们创造着一个个高光时刻，不仅是最值得敬佩的逆行者和坚守者，更是践行“劳动最光荣、劳动最崇高、劳动最伟大、劳动最美丽”的奉献者和担当者。由于对于优秀劳动文化的宣传程度不够、劳模精神的宣传力度与范围较小，高校没有营造出“人人爱劳动”的良好校园文化氛围。重视劳动教育是一种价值理性的回归，在重视德育、智育的基础上，劳动教育需要得到更多的认同。劳动教育的成效不是立竿见影的，但足以对学生的一生产生不可替代的重要影响。开展劳动教育，要使劳动氛围在全社会蔚成风气，在学生心中生根、发芽、枝繁叶茂。“劳力劳心，亦知亦行”，大学生应对知识躬身修行、用身体“丈量”世界，多动手实践、多出力流汗，在接受锻炼、磨炼意志的过程中，享受到劳动的快乐与成就，用双手成就美好的人生。

第五章　新时代高校劳动教育组织与课程建设

高校劳动教育是高等教育体系的重要组成部分，是实现立德树人根本任务的重要要求。高校劳动教育组织与课程建设，是高校开展劳动教育的重要内容。本章重点探讨高校劳动教育组织机构及其职责、高校劳动教育的理论与实践课程、高校劳动教育的课程建设。

第一节　高校劳动教育组织机构及其职责

一、劳动教育课教学委员会、教研室及其职责

高校学生基础劳动教育课既是一门思想品德教育和文明校园创建课程，又是一门改变师生行为习惯、学会做人做事的实践课程。要教育实践好这门课程，一定要有较强的策划力、组织力、执行力，才能达成劳动教育课的效果。为了有序和规范地实施劳动教育课，学校一般会成立劳动教育课教学委员会和教研室等机构，主要负责劳动教育课程的策划、指导、组织、实施、检查和管理等教学教务工作。

（一）劳动教育课教学委员会及其职责

学校劳动教育课教学委员会设组长 1 名，一般由学校负责思想政治工作的党委书记担任；设副组长 2 名，一般由分管学校教学工作和分管学生工作的副校长担任；设成员若干名，一般由教务处、学生工作处、后勤处、督察室和各二级学院的主要负责人参加。

学校劳动教育课教学委员会的主要职责包括：① 加强劳动教育课的思想政治工作，进一步明确实施劳动教育课的目的，端正劳动态度，教育广大高校学生积极参加劳动；

② 结合学校的实际，建立和完善劳动教育课各项规章制度；③ 负责研讨劳动教育课有关教育教学重要政策规定；④ 及时解决劳动教育课学生反映的重要问题，督促劳动教育课取得最佳效果；⑤ 努力探索、改革高校劳动教育课实施和管理模式，不断丰富劳动课内容，创新教育教学形式。

（二）劳动教育课教研室及其职责

高校开设劳动教育课，是一门新增加的思想教育必修课，按照教学要求，应成立课程教研室，主要负责全校各专业劳动教育课程教学计划、组织实施、教研活动和日常管理等工作。劳动教育课教研室接受教学委员会的直接领导，接受教务处的业务指导和督察管理工作。教研室应设主任 1 名，一般由学生工作部（处）长担任；成员若干名，一般由各二级学院分管学生工作的副书记和学生教育科长或副科长参加，各学院具体组织实施劳动教育课的辅导员、班主任等参加。

劳动教育课教研室的主要职责包括：① 负责起草劳动课的教学计划、组织实施、检查考评、成绩录入、学分管理和奖惩等规章制度；② 加强劳动课的普遍教育，明确劳动目的，端正劳动态度，充分调动广大高校学生参加劳动的积极性，尤其要做好少数学生的思想教育工作；③ 具体负责劳动教育课的计划组织、理论教学、技能培训、实践指导、考勤管理、检查督促、讲评反馈、问题整改和资料整理等工作；④ 认真了解和掌握劳动教育课实施过程中反映出来的问题，做好家校联系沟通，及时解决问题；⑤ 按照教务处的安排，结合劳动教育课存在的问题，开展教育教学经验交流、集体备课和研讨活动；⑥ 不断探索创新高校学生劳动教育课的方法和形式，丰富劳动课程内容等。

二、教务、学工、后勤部门及其职责

劳动教育课作为一门思想政治教育必修课，按照教学规定组织实施劳动教育课，以下部门具有分工负责的工作职责。

（一）教务部门及其职责

① 教务部门负责指导协调各学院按照培养德、智、体、美、劳全面发展的社会主义劳动者和接班人的目标，修订各专业人才培养方案，审核批准专业人才培养方案。

② 教务部门负责指导劳动教育课教研室，根据学校教学规定和劳动课的计划安排，组织劳动教育课程日常教学管理工作，规范课程教学流程、检查督促教学与实践效果，及时整改存在的问题。

③ 教务部门负责每学期期初、期中、期末三次大检查，不断规范课程体系制度，

完善课程教学存档资料，提高课程教育教学质量，努力使劳动课教育教学更加制度化、规范化。

④ 教务部门负责劳动教育课学生个人课程成绩、学分管理，指导课程补考、重修等工作。

⑤ 教务部门负责指导劳动教育课教研室做好劳动教育课程的教学改革，不断探索创新劳动教育课的教学和实践内容、形式和方法。

（二）学工部门及其职责

① 领导劳动教育课教研室。根据教务部门有关课程教学规定和劳动教育课的实际，不断制订和完善符合劳动教育课实际的课程体系，科学制订学年度劳动教育课教学实践计划安排，并指导实施，健全劳动教育课规章制度，使劳动教育课更加制度化、规范化[①]。

② 加强劳动教育课宣传教育。加强对广大高校学生进行劳动教育课的宣传教育工作，组织实施党的教育方针的教育，充分认识高校开设劳动教育课的重要性和必要性，明确课程建设目的，端正劳动态度，努力营造劳动教育课的教育宣传氛围。

③ 协调院（系）课程安排、具体实施。负责指导协调院（系）做好劳动教育课的组织实施、检查督促、问题整改等工作，主动协调各职能部门劳动教育课教育教学，特别是实践课有关工作，及时协助解决劳动教育课的有关问题。

④ 指导院（系）和辅导员工作。及时了解掌握学生对劳动教育课的思想反馈，树立和宣传吃苦耐劳表现突出的典型，耐心细致地做好个别学生的思想政治教育工作，广泛调动大家参与劳动教育课的积极性、主动性。

⑤ 指导资料归档工作。指导劳动教育课教研室按照课程建设的要求，收集、整理、归档，规范地做好劳动教育课的存档资料。做好每学年教育教学工作总结，开展好各项教研活动。

⑥ 组织做好课程的探索与创新。在开展组织实施劳动教育课过程中，应及时收集劳动教育课程教学过程中的新情况、新问题，及时组织分析研讨对策，不断探索高校学生基础劳动教育课新形式、丰富新内容、取得新效果。

（三）后勤部门及其职责

① 提出符合实际的劳动标准。后勤部门作为文明校园创建的重要职能部门，应根据校园文明卫生、环境绿化等要求和广大高校学生的实际，提出校园基础劳动的有关

① 何卫华，林峰．大学生劳动教育理论与实践教程［M］．厦门：厦门大学出版社，2019：11－20．

标准。如教室、实训实验室、大厅、走廊、厕所等室内的地面、墙面、桌面、门窗面、玻璃面和天花板的清扫标准，提出广场、道路、运动场、篮球场、人行道、绿化带（地）等室外清扫、清捡的标准，使学校劳动教育课的组织实施者对照标准提出要求，更加有的放矢。

② 组织劳动技能和方法培训。后勤总务部门应定期组织学生骨干进行劳动技能和方法的培训，进行好正确的劳动姿势培训，使他们掌握好各种劳动工具的使用方法，学会爱护劳动工具，熟练地掌握劳动技能和劳动工具，包括现代智能劳动工具的使用方法和技能，从而极大地提高劳动教育课的质量和效果。

③ 协助做好劳动课日常检查。后勤总务部门和学校督察部门共同履行劳动教育课日常实施情况的检查指导工作，及时巡查发现校园各区域劳动教育课存在的各种问题，及时提出整改意见，协助抓紧抓好整改落实工作，提升劳动教育课的日常教学工作质量。

④ 参与统一组织的劳动督查。一般情况下，学校每周组织一次全面的、彻底的劳动教育课检查，按照统一组织和分工负责相结合的检查方式，认真详细检查，发现问题及时汇报并提出整改意见，落实好自己的检查责任。

⑤ 做好劳动教育课工具保障。根据劳动教育课参加学生数所需要的劳动工具和劳动工具正常损坏的情况，及时按程序申请、审批、购买和补充，切实保障好劳动教育课所需要的劳动工具。

三、院（系）教师、辅导员及其职责

院（系）是高校学生劳动教育课程的直接领导和组织者，负有重要的课程教育教学和实践责任。高校教师和辅导员是高校学生思想政治工作教育的管理者和组织者，对高校学生基础劳动教育课程负有直接和具体组织落实的责任。

（一）院（系）及其职责

① 纳入人才培养方案。根据学校劳动教育课教学委员会和教务处有关课程教育教学要求，纳入重要的议事日程，制（修）订各专业人才培养方案，报教务处审批执行。

② 制（修）订规章制度。制（修）订劳动教育课教育教学有关规章制度和教学计划，完善人才培养方案和教学计划的具体规定与措施，认真落实劳动教育课的教学制度、计划和奖惩规定。

③ 明确领导分工。明确院（系）领导对劳动课教育教学和组织实施的分工，加强各班级劳动课的督促检查，及时发现整改问题，不断提高劳动教育课的教学实践效果

和质量。

④ 做好宣传工作。要做好劳动教育课的普遍宣传教育，按照课程要求上好劳动教育理论课，增强劳动意识，端正劳动态度，重视发现劳动实践过程中的好榜样，做好学生的思想宣传教育工作。

⑤ 完善课程档案资料。要按照课程教学管理规定，及时收集劳动教育课的各种教学资料，做好考勤和教学登记，规范整理，完善归档。要及时录入学生的课程成绩，做好补考、重修工作。

⑥ 做好课程改革创新。要不断地做好劳动教育课的理论教学与实践改革，不断探索在高校开设劳动教育课程的途径与方法，尤其是与专业建设相结合的劳动教育，不断地增强劳动教育教学的教育效果，努力达成人才培养目标。

（二）教师、辅导员及其职责

① 详细计划，分工负责。根据学校教务部门和学工部门关于开设开展高校学生基础劳动教育课程的规定，对照各自参加劳动教育课的班级及人数，制订详细的劳动课计划，分成区域劳动小组，指定小组长负责，做好分工负责。组织班委会议和班会，明确有关规定，提出落实好劳动教育课的具体措施和要求。

② 重视教育，统一思想。教师或辅导员根据学工部门和劳动教育课教研室的布置和要求，组织好劳动教育理论课的备课，充分准备，编写好教案，并认真组织教学，做好劳动教育理论课教学登记、考勤登记、过程登记、效果评价登记，形成完整的理论教学资料。

③ 遵守制度，落实规定。负责劳动教育课组织实施的辅导员，应坚持劳动教育课课程标准和制度，做好每天早上集合考勤登记和管理工作，做好每天劳动实践课结束后的小结讲评，加强劳动课实践过程中问题的自查整改工作，重视劳动教育课实践过程中的榜样宣传和氛围营造工作，做好劳动课教育教学总结。

④ 交流经验，树立典型。教师或辅导员在劳动教育实践中，注重收集树立在劳动中不怕苦、不怕累、不怕脏、吃苦耐劳的典型，组织撰写心得体会和交流经验。注意利用实践过程，发现考察班团干部，给予评先评优，培养入党积极分子和发展党员。

⑤ 耐心细致，做好工作。加强思想教育工作，对少数认识不到位、态度不端正的行为，要及时沟通，做好耐心细致的思想教育工作。对个别我行我素、屡教不改、无特殊原因不参加劳动的问题学生，除给予补考、重修外，还应严肃教育、批评，直至纪律处分。

⑥ 加强自查，提高效率。校园劳动由于点多、面广、线长，应科学组织，合理分

工。要组建一支由5～8人组成，由辅导员牵头、熟悉校园环境和有较强管理能力的督察小组，在劳动中反复巡查，发现问题当场整改，提高劳动课的质量和效率[①]。

⑦ 收整资料，分类存档。教师或辅导员要根据学校有关课程教学管理规定的要求，认真完整收集课程计划备课教案、成绩登录和分析表、考勤表及课程教学实践总结等，填写整理好教学情况登记表，由教研室存档保管。

第二节　高校劳动教育的理论与实践课程

高校劳动教育课程是锻炼提高学生的综合素质和能力，树立劳动观念，端正劳动态度，学习劳动技能，增强自我管理、自我服务意识，培养高校学生吃苦耐劳的优良品质和合作意识，养成爱劳动、守秩序、讲卫生、做文明人的良好习惯的基础性课程，是一门品德实践教育必修课程。通过劳动教育和实践，端正学生对劳动的思想认识和劳动态度，掌握劳动技能，增强团结协作，传承吃苦耐劳、艰苦奋斗和珍爱劳动成果的优良品质，提高学生的文明素质和综合素质，培养高校学生养成良好的文明行为习惯，弘扬劳动精神，教育引导学生崇尚劳动、尊重劳动，树立正确的世界观、人生观和价值观，促进德、智、体、美、劳全面发展。

一、高校劳动教育理论课程

（一）高校劳动教育课程开设意义

劳动教育是教育发展的内在需求，是社会主义教育的重要特色和优势。劳动教育既能引导学生热爱和尊重劳动，弘扬劳动精神，又是开展教育工作的重要保障和必然选择。

1. 劳动教育是马克思主义教育思想的必然要求

对照人类社会的发展史，无论是人类解放和自身发展，还是获得财富，都离不开劳动，幸福也需要通过劳动创造。马克思主义提出了生产劳动与教育相结合的劳动教育思想，并确定为办好社会主义教育的一条重要原则。不同于普通的教育思想，马克

① 姚海鹰．高等教育管理制度创新［J］．大学教育科学，2005（01）：35－38.

思主义从唯物主义角度强调系统全面的劳动教育思想，把劳动教育提升到普遍规律的高度之上，强调人的解放需要开展劳动教育，从根本上明确教育应当为人、对人、靠人。劳动有助于人们获得生产生活经验和增强个人奋斗的主动性。

2. 劳动教育是立德树人的重要途径

立德树人既是教育的根本任务，也是检验教育成效的根本标准。立德树人的目的在于培养德、智、体、美、劳全面发展的合格的社会主义建设者和可靠的接班人，劳动教育则是实现立德树人目标的一个重要过程和重要方面。首先，劳动教育丰富了教育工作的内涵，促使学生端正劳动态度并树立正确的劳动观念，能够培养学生对于劳动和劳动人民的思想感情，逐步养成热爱劳动、善于劳动以及勤于劳动的素质。其次，劳动教育和道德教育紧密联系，劳动教育也是加强德育的过程。因此，道德教育与劳动教育相结合也是德育的一种方法。高校理应重视劳动教育的重要作用和实际意义，将劳动视为形成良好道德品质的重要途径。

3. 劳动教育是教育发展与社会现实的需要

马克思主义高度肯定了劳动对于创造人和创造历史的重要意义。因此，劳动教育是劳动和教育的有效结合，一方面发挥了劳动的实践效用，通过利用和总结实践经验实现了理论和实践相结合、知行合一，人们得以在实践中学习、在学习中实践；另一方面发挥了教育的效用，增进了学生对于劳动生产知识和技术的认识与理解，提高了学生的劳动实践能力以及分析和解决问题的水平。因此，劳动教育与德育、智育、体育、美育密不可分，有助于完善教育工作，培养德、智、体、美、劳全面发展的人才。只有加强劳动教育，才能培养出一大批勤于劳动和善于劳动的人才，才能符合教育发展的根本要求。贯彻落实党的教育方针，把劳动作为培养目标之一，是当前社会现实的需要，更是年青一代实现中华民族伟大复兴的需要。

劳动观是人们对劳动的根本看法和态度，是人们世界观和人生观的重要组成部分。劳动是创造物质世界和人类历史的根本动力，劳动、劳动者神圣光荣；劳动是一切社会财富的源泉，按劳分配是合乎正义的分配原则；劳动具有教育性价值，教育与生产劳动相结合，不仅体现出社会主义教育的本质，而且有助于培养受教育者热爱劳动、积极参加劳动的品质，从而实现个人的健康成长，实现人生价值。劳动是推动人类社会发展的根本力量，也是通向伟大梦想的进步阶梯。幸福是奋斗出来的。对家庭而言，没有劳动就没有物质财富的积累，就没有生活条件的改善；对个人而言，劳动不仅筑牢了成功的坚实底座，也凝结成宝贵的精神财富。劳动者只要肯学、肯干、肯钻研，练就真本领，掌握好技术，就能在劳动中发现广阔的天地，在劳动中体现价值①。

（二）高校劳动教育课程教学要求

1. 明确目的。应明确劳动教育的教学目的，通过理论教学，达到提高学生对劳动教育课的认识，增强劳动意识，掌握基本的劳动知识，明确劳动教育的目的意义、劳动教育的组织形式和方法等。

2. 充分准备。劳动教育理论教学老师要提前做好调查研究，收集有关资料，结合学生缺乏的和实际需要的，认真准备教案，做好教学课件，使用多媒体教学，提高课堂教学效果。

3. 讲究方法。重视劳动教育课程教学改革，应采取研究讨论式、启发互动式教学，必要时可以把课堂搬到现场去，贴近实际进行理论教学，增强课堂互动性，活跃课堂氛围。

二、高校劳动教育实践课程

（一）高校劳动教育实践课程场地

① 教学楼。主要包括楼内各教室和走廊、楼梯、露台、休闲场所、公共卫生间及周边等区域。

② 实训楼。主要包括楼内各实验实训室、走廊、楼梯、露台、休闲场所、公共卫生间及周边等区域。

③ 活动中心和图书馆。主要包括活动中心和图书馆各活动室、藏书室、阅览室、走廊、礼堂、露台、报告厅、休闲场所、公共卫生间，各类办公室、资料室及周边等区域。

④ 师生公寓。主要包括公寓各楼内走廊、楼梯、露台、值班室、休闲场所、庭院内及周边等区域。

⑤ 道路、广场。道路主要包括校内各机动车主、次干道，人行道和小道等。广场主要有集会广场、休闲广场、运动场、停车场、各种球类场等区域。

⑥ 食堂、车库。主要包括校园所有食堂和餐厅，地下人防设施和地下停车库及周边等区域。

⑦ 校内绿化地、生态园等。主要包括校园内各区域的绿化地、绿化林、校园湖

---

① 王洋．高校劳动教育现状与推进策略［J］．沈阳师范大学学报（社会科学版），2020，44（4）：103－108.

（池）、果树园、生态园及校园周边等绿化区域。

⑧ 校园其他有关区域等。高校校园总体而言有上述主要区域，而这些区域内的清扫卫生、整理物品、优化环境等工作，一般可以依靠学生的基础劳动教育与实践课、师生的义务劳动、校园文明创建或者志愿者活动完成。

（二）高校劳动教育实践课程要求

① 学校应成立劳动教育课领导小组，主要负责专业人才培养方案的修订，决定劳动教育课的有关教育教学、组织实施、检查考评、成绩管理、学分登录和奖惩等规章制度，督促劳动教育课取得好的教学效果。

② 劳动课教研室主要负责专业人才培养方案的完善，负责劳动教育课的教学与管理实施、劳动教育课情况考核汇总、个人成绩评定与录入，根据学生劳动教育课成绩情况确定补考、重修和是否发放毕业证书等。

③ 学院应成立以院长助理为组长和有关辅导员、教务员等为成员的劳动教育课实施工作小组，各班级应成立以班长、团支部书记为负责人的劳动教育课组织管理和考评小组，根据校园劳动区域范围，划分成若干个劳动小组和一个考评小组，把班级学生劳动教育课落到实处。学院和班级主要负责劳动教育课的理论教学、具体组织实施、过程管理、考评奖惩、问题整改、学分登录和学生劳动教育课过程中的思想教育等工作。

④ 参与劳动课的学生要认真上好劳动理论课，参加有关培训，掌握必要的劳动知识和技能以及有关安全注意事项；熟悉劳动的项目、范围、标准和目标要求；劳动过程中，劳动态度要端正，不怕苦，不怕累，按时上下岗，不得迟到、早退、串岗和旷工；服从安排，听从指挥，积极主动完成工作，不消极怠工，完成规定的课时和学分；在劳动期间，要爱惜劳动工具和学校设施，节约用水。

⑤ 环境卫生要求。室内区域：保持过道、台阶、地面等干净、无积水、无烟头、无各种垃圾；桌面、墙面、天花板、窗户、玻璃和门面保持清洁卫生，无乱张贴张挂现象，无灰尘等。室外区域：无树叶、烟头等垃圾和杂物堆积，保持室外公共卫生环境干净、整洁。

第三节　高校劳动教育的课程建设

劳动教育是高等教育体系的重要组成部分，是高校实现立德树人根本任务的重要要求。高校劳动教育课程化，是高校开展劳动教育的主要实现途径之一。高校劳动教育课程化是一个有机的系统，需要明确劳动教育课程的界定和基本要求，并编写和完善以劳动科学为内容的教学教材，整合课程体系，从而切实保证劳动教育课程化的实施。

高校开展劳动教育，对于培养德、智、体、美、劳全面发展的社会主义事业建设者和接班人，具有十分重大的现实意义。其主要实现途径之一，就是使高校劳动教育课程化。课程是人才培养的核心要素。学生从大学里受益的最直接、最核心、最显效的是课程。目前，高校教育中有些课程融入了劳动教育，这些课程多侧重具体劳动技能方面，而欠缺对学生劳动科学素养全面、系统、科学的培养培育。高校开展劳动教育必须开设专门的劳动教育课程，与其他专业课同向同行，才能构建出扎实、完整的知识体系，培养德、智、体、美、劳全面发展的人才。

一、高校劳动教育实现课程化的必要性

高校劳动教育应以课程为核心，以劳动科学作为具体的教学教材。高校劳动教育实现课程化的必要性，主要体现在以下方面。

① 大学阶段的劳动教育，旨在教育高校学生了解和掌握有关劳动科学最基本的知识，特别是马克思主义劳动观。高校学生一般处于世界观、人生观和价值观逐步形成阶段，劳动教育对于高校学生世界观、价值观、人生观的确立起到十分重要的作用。正确的劳动观是形成世界观、价值观、人生观的重要基础，它是人们对人类劳动实践活动及其创造本质的基本看法。通过劳动教育，要让高校学生从思想上能够分辨是非，增强免疫力，坚定树立马克思主义的劳动观和劳动是幸福源泉的劳动幸福观。同时，正确劳动观的形成不是一蹴而就的，还需要具体的劳动科学教育，如劳动经济学、劳动社会学、社会保障学等，以及对劳动实践活动的亲自参与和亲身体验，以使高校学生从思想意识层面真正懂得劳动的全部意义，真正明确劳动创造价值、劳动关乎幸福

人生的道理[①]。

② 以培养社会主义事业建设者和接班人为目的的劳动教育，应以知行合一作为教育的基本原则。以教育的视角观之，所谓的“行”，是指学校开展的具体劳动实践活动，目的是使学生亲临劳动实践场合，体验劳动的实际感受。所谓“知”，是指通过课堂教学环节，使学生掌握关于劳动的知识。在劳动实践活动中的直接体验固然重要，但是获得劳动体验绝非劳动教育的终极目的，最终目的在于对劳动道理的感悟，对劳动知识的科学把握。高校学生作为社会生产实践的准劳动者和后备力量，不仅要爱劳动、会劳动，更要懂劳动，明劳动之理。

③ 劳动教育应该作为高校基础课程中的必修课，其原因主要体现在以下方面。

a. 高校劳动教育课是一门相对独立的学科，它与思想政治课具有同样的不可替代性。高校劳动教育课着重以劳动科学知识对学生进行系统教育，思想政治课则要求学生掌握政治理论、思想修养、伦理道德等多方面的知识，不断提高学生的思想政治素质和道德水平。毋庸置疑，思想政治课也包含有关劳动方面的知识，但是，这些知识都分别蕴含于思想政治课的几门具体学科当中，无法形成劳动教育的系统知识。劳动教育课程同思想政治课课程之间，在逻辑上是一种交叉关系。由此可见，高校思想政治课不能也无法取代劳动教育课。

b. 高校的劳动教育课程的目的有别于思想政治课程教育的目的。高校劳动教育课要求学生不能仅驻足于良好习惯的养成，停留于道德品质的修养上，而要通过劳动教育课程的学习，深化对劳动的认识，懂得劳动的道理。

c. 高校劳动教育课也有别于其他与劳动相关的专业课。劳动教育课程属于普及劳动科学知识的必修课，注重普及性，是对所有高校学生进行劳动教育的必修课；而与劳动相关的专业课，则更加注重专业性，是培养专门人才的专业性课程。

d. 劳动科学应作为劳动教育的基本课程设置。马克思主义强调，劳动是人们认识和改造自然界的自觉的、有目的的能动活动。伴随着人类劳动实践活动的发展，形成了人与自然的关系、人与社会的关系，形成了基于劳动基础之上的诸多自然科学门类、社会科学门类以及思维科学门类。正是建立在共同的劳动语境下，以劳动实践为基础的诸多同劳动实践紧密联系的学科门类应运而生，并赋予劳动科学以科学性特征。

对于高校学生而言，如果不对其进行系统的劳动科学教育，学生就不能透彻地了解劳动的本质规定、劳动的创造价值、劳动的普遍意义、劳动对于实现人的全面发展

① 赵健杰，刘向兵．论新时代高校劳动教育的课程建设［J］．北京教育（高教版），2020（02）：14—17.

的重要作用，他们对劳动科学知识的掌握难免支离破碎，甚至停留在对劳动的感性认识阶段。这既不利于学生的全面发展，也不利于学生今后的职业规划和对自身享有合法权益的认知，这是目前高校教育的一个缺憾。基于此，将劳动科学作为劳动教育的基本课程，是一个科学的选择，具有合目的性，也具有合规律性。

二、高校劳动教育课程原则与内容

课程是指学校学生所应学习的学科总和及其进程与安排。根据这一内涵，可对高校劳动教育课程下定义：以高校学生学习和掌握劳动科学知识为目的，对其学习进程和教学计划所做的总体安排。高校劳动教育不能仅囿于教育理念层面，也不仅局限于具体的劳动活动安排，必须通过系统的课程设置和教学计划的安排，使之真正落到实处，从而为实现劳动教育的目的提供必要条件和基本保障。高校劳动教育实现课程化，可供选择的途径有很多，如以劳动科学知识作为劳动教育教学内容，以促进高校学生树立正确的劳动观及掌握相应的劳动科学知识作为教育目的，遵循教育教学的一般规律，围绕劳动教育目标对劳动教学活动方式进行合理规划，对劳动教学课程进行符合学生实际的设计等。

（一）高校劳动教育课程原则

① 坚持教育引导原则。高校劳动教育要体现对高校学生积极的教育引导作用，使其通过劳动课程的学习，逐步掌握关于劳动的科学理论和知识，把握人类劳动实践的发展规律，从而真正树立起尊重劳动、崇尚劳动、热爱劳动的意识。

② 坚持教育深化原则。高校劳动教育一定要避免驻足于“熟知”阶段所造成的浅尝辄止，而应当以实现“真知”为努力方向，即达到对劳动问题的本质揭示、科学揭示、系统揭示。一方面，要在理论上将劳动的本质、劳动实践的普遍意义解释清楚；另一方面，要将人们通过劳动实践所形成的现实关系给予透彻的分析，强调人的劳动活动作为人的研究对象，已经取得丰硕的研究成果，成为系统化的科学。

③ 坚持劳动教育从实际出发的原则。高校劳动教育在实施教学实践中，应坚持从实际出发的原则。一方面，要因“校”制宜，在劳动教育方针指导下，各个高校应以本校相关教学资源、师资队伍、学生实际等客观情况为出发点，制订并实施适合于本校实际的劳动教育教学计划；另一方面，要因地制宜，高校劳育必须与当地的实际紧密结合，要最大限度地利用本地区劳育资源，科学筹划创建劳动教育校外实践基地，要同一些生产企业、事业单位、科研院所以及服务业加强联系，使之能为学生进行劳动教育提供实践场所。

（二）高校劳动教育课程内容

① 高校劳动教育课程的教学目的。高校劳动教育是以高校学生作为教育对象，以普及劳动科学理论、基本知识作为教育的主要内容，以讲清劳动道理为教育的着力点，其目的是让高校学生通过对劳动的基本理论学习，深刻认识人类劳动实践的创造本质，深入理解劳动实践对于立德树人的重大意义，深切感悟劳动实践对于人的自由全面发展所具有的重要推动作用，使高校学生能够树立正确的劳动意识，形成正确的劳动观；进一步明确工人阶级的劳动实践在实现中华民族伟大复兴中国梦的伟大征程中所发挥的主力军作用，真正树立起尊重劳动、尊重知识、尊重人才、尊重创造的意识。

② 高校劳动教育课程的教学方法。高校劳动教育在教学方法上，应利用互联网等现代化的教学手段，结合政治、经济、文化等方面的成就，通过积极思想引导，达到劳动教育效果。

③ 高校劳动教育课程课时分配。高校可以将劳动教育课列入全校各专业人才培养方案和课程教学计划，学生在校第一学年期间，参加以班级为单位组织的劳动教育课理论教学和集中劳动实践周，共计 40 课时。其中，劳动教育课理论教学（包括技能培训）为 4 课时，应在班级劳动实践周的前一周组织进行。劳动实践周为星期一至星期日，共 7 天，周总计 36 课时，即星期一、星期二、星期四和星期五每天按 6 课时计算，星期三、星期六、星期日每天按 4 课时计算。另外，周三下午可安排 2 课时的义务劳动活动。

高校劳动教育课总课时安排可以计 2 学分。学生个人修满课时、达到理论考试和实践考核标准，并且劳动态度端正、遵守劳动纪律、劳动效果明显，结合个人平时行为习惯评定课程成绩，60 分及以上为及格，未达到 60 分者应重新修读，学生所获学分、成绩记入个人档案。

④ 高校劳动教育课程师资队伍建设。高校劳动教育能否取得满意的教学效果，主要取决于师资队伍的专业水平高低，因此必须加强师资队伍建设，主要包括：第一，师资来源。劳动科学由于涉猎知识面广，具有单一专业背景的教师难以承担劳动科学教学，必须对有志于从事劳动教育的教师进行全面的专业培训。除此以外，相关教师也可以走专兼职结合的路子。第二，成立劳动教育教研室或劳动教育中心。组织协调完成教学任务，并不断探索劳动教育教学规律，及时总结劳动教育的经验。第三，对从事劳动教学的专职教师，应在评优、职称评定方面给予一定的保障，以激励教师在劳动教育领域尽职尽责，充分调动他们的积极性。

三、高校劳动教育课程的教材建设

为了加强劳动科学的系统教育，应该普及劳动科学知识的劳动教育教材，以马克思主义历史唯物主义方法论为指导，以唯物史观中关于劳动的基本思想和观点作为逻辑主线，贯穿于教材的始终；以劳动实践在社会生产及社会生活各个领域的具体体现作为主要内容，形成独立、完整的教材；人们的劳动实践不仅对自然进行改造，形成人与自然的关系，而且也实现对社会的改造，形成人与社会的关系，同时在劳动实践中，劳动对人本身也产生重大影响。劳动者作为劳动实践主体，通过劳动实践活动形成一系列重要关系，如经济关系、社会关系、伦理关系、审美关系、生态关系等，这些关系的本质，都同人的劳动实践活动紧密相连，是人的本质及其利益诉求在不同领域和关系系统中的集中体现。

① 劳动科学总论。揭示劳动科学的内涵，即劳动科学是指以人类劳动作为总的研究对象，以劳动者在劳动过程中产生的劳动问题以及与劳动问题相关的一切自然和社会关系及其调整问题作为研究内容，而形成的具有内在联系和分布规律的学科群，其中每一具体劳动学科都是构筑劳动科学系统的基本要素。劳动科学总论揭示了劳动科学的学科性质、意义、研究方法，以及学习劳动科学的目的、意义、方法和基本要求等方面内容，使学生明确劳动的本质规定，掌握劳动科学属于怎样性质的科学。

② 劳动哲学层面。以马克思主义唯物史观的基本立场、观点和方法作为主线，统摄并贯穿于教材始终，主要揭示劳动的本质、劳动的作用、劳动的价值、劳动同自然社会及人自身的关系、劳动同科技发展的关系、劳动发展的未来趋向等方面内容。

③ 人类劳动发展史层面。以历史和逻辑相统一的方法，对人类劳动实践的历史进行回顾，使学生通过学习明确人们的社会劳动实践是推动社会发展的动力这一唯物史观的重要思想，认识到劳动实践活动对于推动科技发展、社会文明进步以及人自身的全面发展所起到的重要作用。这一部分应按照人类社会不同发展阶段进行分期，描述与之相应的人类劳动的基本特征，尤其要重点描述第一次工业革命到第四次工业革命的联系与区别，以及给人类社会带来的革命性变革，强调劳动形式的变化对劳动的深刻影响，以及构建和谐劳动关系的重大意义及基本实现途径。

④ 劳动科学的主要学科层面。劳动科学大家庭里的各门具体学科，涵盖了劳动者在劳动实践中所触及的各个方面问题，有助于开阔高校学生对劳动认识的眼界，有助于丰富高校学生关于劳动的各个门类的科学知识。例如：对劳动经济学的学习，使学生掌握劳动就业、劳动报酬等基本知识，明确作为劳动者所拥有的相关合法权益是受

法律保护的；对劳动关系学的学习，使学生明确劳动关系在整个社会关系系统中的地位、劳动关系的性质、和谐劳动关系构建的重大意义等；对劳动法学的学习，使学生懂得掌握必要的有关劳动者依法享有合法权益的知识，明确法律法规对实现劳动者权益的法律保障作用；对劳动伦理学的学习，使学生懂得劳动的伦理规则，明白如何劳动才能符合伦理要求；对劳动保护学的学习，使学生明确安全生产对于实现劳动者的健康权、安全权的重要意义。

第六章　新时代高校劳动教育现状与体系构建

高校劳动教育在取得一定程度发展的过程中，也存在一些问题。构建高校劳动教育体系势在必行。本章重点探讨高校劳动教育存在的问题及成因、高校劳动教育完善策略、高校劳动教育体系及其构建。

第一节　高校劳动教育存在的问题及成因分析

一、高校劳动教育存在的问题

在国家、社会和高校的关注下，高校劳动教育得到了一定程度的发展并取得了一定的成果，但高校劳动教育仍然是高校教育的一个较弱环节，存在的问题也不容忽视。高校劳动教育存在的问题主要表现在以下方面。

（一）高校劳动教育观念仍相对淡薄

高校教育以学生科学文化知识的学习为主，注重对学生专业知识的传授。而对于学生劳动价值观的引导、劳动精神的培养、劳动习惯的养成以及劳动实践锻炼等方面的教育则明显意识淡薄、重视程度不够，表现在以下方面。

1. 在理论教学过程中，主要以学生专业文化知识的掌握为教学目标和考核内容，关于大学生劳动价值观的教育、劳动精神的教育则是散落于各门课程教学之中，内容甚少，且教育效果跟教师自身的劳动价值观和劳动素养有很大关系，劳动教育并无专门的课程设置。

2. 在劳动实践方面，各学校、各专业均有相关的专业实习，并纳入了教学计划，但实施情况差异很大，有些专业的专业实习安排的时间很短，且落实程度不够，流于形式，对学生劳动实践能力的培养难以真正起到作用。并且，大多的专业实习时间安排得较晚，通常是在高年级的期末或者毕业前的学期，难以与专业理论学习紧密衔接。另外，高校对大学生日常劳动习惯的养成关注相对较少，除了例行的卫生检查及卫生比赛活动在客观上促进了大学生的劳动锻炼外，大学生劳动习惯的培养尤其体力劳动的锻炼在许多高校中也是不被重视的。

（二）高校劳动教育缺乏科学系统管理

高校劳动教育要落到实处并取得好的效果，离不开学校的有效管理，而高校对劳动教育普遍缺乏科学、系统的管理。高校劳动教育管理中存在的问题主要包括以下方面。

1. 高校教学管理中缺乏对劳动教育的物质投入和保障。高校劳动教育的开展所需要的人力资源、教学设备、劳动工具、劳动场地等都需要教育经费的投入，只有保证劳动教育各个环节所必需的物质条件，劳动教育的运行才能实现正常化和顺畅化。而目前高校对劳动教育的资金支持和物质保障是很有限的，而缺乏必要的物质保障，高校劳动教育的顺利开展便受到了很大的限制，劳动教育的场地、设备，劳动教育的组织、管理等难以得到有效落实，劳动教育的积极性得不到充分的发挥。

2. 高校教学管理中缺乏对劳动教育的制度保障。劳动教育的实施要受到多种因素的制约，而科学、规范的劳动教育制度却是高校劳动教育有序开展的必要保障和前提，有效的制度保障是高校劳动教育走上科学化、规范化，实现系统化、常态化的必要条件。高校劳动教育缺乏科学、系统的管理制度，是导致高校劳动教育存在诸多问题的关键所在[①]。

高校在高校劳动教育中没有设立专门的组织机构和有效的管理机制，直接导致劳动教育难以真正落实到位，具体表现在：一是缺乏专门的部门来对劳动教育进行系统安排；二是缺乏专门的管理人员对高校劳动教育进行统一的规划和管理。这就导致了劳动教育缺乏时间保障，缺乏组织管理和宣传的平台，劳动教育氛围的缺失等问题。同时，劳动教育具有实践性强的特点，其组织实施往往涉及多个部门多个方面的相互协调和协作。因此，劳动教育更需要有制度的保障。

（三）高校劳动教育内容与形式缺乏时代性

随着社会的快速发展，高校学生的个性特点也在不断变化，而高校劳动教育的内容和形式缺乏改变，缺乏时代性，难以适应现代化教学要求。因此，在当今日新月异的时代，高校劳动教育的内容与形式需要不断与时俱进、不断发展创新。教育与生产劳动相结合的内容上、方法上要与时俱进，不断有新的发展。在新的历史条件下，高

① 高亚伟．当代大学生劳动教育研究［D］．天津：天津师范大学，2015：27—37.

校劳动教育应结合实际情况、立足学生实际，不断开拓劳动教育的新途径，丰富和发展劳动教育的时代内涵，增加劳动教育对大学生的吸引力，使其更具实效性，真正起到提高大学生劳动素养、促进学生全面发展的作用。

（四）高校劳动教育普及程度还不够

尽管高校为促进大学生的全面发展、提升其综合劳动素质提供了实践锻炼的机会，然而高校所提供的劳动实践活动并不能保证每个学生都有机会享有，普及程度严重不够。例如，高校提供的勤工助学岗位数量有限，只有一小部分学生能有机会获得，高校组织的公益劳动、志愿服务、科技服务等劳动实践活动，虽然是增强大学生社会责任感、提升大学生劳动实践能力的途径。然而，一方面大学生主动参加劳动实践的自觉性不强，另一方面活动机会较少，活动所容纳的人数也极为有限，这就使得高校劳动教育的受众面小，难以满足所有学生参加劳动实践的需要，难以有效保证大学生整体劳动教育的普及。而校外的勤工助学、社会实践活动，一方面存在信息渠道不畅、学生难以获得较为全面可靠的信息的问题，另一方面也存在诸多安全隐患，因此在很大程度上也限制了大学生参加劳动实践的机会。

二、高校劳动教育存在问题的原因

（一）高校对劳动教育重视程度不够

高校劳动教育资源分配不足、缺乏制度保障和规范化的管理，归根到底还是由于高校对高校劳动教育的重视程度不够。相当一部分大学生在劳动价值观方面出现了偏差，缺乏必要的劳动精神和劳动品质，劳动习惯较差。而高校在推进高校劳动教育的过程中存在诸多问题，没能及时有效解决大学生所存在的问题。一方面，劳动教育的内容在整个高校教育中所占的比例很小，得到的教育教学资源和资金支持极为有限；另一方面，高校劳动教育缺乏有力的制度保障和系统有效的管理，高校并未设立专门的劳动教育管理部门来对大学生劳动教育进行统一、规范的管理，劳动教育没有规范的教学大纲，劳动教育的内容和时间上缺乏统一的计划和安排，没有相应的教师配备。这些问题的出现，就在于高校对高校劳动教育的重视不够。

一些高校的领导和教师忽视了劳动教育对于培养大学生良好的人格品质、优秀的劳动素质以及促进大学生身心发展等方面的作用，认为劳动教育是可有可无的，没必要占用较多的教育教学资源和进行人力、物力的投入。正是由于高校对高校劳动教育的不够重视，使得高校对劳动教育的投入不够，相关工作不到位，导致高校在高校劳动教育中的理论与实践不足，从而影响劳动教育的效果。

（二）社会与家庭劳动教育氛围不足

高校学生自身所处的环境除了学校之外，还有与高校学生成长密切相关的家庭环境、社会环境。高校劳动教育所存在的问题与家庭、社会所营造的劳动教育氛围不足有着很大的关系。一方面，深受传统观念影响，整个的家庭、社会教育氛围都一味强调科学文化知识学习，而忽视劳动教育尤其是体力劳动教育，在这样的背景下，劳动教育自然是不被重视的；另一方面，随着社会主义市场经济的发展，人们的价值观呈现多元化发展，在功利主义价值观的影响下，无论家庭还是社会更看重的是教育的显性价值或功利价值，而劳动教育对学生的隐形价值是被忽略的。此外，随着人们生活水平的不断提高，相对淡化了劳动教育。在整个家庭、社会劳动教育氛围不足的环境下成长起来的学生，很多都缺乏劳动意识或者劳动能力不强。

（三）学生主观能动性未得到充分发挥

学生是教育当中的主体，大学阶段，学生的世界观、人生观、价值观已经基本形成，已经有了较独立而成熟的思想意识和行为能力。充分发挥大学生的主观能动性在高校劳动教育的有效开展中起着重要作用，而高校劳动教育所出现的问题跟大学生自身的主观能动性未得到充分发挥有着密切的关系。

高校学生自身主动参加劳动实践锻炼的主动性和积极性不够，其主要原因还是劳动价值观的偏差以及对劳动实践的重要性认识不够，很多学生轻视体力劳动及体力劳动者，没有认识到劳动实践与自身成长的关系，因此忽视了对自身劳动品质的培养和劳动习惯的养成。而有意参加劳动实践的学生大多也是为了获得劳动报酬，而非主动弥补劳动欠缺、主动提升自身的思想觉悟和劳动品质。只有少数同学能够有意识地通过参加劳动实践来提高自身的劳动素养和优秀品质。此外，高校也未采取必要的措施来充分调动大学生自愿参与劳动教育的积极性①。

因此，高校劳动教育要取得理想的效果，充分调动大学生自身的主观能动性是必不可少的，外在的教育必须通过学生自身的内化才能真正起到教育的作用，大学生只有充分发挥自身的主观能动性，才能主动地去纠正自身存在的劳动偏见、克服自身弱点、改变懒散的生活作风，才能有意识地培养自身良好的劳动习惯，提高劳动素养和道德修养。

---

① 王洋．高校劳动教育现状与推进策略［J］．沈阳师范大学学报（社会科学版），2020，44（4）：103－108.

第二节　高校劳动教育完善策略

一、提高对高校学生劳动教育重视程度

学校、家庭、社会教育中，教育者对劳动教育的价值与意义、劳动教育活动规划与目标、受教育者学习活动与本性的最根本认识和看法，对劳动教育活动的开展具有重要指导意义。要加强劳动教育，就必然要求革除劳动教育旧有的教学理念，提高对高校学生劳动教育的重视程度。

（一）加强社会主义劳动教育的理论建设

加强社会主义劳动教育的理论建设，先要加强劳动价值观教育，应该使受教育者在思想上明确劳动教育是其接受所有教育中的重要组成部分，帮助受教育者树立正确的劳动价值观。劳动价值观包含于世界观、价值观、人生观中，开展劳动教育要以世界观、价值观、人生观内容为理论依据，从教育实践中选取适合我国现阶段高校劳动观教育现实，能够突出社会主义道德规范，有利于和谐社会建设，有利于高校学生自身发展的科学手段和优秀案例，不断改革强化高校劳动观教育的理论体系建设，做到既有一定的前瞻性，符合教育科学的国际趋势；又有一定的可操作性，从教育现状和具体国情出发，使高校学生劳动教育能够落到实处，可持续发展。

加强社会主义劳动教育的理论建设离不开学校，更离不开国家和政府在立法上给予充分肯定，国家和政府对劳动教育的重视必然会带动学校、家庭对劳动教育的重视程度。在高校课程建设体系中，高校必须将劳动教育列为学校的一门必修课程，纳入正常的教学计划，通过制度的形式明确劳动教育应有的地位，从而使劳动教育成为高校的一门必修课程。

（二）重视高校劳动理念建构

重视对高校学生进行劳动理念的建构，有利于提高他们对劳动教育的重视程度。观念决定行为。因此，除了加强劳动教育理论建设外，还需要重视高校学生劳动观念的培养。对高校学生进行劳动观念培养教育时，要注意发挥高校学生主体地位，重视自我培养。只有让高校学生参与到劳动过程中来，才能使他们体会到劳动成果的来之

不易，从而懂得尊重他人的劳动、尊重劳动者，并自发维护自己或他人的劳动成果。

父母在家庭教育中，应该鼓励孩子参与到家庭劳动中来，使孩子在劳动中感恩父母的伟大，在劳动中塑造自立自强的意志品格，让正确的劳动观念在脑子里扎根。学校的劳动教育，应加强高校学生对劳动的意义与价值教育，重视观念的培养，让正确的劳动观念在学生脑子里形成。高校作为育人场所，在劳动教育过程中，必须重视高校学生的主体性地位作用。只有充分发挥高校学生的主体性作用，把劳动教育目标内化，才能切实提高劳动教育的有效性。发挥高校学生劳动主体地位，必须注重提高学生自身素养，使其自觉树立社会主义劳动观。

不同的历史时期，关于劳动观有不同的解读。由于人工智能的大量存在和科学技术的广泛应用，几乎没有一项工作是靠单纯的体力劳动可以完成的。掌握一定的生产劳动技术变得至关重要。因此，对高校学生进行劳动观念培养教育的时候，还需要加强劳动技术观的渗透教育，使他们养成在日常生活中观察和学习新技能，并适时地体验劳动的好习惯。

二、优化高校学生劳动教育环境

经济要上去，教育是基础；人才要合格，劳动不可少。与其他任何事物的发展一样，高校学生劳动教育也需要优质的外部环境。优化高校学生劳动教育环境，主要包括以下方面。

（一）营造立体的劳动观教育环境

科学的教育是立体的，它分为三个层面：学校教育、家庭教育和社会教育。父母是孩子的启蒙老师。父母对劳动教育价值与意义的认识，直接决定着他们日常生活中的言谈举止，影响着开展高校学生劳动教育的质量。家庭是孩子受教育的第一个场所，也是终身场所。优化高校学生劳动教育环境，必须重视家庭教育的作用，逐渐转变家庭劳动教育观念，让家庭支持参与到高校学生劳动教育中来。①

很多家长和学校对社会教育的作用认识不清，不愿让学生过早地走进社会，然而学生的培养质量最终要由社会来检验，社会、家庭、高校在劳动观培养过程中各司其职、各负其责，形成全方位的、立体的教育环境，让高校学生最终能够在实践中检验自己的认识，获得真知灼见，实现自身价值。优化高校学生劳动教育环境，必须重视和发挥社会教育的作用，为学生的成长成才提供开阔天地。

---

① 杨海达．大学生劳动教育存在的问题及对策［D］．牡丹江：牡丹江师范学院，2016：35—43.

高校践行高校、家庭、社会一体的教育理念，仅靠辅导员的力量是不够的，必须要配置专门的一线教育工作者。这样才不至于总是到学生出现重大意外情况的时候，学校、家庭、社会才能联系起来。学校教育在学生的思想中占有主导地位，学校教育对家庭教育和社会教育具有指导作用。营造高校、家庭、社会三位一体的教育环境，学校扮演的是一个正规渠道和主体承载的角色，但学校教育绝不是学生接受教育的全部途径。与学生相关的家庭、社会的教育影响力绝不逊于学校教育，是学校教育的补充与完善，关系到学校教育的发展。学校教育应该从校内向校外延伸拓展，把学校、家庭、社会三者紧密地联系起来，互相渗透，互相促进，协调一致，形成统一的教育网络。

（二）舆论引导高校学生积极参与劳动

市场经济为教育改革指引了新的方向，也给劳动教育开拓了新的空间。高校学生对新技术、新知识、新讯息很好奇，接受能力也非常强，随着互联网及通信技术的日新月异，舆论在学生中所起的引导作用愈加强烈。开展劳动教育过程中，充分借助舆论，对高校学生进行正确引导，可以令劳动教育的内容更加丰富、形式更加新颖、氛围更加活跃，有助于劳动教育的顺利开展。

对于高校学生而言，在正确的社会舆论引导下，有助于他们辨别对错是非，使他们认识到快乐劳动是人的本质属性，在劳动教育实践中，他们会更加主动地参与，并且在劳动中体会到无穷快乐。良好正确的舆论引导还可以使高校学生养成热爱劳动的习惯、无私奉献的精神以及树立为人民服务的劳动意识。因此，在对高校学生的劳动教育方面需要舆论的导向作用，借助于舆论，可以有机地将社会主义荣辱观教育和生产劳动实践结合起来。

三、完善高校学生劳动教育体系

（一）明确高校学生劳动教育目标

劳动教育是培养全面发展的跨世纪人才的必要途径。面对劳动情感、劳动观、劳动习惯和劳动知识、技能尚处于塑造阶段的在校学生，必须发挥高校在此阶段的主导作用，利用教师、课堂、辅导员等各方力量，充分调动高校学生的参与意识，利用他们在校期间相对充裕的时间和旺盛的精力，打造科学的劳动观和过硬的劳动技能，为他们下一阶段的人生发展历程奠定坚实的基础。

1. 培养全面发展的人才

劳动教育的终极目的是使教育对象形成良好的劳动习惯，使劳动成为发自内心的自我需求，不被外部环境和其他因素所左右。高校作为学生塑造人生观、价值观的主要场所，必须发挥弘扬中华民族优良传统，营造社会主义和谐社会的主流渠道作用。针对不同年级的学生，高校可以制定不同的育人目标，培养全面发展的人才。

就大一新生而言，学校可以引导其积极参与劳动，帮助其端正劳动观念，树立良好的劳动习惯，逐步培养其独立自理的能力。开展丰富多彩的第二课堂活动、社会实践活动和公益活动，逐步把学生吸引进来，在劳动中体会生活，在生活中体验幸福人生。就大二学生而言，可以为其专业技能的学习创造便利条件，并鼓励其积极参加职业资格认证考试。就大三学生而言，可以对其进行创业与就业教育、职业技能专题培训，夯实从事对口劳动的专业基础。就大四学生而言，高校应该密切与地方的联系，为学生的专业实习开辟新道路，为学生步入社会积累丰富的经验。

2. 提高社会生产力

就生产而言，劳动教育的主要目标是提高劳动者的科学技术素养，使广大劳动者的劳动效率的提高，从单纯依靠人体的功能向依赖科学技术作为新的生产要素投入的方式转变，从而从根本上提高社会生产力。良性的校企合作模式，有利于高校培养出经济发展所需的人才，提高社会生产力。地方高校向应用型高校转型，是高等教育内涵发展的内在需求。应用型高校中校企合作的人才培养的定位是随着社会经济的发展而产生的，是高校实现服务地方经济的重要途径。

以培养应用型人才为主要目的的校企合作模式，是适应社会经济发展趋势的新型劳动力培养方式，是基于原有的以学校教育为主的培养方式的改革和创新。校企合作模式整合了高校和企业各自拥有的资源优势，以培养拥有一定应用技术的劳动者为目的，在教学过程中强调教师的技能示范、学生全程参与模拟，在课程设计中有意识地重点突出学生的动手操作能力，充分利用建立在企业的实践实训基地和高校具备较高理论水准的师资力量，二者结合起来，将会有效解决产业工人供给问题。

（二）平衡高校学生劳动教育内容

在高校教育期间，除了要求高校学生形成完整的知识体系之外，还应帮助他们掌握一定的劳动技能，要求高校学生在重视脑力劳动的同时，还要加强体力劳动。

1. 做好课程改进，培养高校学生良好的劳动习惯

完善劳动教育课程体系，做好课程改进，培养高校学生良好的劳动习惯，是高校强化大学生劳动教育工作中的一项长期过程。高校应把高校学生劳动教育作为全部在校学生的必选通识课，采取一定的措施达到良好的教学效果。

首先，科学完善师资结构，提高师资队伍建设水平。以往高校教师更多以讲授理论课程为主，实践型和技术型师资力量相对不足，针对高校学生劳动教育课程，除聘请省内外知名学者讲授理论知识之外，还应借助其他社会力量，如邀请高水平专业技术人员承担教学任务和开设讲座，学习和借鉴大量的企业操作经验等。

其次，注重课程、教材建设和资源共享。根据不同专业的学科特色，在课堂教学中采取各种手段调动学生的积极性，改进教学方法和手段，借助多媒体和网络资源，增加教学互动，设置计划外环节，增强学生的临场应变能力。另外当前产业发展日新月异，教材建设方面必须注重前沿性，有效地保证学生知识体系的更新和实践技能的持续深化。

2. 鼓励高校学生重视劳动实践，实现知行合一

培养高校学生正确的劳动观，必须注重实践教学与人才培养模式创新。充分利用实践实训基地和引进的具有丰富业界实践的老师，鼓励学生制作自己的优秀作品参与校内外竞赛、评选等。掌握参与一定社会生产所必需的基本理论和基本知识，熟悉与劳动有关的方针、政策和法规等相关知识。通过强化学生的实践实习，让他们掌握一定的劳动技能，在从事相当的劳动实践之后，能够进行简单的工艺改良和创新。高校应为学生劳动教育积极搭建实践平台，同时，在校高校学生应重视劳动实践活动对自身发展的重要作用，课后主动参加一些实践来深化对所学理论知识的认识，实现知行统一。

（三）改进高校学生劳动教育方法

完善高校学生劳动教育，必须改进教学方法，主要包括以下方面。

1. 利用情景模拟教学法等现代化教学手段

素质教育有别于传统教育，学校一方面要注重对学生德、智、体、美、劳的全面发展；另一方面还要注重培养受教育者的特长及尊重受教育者的个性发展。高校培育出来的学生应该是具有创新能力、广博的学识、团结合作意识、较强的动手能力、为人民服务的思想境界和奉献精神的高素质人才。要实现教育的现代化，达到素质教育的培养目标，离不开相应的教学手段，教学手段作为建设社会主义教育体系的重要载体和工具，必须与教育思想有机地结合，才能达到素质教育的要求。

情景模拟教学法，是指教师通过对事件或事物发生与发展的情景、环境、过程的模拟或虚拟再现，让学生在接近现实情况下扮演某种角色或进入某种心理状态，并和其中的人或事产生互动，以加深感受、深化认知，使学生心理机能得到开发，达到自

觉接受教学内容，并在短时间内提高素质与能力的一种教学方法。情景教学法有别于所有传统的教学方法，它并不是通过教师的讲授使学生理解教材，而是为了达到教学目的，教师有的放矢地设置、创立一些生动形象的场景，在丰富具体的情境中，带给学生与教师内心的共鸣。这不仅会使学生很好地理解教材，还会使学生的心理机能得以完善和发展。情境教学法的成功与否关键在于是否带给学生精神体验，是否激发了学生内心的情感。

2. 开展丰富多彩的第二课堂活动

第二课堂是第一课堂必要的补充，以培养学生的实践技能，开阔学生的劳动视野为主要目的。技能培训活动、勤工助学活动和社会实践活动等类型的第二课堂活动，是开展高校学生劳动教育的有效场所，有助于学生良好劳动素养的形成。第一课堂对高校学生的劳动观培养提出普遍性的总体要求，并解决具有共性的问题。与第一课堂相比较，第二课堂的育人模式不但活动内容宽泛，而且具有活动目标的导向性。活动内容的宽泛性有效弥补了高校学生劳动教育内容单一的不足，第二课堂通过邀请业界名家以及高水平的专业技术人员与同学们近距离接触，使高校学生切身体会到科学技术在工作实践中的应用，突破了传统的教与学的限制，将各个学科的热点、前沿的问题直观地呈现在同学们的面前，激发了他们的学习兴趣，培养了他们更加全面地解决问题的能力。

（四）规范高校学生劳动教育考核制度

高校的劳动课由于自身的教学特点所限，不能采取传统的考试方式，必须建立符合实践性、开放性的学科特点的考核体系，才能使劳动课的设置合乎学生自身和社会发展的需要。

1. 建立评价规范化制度，使高校学生养成劳动习惯

建立劳动教育的考核评价机制，涉及高校学生劳动教育效果的体现和培养方案的设定。首先，把劳动观纳入学生的德育考查范围，使高校学生认识到劳动光荣，凭借自身的创造力和辛勤劳动提高自身和社会的发展水平，是人类社会可持续发展的唯一途径；其次，建立合理的劳动教育考核机制，有助于将高校学生劳动教育常态化。

建立高校学生劳动教育的科学考评机制，有助于在高校学生的道德层面扭转歪曲的认识，在价值观、人生观的层面规范高校学生的人生发展轨迹。建立规范化的劳动教育评价制度，能够提高广大师生参与劳动教育的积极性，在更广阔的范围内推广劳动教育的教学成果，并使学生养成良好的劳动习惯，达到劳动教育的效果。

2. 建立多样化评价方式，引导高校学生自觉劳动

作为必修课，劳动教育必须有严格的成绩考核。考核可以分多方面进行，使评价方式多样化。比如，劳动教育相关理论知识的考核，可以采用书面考试的方式。主要考查本学期所讲的劳动教育相关内容，可让学生在本学期讲座的题目中选取一个，写成论文，按论文的完成质量给出成绩。公益劳动和自身服务性劳动的成绩考核，学校可以班级为单位，给出班级劳动成绩的总分，各班依照学校给定的总分，根据班级每个同学的劳动出勤、劳动表现和劳动效果等，给出个人成绩。对这一成绩，学校还应采取有效措施，避免分数平均化。结合劳动技术教学进行的劳动，可以由指导劳动的教师，依据学生劳动质量，给定成绩。

不同的劳动教育内容，建立不同的评价方式，例如偏向实践型的教育内容，可以采取用作品说话的方式，而关于职业伦理道德问题，可以组织学生开展辩论等方式。总之，将劳动成绩与文化课成绩一样看待，作为学业成绩的一个方面，载入档案。将劳动教育的成绩纳入毕业资格审查的范围内，不及格者，将不能获得毕业资格或延期获得毕业资格。有效的考评激励机制有助于提高高校学生对劳动教育的认识，强化其参与劳动的意识，从而引导学生自觉劳动。

第三节　高校劳动教育体系及其构建

劳动教育是关于劳动的教育和通过劳动的教育的有机统一。建构德、智、体、美、劳全面培养的教育体系，既要看到通过劳动的教育的综合育人价值，又要看到关于劳动的教育的独特育人价值，正确处理劳动教育有机融入与独立设置的关系。

一、高校劳动教育体系的认知

高校劳动教育是高等教育人才培养体系的重要组成部分，是顺应劳动发展趋势对高校学生进行系统的劳动思想教育、劳动技能培育与劳动实践锻炼，全面提高学生劳动素养的过程，其目的是引导高校学生在劳动创造中追求幸福感、获得创新灵感，培养具有社会责任感、创新精神和实践能力的高级专门人才。关于高校劳动教育体系的

认知，主要体现在以下方面。

① 在地位上，高校劳动教育体系应成为人才培养体系的专门部分。劳动教育有自身独特的育人价值，理应从促进学生全面发展的有效途径提升为与德、智、体、美四育并举的、全面发展的人才培养体系的一部分。高等教育是高素质劳动者大军培养的直接出口，是年轻人走向职场的最后一步训练，主要培养的是服务各行各业的高级专门人才。

因此，高校劳动教育体系在依托专业教育强化劳动知识与技能培养的同时，还需要依托专门的体系，强化大学生劳动价值观、劳动情感态度、劳动伦理责任、劳动权益意识等各方面劳动素养的培养。从实践效果看，任何教育要有效落实必须依托于一套成熟、完善、科学的课程与教学体系。高校劳动教育也应该是课程劳动与专业劳动的有机结合，在专业教育之外，应设置专门的劳动教育选修或必修课程，系统建构独立设置与有机融入相结合的高校劳动教育体系。

② 在内容上，高校劳动教育体系应反映劳动发展趋势。劳动是一个发展性的概念，在不同的历史时期有不同的内涵。随着社会的发展，劳动的内容越来越丰富多彩，劳动形式越来越富于变化，劳动者逐渐增多，劳动的世界性把人类劳动联结为一体，劳动者的体力支出越来越少，而智力支出会越来越多，劳动生产率也越来越高，劳动主体的作用越来越突出。人才的重要性使得世界各国对人才的争夺战会越来越激烈。在此背景下，高校劳动教育体系需要增添新的内容。

③ 在形态上，高校劳动教育体系表现为劳动思想教育、劳动技能培育与劳动实践锻炼三个任务领域。其中，劳动思想教育凸显了劳动教育的德育属性，大学生劳动价值观、劳动情感态度、劳动伦理责任、劳动权益意识等方面的培养均属于劳动思想教育范畴。劳动技能培育凸显了劳动教育的智育价值，大学各专业的理论学习、实习实训、产教融合等虽不乏劳动思想教育的价值，但更偏重劳动技能的培育；劳动实践锻炼旨在引导学生在广阔的生产劳动与社会实践中增进知识、磨炼意志、增长才干、提高素质、培养社会责任感。这三个任务领域虽各有侧重，但又相互影响、相互促进，体现了高校劳动教育理论与实践相结合的过程。

④ 在目标上，高校劳动教育体系以全面提升大学生劳动素养为主要关注点。劳动教育一直被视为是促进人的全面发展的重要途径，高校劳动教育更应充分发挥好劳动教育树德、增智、健体、育美、创新的综合育人价值。但同时也要意识到，劳动教育要取得德、智、体、美四育并举的地位，根本原因在于其有独特的育人任务，即提升学生的劳动素养。高校劳动教育的劳动思想教育、劳动技能培育、劳动实践锻炼三个

领域，均以全面提升大学生劳动素养为根本着眼点。换言之，大学育人的各主要环节，即思想政治教育、专业教育、实习实训、创新创业教育、就业指导、社会实践、志愿服务、产教融合等本身都含有劳动教育的基因，但如果这些育人环节的关注点主要是知识技能本身的学习、巩固和运用或一般意义上的道德养成，而非劳动素养的提升的话，就不能视为真正的劳动教育。[①] ⑤ 在目的取向上，高校劳动教育体系追求内在价值与外在价值的和谐统一。高校劳动教育的目的是引导大学生在劳动创造中追求幸福感、获得创新灵感，在此基础上为国家建设培养具有社会责任感、创新精神和实践能力的高级专门人才。这一目的定位体现了劳动教育内在价值与外在价值的统一。

二、高校劳动教育体系的建构

建构高校劳动教育体系必须以全面提高高校学生劳动素养为核心，统筹协调、处理好劳动教育有机融入与独立设置的关系。劳动作为人类最基本、最重要的存在方式，本身就具有很大的教育价值，是完整的知识建构必不可少的统合要件，是个体发展智力、增长才干、形成健全人格、养成良好品德的根基。离开了劳动就没有真正的教育，教育的任务就是让劳动渗入所教育的人的精神生活中去，渗入集体生活中去，使得对劳动的热爱成为人们的重要兴趣之一。因此，作为实现整体育人的必要条件，劳动教育理应有机融入人才培养的各个环节中。

对高校劳动教育而言，更需要强调对人才培养的有机融入。因为高等教育是直接面向职业的教育、直接通向工作和劳动岗位的教育，每个专业的教育，都带有劳动教育的性质，因此，高校推进劳动教育一定要将劳动教育与专业教育相结合，与实习、实训相结合，与思想政治教育相结合，与创新创业教育相结合，与社会实践相结合，把劳动教育融入高校立德树人的教学科研的各个方面。但是，如果只是强调有机融入，不给予劳动教育一定的相对独立地位，很有可能造成劳动教育在实践中被弱化。因此，为实现高校劳动教育的可持续发展，需要科学建构有机融入与独立设置相结合的高校劳动教育体系。

高校劳动教育体系的五个目标体系包括：劳动价值观、劳动情感态度、劳动品德、劳动习惯和劳动知识技能，代表了劳动者在思想、心理、伦理、行为、能力五个方面的基本素质表现，是高校劳动教育的五个基本目标，其中劳动价值观又是高校学生劳动素养中最核心、最深层的要素，应成为高校劳动教育的首要关注点。

---

① 曲霞，刘向兵．新时代高校劳动教育的内涵辨析与体系建构［J］．中国高教研究，2019（2）：73—77.

高校劳动教育体系的三个任务包括：劳动思想教育、劳动技能培育与劳动实践锻炼。其中，劳动思想教育的核心任务是培养学生的劳动情感态度和劳动品德；劳动技能的核心任务是培育劳动知识技能，同时关注相应劳动品德的训练；劳动实践锻炼的核心任务是使学生养成良好的劳动习惯，同时，也是养成积极劳动情感态度、深化劳动知识技能学习的有效途径。劳动价值观作为劳动素养的最深层、核心的要素，其成熟与稳定一定离不开劳动思想教育、劳动技能培育和劳动实践锻炼三个任务合力共推。

实施高校劳动教育的主要途径包括：① 专门化的劳动教育课程建设，如专门开设"劳动科学概论""劳动与社会保障法"等劳动教育类公共必修或选修课程，加强与高校学生劳动价值观养成和职业发展密切相关的劳动科学知识的学习，这理应成为高校学生劳动思想教育的重要组成部分。②劳动教育有机融入高等教育现有人才培养体系的途径，包括：劳动教育与思想政治教育的结合、与校园文化的结合，二者主要完成劳动思想教育任务；劳动教育与职业生涯教育和就业指导的结合、与创新创业教育的结合、与社会实践和志愿服务的结合、与产教融合的结合则是在劳动实践锻炼中培育劳动思想和劳动技能的主要形式。劳动教育与专业教育相结合，与实习、实训相结合，则是在知识学习与实践锻炼有机统一的过程中，强化劳动技能的培育，渗透劳动思想的教育。此外，高校劳动教育的推进也离不开各种内外部保障因素，其中，三个内部保障因素包括：师资队伍保障、条件保障和评价体系保障。劳动教育同时也需要外部社会环境的支持。

第七章　新时代高校劳动教育载体的拓展

教育需要载体才能实施，劳动教育也必然要通过载体才能得以实现。把握好教育载体的特点，结合好新时代要求，多维推进载体拓展，对于推进新时代劳动教育具有重要的意义。新时代高校劳动教育载体拓展要从劳动教育多样性、承载性、便捷性、实践性特征出发，坚持灵活性与多样性、理论性与实践性、线上与线下、显性教育与隐性教育相结合的要求，丰富高校劳动教育校园文化载体，拓展高校劳动教育的新媒体载体，打造多样性劳动教育实践平台。

第一节　高校劳动教育载体的内涵

“载体”一词最初源于科技领域，指能够传递能量或运载物质的物体。20 世纪 90 年代被引入教育领域，诞生了“教育载体”这一名词，这赋予了载体更为广泛的意义。教育载体既可以是存在的一种物质形式，也可以是一系列活动形式的集合。新时代劳动教育载体既继承了教育载体的抽象性和综合性，也充分体现了劳动的实践性和时代性特征，这是适应当前环境变迁的必然要求，也是特定时代发展的必然趋势。

一、新时代高校劳动教育载体的含义

新时代高校劳动教育载体由载体本意起源，在充分吸收了劳动教育的实践特性和互联网、多媒体科技的营养后，发展成为一个综合性的物质文化概念，即承载劳动教育信息内容、支撑教育主客体互动交流体系的一切物质文化的集合。具体来说，主要包含以下四个方面的含义。

一是新时代高校劳动教育载体是承载劳动教育信息的物件和活动。这是载体最初

的含义，也是载体最朴素、最直白的理解。简单来说，劳动教育载体就是教育主体向教育客体传导信息的媒介。在这个过程中，老师是主体，学生是客体，老师在黑板上书写劳动教育知识进行授课，黑板就是教育载体；老师轻轻举起教鞭示意惩戒，教鞭就是教育载体。更为广泛地来说，教育载体可以是纵横校园的劳动标语，可以是网站里的一段夺冠视频，可以是带去温暖的志愿服务，也可以是某一角落的实习基地等。这些物件和活动，都承载着老师想要表达的劳动教育内容和劳动理念，通过直接或间接的方式传递给学生，完成师生之间的信息传导。长此以往，通过载体周而复始的运动，劳动意识和劳动技能一代代传承下来。无论环境如何变迁，载体作为信息传递这一基本含义不会变。

二是新时代高校劳动教育载体是凝结劳动精神的文化成果。随着育人活动的不断深化，各种各样的载体形式被开发出来，尤其是在高校，拥有包容、开放的文化环境，越来越多的教育者走出课堂，通过组织丰富多彩的实践劳动让受教育者感悟劳动意识、磨炼劳动品质、获得劳动技能。每一个劳动育人的实践，都会附上鲜明的劳动色彩，大至创新创业比赛，小至日常卫生打扫，都重点体现一个“做”字，言下之意，劳动育人重在实践，通过在做中学、在做中练，培养良好的劳动习惯，形成正确的劳动价值观。伴随着参与者的劳动反馈，活动本身也在不断更新完善，逐渐汇聚吸收各类劳动意识成为一种文化成果。例如建立一个创新创业基地，为有志青年提供基础设施和项目支撑，随着基地的不断发展，优质项目不断产出，基地这个载体会变得鲜活起来，成为踏实肯干、奋发图强等劳动精神的示范性基地，形成榜样力量，其培养模式也会成为劳动教育的实践方法论，并在不断反复实践中进一步提炼，形成更多丰硕的成果。

三是新时代高校劳动教育载体是提供互动交流的平台。新时代背景下，网络进一步加速扩容，信息流转便捷性、即时性、互动性大幅增强，微信公众号、微博、视频直播等更具有互动特点的新媒体载体走进教育领域，形成了一个个交流互动平台，将信息传播渠道由原来的单边桥变成了双向互通的八车道，极大地扩展了主客体的接触机会和互动范围。通过微信、微博等载体之间串联互通，共同构建一个多对多的散点式互动教育大平台，为主体、客体、载体三者的转化提供了条件。你可能前一秒作为主体引发了垃圾分类的话题，之后开始转变为客体吸收其他人阐述的观点和素材，紧接着又因转发一段你极为赞赏的表达，从一个客体转变成为载体去传递信息，主体、客体、载体三者通过平台随时随地转化、充分融合，进一步推动劳动教育的发展。

四是新时代高校劳动教育载体是决定教育成效的关键因素。在高校这个特定环境中，教育资源丰富、思想文化活跃、创造氛围包容，劳动教育载体取得了形式上的极大突破，使得客体更多是被载体所吸引，主体本身对客体的影响力在下降。过去老师的影响力大，学生会竞相选择名师，现在学生的第一选择会更多考虑载体因素，即优先选择更喜欢的上课形式、实践的方式。因此，教育是否能取得成效将很大程度上取决于载体的选择。一个好的载体不仅能改变客体的受教选择，还能逆向作用于主体，改变主体价值观念，并串联好劳动教育各个要素，推动整个劳动教育体系的协调发展。

二、新时代高校劳动教育载体的特点

新时代高校劳动教育具有多样性、承载性、便捷性、实践性的特点。

多样性。劳动教育载体是劳动教育的信息依托，是教育信息传导的手段和方式，会随着科技进步和时代发展产生显著的变化。新时代高校劳动教育载体生长在科技迅猛发展、文化包容开放的时代，注定会拥有百花齐放的结果，传统的课堂、报刊、广播、网页、教育基地等载体依然在熠熠生辉，新兴的微博、微信、直播平台也已经形成规模，教育载体不断在吸收科技文化的力量，展示出丰富多彩的一面，并随着社会发展不断地壮大，呈现出更多的可能性。具体来说：一是传统载体的多样性呈现。传统载体在经历了长期发展和演化后，已经形成了包罗万象的种类形式，有传统的课堂授课，有正式的会议，有丰富的党团活动，有博学笃行的校园文化，凡是一切可以用来传导劳动理念、培养劳动技能的形式，基本都已经被纳入了教育载体之中。而且传统载体发展时间长，有深厚的积淀，对较晦涩的教育内容适应性更好，能够挖掘出多层次含义，展现更多的表现形式。二是新媒体载体的多样性呈现。随着网络数字技术崛起，网络空间被无限放大，信息传导无限加快，借助移动终端向用户提供信息和服务等新的传播形式出现。新媒体不需要固定的场所和特殊的设备，只要一部能连接网络的机器，就可以让一段话、一张图、一段视频、一个热点成为载体，传达劳动理念，达成教育目的。新媒体的无门槛进入机制，极大拓展了载体的形式，让万事万物变成优秀的载体成为可能。三是新载体和传统媒体结合的多样性呈现。在新时代下，传统载体需要改变形式来适应，新载体也需要回归内容来沉淀，新老结合、各取所需是当前的最优解，具有无限的潜力。电子图书、网络课堂、贴吧讨论等一批结合产品已经走进我们的生活，原本枯燥的阅读在配上了旁白和动图之后，就像是看了一场电影；原本拘谨的课堂发言在隐匿了对象后变成了自由思想的广泛碰撞。这些有益的结合，摒除了传统载体的刻板，也弥补了新载体的空泛，形成了一大批新的载体，创造出了更多的可能性。

承载性。教育载体，重在一个“载”字，只有承载了教育信息和要素、形成一个完整体后，载体才能称为教育载体，这是教育载体最本质的特点。劳动教育载体也是如此，在被充分赋予了劳动理念或劳动技能信息后，连接劳动教育的主客体，传达给客体其所蕴含的劳动意识或劳动技能，同时反馈给主体这次教育的成效。载体装载信号就像是计算机程序一样，是一切工作的前提，计算机没有编程就无法使用，载体没有携带教育信息就无法进行下一步。因此，承载性是高校劳动教育载体的重要特性。具体来说，包括物质的承载性和精神的承载性。物质承载性是指载体能够在现实中满足容纳物质的能力。承载最开始就是物理承载，大多出现在传统的劳动教育中。例如我们需要上一堂劳动课，首先我们需要找一间教室。在这次教育中，我们和同学们是教育的主客体，教室是这次劳动教育的载体，教室需要能够实际容纳全体师生，同时还要配有正常的教学设备才能完成授课，这就要求载体必须要有足够的空间来承载实际物资，也就是载体的物质装载性的体现。随着社会不断发展进步，载体的表现形式在不断更新，其承载的能力和范围也在不断扩大，载体承载的不再是单纯的物质，而是逐步延伸到了精神领域。每年我们都会组织创业大赛，通过模拟情景进行创业比拼，激发大家创业干事的激情，让“大众创业、万众创新”的理念深入人心。在这里，整个创业大赛被看成了一个载体，它被赋予了积极创业的劳动精神，参赛选手和观众通过比赛，感受到了其中蕴含的真谛，使得宣传劳动理念的教育目的得以实现，展现了高校劳动教育载体的精神承载性。

便捷性。新时代下在开展劳动教育的过程中，线上教学载体是一种不可或缺的载体，并由于它的便捷性被高校师生所喜爱。随着时代的发展，线上媒体工具在大学生群体中愈益受到青睐，如网课、微课、QQ 群、微信公众号、微博等工具广泛应用，成为高校开展劳动教育的重要手段。线上教育载体在劳动教育方面具有很强的优势：传播的速度快、内容多、覆盖广；形式新颖、渠道多元、易于操作，因而受认可度比较高、教学效果好。可以说，线上劳动教育载体的超时空性使劳动教学活动具有无限的延展性。线上载体超越了空间的限制，使师生之间能够随时随地实现沟通、互动，打破传统必须在教室内实现讨论、交流的束缚和界限，使劳动教育更具便捷性，能够达到无限分享、及时交流、灵活互动的效果。

一是劳动教育网络载体能够分享海量信息，使知识获取变得便捷。相对于以往学生需要一本一本查阅书籍、聆听报告会、收听电视节目才能获取有用知识的单向传输载体来说，线上劳动教育载体能够使教育客体实时获取信息，只需在网络上搜索“劳动教育”“劳动知识”“劳动理论”等关键词眼，便可获取教育信息，实时掌握劳动领域里的最新动态和最新研究，第一时间知道发生了什么事情，有什么重大新闻，掌握知识变得无比快捷和方便。二是在新媒体载体中能够线上开网课，打破了空间限制。当线下教学环境中出现了某种不可抗拒的因素，导致师生不能实现面对面教学互动时，劳动教育新媒体载体能够及时“补位”，使教学活动打破空间限制，进行线上教学，确保教育不“缺位”。如新冠肺炎疫情期间学生不能返校复课、进入企业进行实习时，新媒体教学载体能够拓宽劳动教育的实现渠道，使教学活动变得更加便捷和灵活。三是线上载体的实时传输，能够实现教育主客体之间的快速互动交流。在新媒体载体下，教育主体发布一个个信息或者通知，就能在第一时间覆盖到班级内的每一位受教育者，没有时间间隔、无须他人传话，极大地提高了信息流动的速度和效率。同时，教育主客体可以根据自己看到的信息在线上发表评论或提出疑问，大家在线上可以实现交流和探讨，进行互动交流，提升学习的实效性。

实践性。劳动教育和其他的教育不同，它不能仅通过理论说服人和书本教导人两种方式，还必须以实践为基础，通过实践来保证劳动教育的有效度，拓展劳动教育的深度。劳动是联系知识与实践的纽带，学生可以通过劳动实践和劳动生活来印证课堂上所学过的知识，还可以在具体的劳动中体会劳动的价值和劳动的意义，感悟劳动的快乐和劳动的幸福。因此，劳动教育载体是一个实践范畴，实践性是其重要的特征，具体体现在两个方面：一方面，劳动教育载体是劳动教育实践的产物。众所周知，劳动教育除了课堂知识传授以外，更需要通过志愿服务、社会实践、创新创业、生产劳动、文化活动等形式多样、内涵丰富的实践教学载体来加深学生对劳动含义的理解，激发他们的劳动热情和劳动创造力，而这些具有较强实践性的教学载体是在长期的劳动教学实践中不断衍生与形成发展的。这些实践教学载体是依存于劳动教育实践的，这种依存性表明了劳动教育的实践性特征。另一方面，劳动教育载体直接影响劳动教育实践活动的成效。实际上，劳动教育是一项教育实践活动，其开展教学的成效受到方方面面因素的影响，而教学载体在其中占据了很重要的位置。当选择的教学载体恰当，并且能够得到充分的运用和实施，劳动教育活动就能够取得较好的实效，进而推动劳动教学向纵深发展。反之，如果选择了与劳动教育不相关、不贴切的教学载体，教学效果可想而知难以保证，从而影响劳动教育的实效。总之，劳动教育载体是劳动教育实践活动的要素和方式，其产生以及运用都具有突出的实践性特征。

第二节　拓展符合新时代高校劳动教育载体的基本要求

我国高校劳动教育必须围绕当代大学生的特点拓展有效的教学载体，努力做到“四个相结合”，把劳动教育的氛围营造好，使得劳动和育人真正地有机统一。

一、坚持灵活性与多样性相结合

教育载体主要分为课堂教学载体和课外教学载体两大类。课堂教学载体从其形式上来看主要是通过教师主讲，以课堂讲授为主，采取师生问答互动等方式，学生能够通过课堂学习掌握好与课程相关的基础理论。课外教学载体通常指的是在课堂之外所进行的各种形式丰富的实践活动，如文化活动、志愿服务、社会实践等。课堂教学载体和课外教学载体相辅相成，相互补充，相互促进，缺一不可，通过课外载体可以将课堂内学习的理论知识运用到实践中，加深对知识的理解，巩固学习效果。从当前现状来看，很多高校在进行教育教学时，大部分仍是使用以在教室内上课为主的课堂教学载体，且课堂上教学手段单一，仍然以口头讲述书本知识为主，即使在智能教室内扩充了线上网络学习资源，也只是播放一下基础性的视频资料，达不到互动交流的效果，与我们所倡导的线上网络教育载体存在很大的差距。从课外教学情况来看，由于受到经费、人力、场地设施等方面的束缚和限制，仍然无法建立一个完善的课外实践教学体系，形成良性互动的运行机制。这呈现出不管是课堂教学载体还是课外教学载体，单一化现象比较严重，载体的缺乏、单一导致教学者在开展教学时抓手较少，学习的吸引力和感染力被大打折扣。

我们不难发现，在单一的教学载体中，教育者也可以灵活展开，可以采取主题演讲、轮流当老师、小组头脑风暴等形式丰富、方法灵活的授课方式，另外还可将劳动教育融入思修课或其他专业课程中，丰富劳动教育课程内容。虽然载体单一，都是在课堂上，但只要组织形式新颖，参与人员多，气氛状态活跃，仍然能够取得良好的效果。当然，在开展课堂教学载体的同时，也要积极开拓其他多样的载体，如联合其他专业、其他单位共同组织课外活动，组织学生积极参加创新创业竞赛和文体比赛，促学生在比赛过程中培养竞争意识，潜移默化地增强劳动观念，达到劳动教育的目的。这里要注意的是，劳动教育载体的拓展，要把握好多样性和灵活性的统一，要把握好一个度，要在合理范围内实现载体的多样性，优化载体的功能，形成育人合力。

二、寻求理论性与实践性相结合

劳动教育课程是关乎人的劳动价值观念和劳动行为发展的核心课程，立足实践基础，结合时代特征，内化思想观念，注重价值引领，涵养行为习惯。劳动教育课不仅要注重受教育者在劳动理论上做到“知”，也要在劳动实践中落实“行”，只有把劳动理论真正吸收，将劳动知识内化于心，外化于行，坚持理论性与实践性的有机结合，才能保证劳动教育教学取得实效。当前，高校劳动教育课程不管在理论传授层面，还是实践教学活动中都存在不到位，甚至缺位的情况。一是理论教育系统不够、深度不够。尽管国内高校越来越重视劳动教育，在各个专业教学里都融入劳动精神、工匠精神的理念，注重培养学生的劳动意识，然而真正开设劳动课程的学校并不是很多，大多是通过学术讲座形式来实施，学习劳动理论的系统性不够，难以做到入脑入心，缺乏认同感。二是实践教学的拓展性不够。很多学校在组织学生开展劳动实践时，常常是组织学生打扫卫生、捡捡垃圾、搬运东西等，使学生误以为现在所提倡的劳动和过去的劳动一样，仅仅是指一些需要靠体力来付出的活动，而产生厌倦感、乏力感。实际上，新时代的劳动教育可以将劳动与志愿服务、技能竞赛、社会实践、专业实习、科研实践、创新创业等结合起来，通过这些多样化、学生感兴趣的载体来开展，能够有力提升劳动教育的吸引力和实效性。三是劳动教育的理论性与实践性结合得不够。我们知道，劳动教育既要在理念中产生认同，也要在实践中去具体行动，既要用理论来指导实践的开展，也要在实践中不断总结经验，进而形成更加科学的理论总结，理论和实践缺一不可。当前有些高校理论教育主要通过思政课的渠道加强劳动知识的灌输，却忽视了在实践中去引导学生外化于行，也有高校只注重搞活动、搞锻炼，为了实践而实践，不注重学生劳动基础理论知识的传授，缺乏知识的系统传授，这样势必会导致劳动实践活动停留在浅层层面，严重影响劳动教育的效果。因此，要将劳动教育的理论性与实践性相结合，以理论促行，以实践立论，这样才能切实提高劳动教育的针对性和实效性。

从理论性来看，要进一步推进劳动教育课程载体建设，开设劳动教育专门课程，扎实推进马克思主义劳动学说进课堂，强化马克思主义劳动观教育，使我们的学生明白劳动是一切财富、价值的源泉，劳动者是国家的主人，一切劳动和劳动者都应该得到鼓励和尊重。通过开设习近平总书记关于劳动教育的重要论述课程，通过开展劳动经典研读活动，引导学生领会“幸福是奋斗出来的”的内涵与真谛，深化学生对劳动本质的理解。同时，要注重劳动相关法律法规与政策教育，培养大学生法律思维，具备运用所学知识分析解决劳动问题及处理劳动争议的能力，树立保护劳动者的公民意识和法律观念。从实践性来看，要将劳动教育与学生个人生活、校园生活和社会生活有机结合起来，通过多样化的实践平台，达到丰富劳动体验、提升劳动能力、增强劳动观念、树立正确劳动价值观的目的。在个人层面，教育者要引导学生不仅要注重自身的个人形象、仪容仪表，还要注重整理宿舍内务卫生、实验室桌面卫生等，在生活中的小细节里将劳动精神落地落实；在学校层面，学校要结合植树节、学雷锋纪念日、劳动节等重大节假日，依托学生会、团委等开展形式多样、内容丰富的劳动实践教育活动，将劳动精神、劳动文化、劳动习惯的养成融入各类校园文化活动之中，通过第二课堂载体推出学期劳动实践必修分数、每日劳动任务清单等，在校园内营造劳动最光荣、劳动最崇高、劳动最伟大、劳动最美丽的浓厚氛围；在社会层面，学校要有效拓展校外实践教学载体，依托校企合作、专业实习、“大学生暑期社会实践三下乡”、高校青年师生“双百双进”等社会实践活动开展服务性劳动，提高学生运用专业技能为社会、为他人提供公益服务的能力，在劳动中增强社会责任感。

总之，新时代高校劳动教育载体的建设要坚持理论性与实践性相统一。既要重视劳动的理论教育，把劳动的核心要义和精髓讲清讲深讲透，帮助学生深刻认识和把握劳动是什么、为什么劳动的问题，使学生懂得劳动的意义和价值；还要重视劳动的实践教育，将理论与具体实践联系起来，这样才能从根本上把劳动教育贯穿始终，做到入脑入心、知行合一。

三、实现线上与线下相结合

随着互联网行业的不断发展，以移动互联网技术和电子信息技术为依托的新媒体技术被应用于各个领域之中，其中教育领域也开启了“互联网＋”模式，这有力推动了现代信息技术与高等教育教学的深度融合，为实现高等教育的提质增效提供了有效载体和平台。开展线上劳动教育，教育主体可以通过运用互联网、多媒体、人工智能等现代信息技术进行教与学的互动，通过 MOOC、微课等形式，录制劳动教育网课视频，通过建立学习交流平台，学生可以反复看、反复学，巩固和熟练相关劳动理论知识，掌握劳动技能技巧，有力提升了学习的效果。此外，互联网本身存在传播速度快、交互性强的特点，教育主体可以在微信公众号、QQ 空间、微博等新媒体平台上发布、转载涉及劳动教育的短视频、劳动模范的故事等，通过更加直观、形象的形式使原本枯燥的理论教学变得生动丰富起来，提升劳动教育的感染力和吸引力，使受教育者随时随地都有兴趣关注劳动教育、参与劳动学习。

然而，我们能够看到的是，随着互联网的不断发展，线上的“网络红人”“主播达人”也变得越来越多，且备受大部分学生的喜爱和追捧，由于自身的粉丝基数大，“网络红人”将自己的流量变现显得更加便捷，让学生们容易产生一种当下只要“随便说说话、随便拍点照”就能够创造很多收入的错觉，渴望像他们一样实现快速成功，进而忽视了劳动的力量以及奋斗的价值，这种现状会让学生质疑劳动的价值和意义，进而对树立正确劳动价值观产生不利影响。因此，劳动教育者要能够在新媒体平台上占据阵地，实现与学生的对话，随时浏览学生在线上分享的内容，并常态化地对学生关注的相关内容进行评论、互动，对容易影响学生劳动价值观形成的负面动态内容进行及时评析，引导学生转变认知和观念。互联网给予了每一个人成为发声的主体，打破教学空间距离，拉近师生心理距离，教育者也要尊重学生的主体地位，针对某一问题不是一味地指责，而是耐心地分析引导，实现了教育者和受教育者的平等互动交流。

线上教学在师生课堂互动方面既有其得天独厚的优势，也有不可忽视的缺点，会存在部分线上教学课程学生的体验不好、学习走过场等现象，部分学生只是“挂机”，实际上在做与学习无关的事，导致课堂教学效果难以得到保障。因此，劳动教育既要开展线上教育，同时还要开展线下教育，要实现线上与线下的有机结合。线下教育作为一种传统的教学方式，能够实现师生的面对面对话，教育者能够根据学生学习情况及时调整节奏，强化学习纪律，确保学习效果。此外，单一线上的教学只能让学生的学习停留了理论和认知层面，无法在实践中去感知劳动的魅力，也不利于实现师生的互动和情感的交流。习近平总书记指出，核心价值观的生命力在于实践，在于每一个社会成员的自觉行动。一种价值观要真正发挥作用，必须融入社会生活，让人们在实践中领悟它。劳动教育线下教学载体能够使学生参与到劳动实践中来，在实践中感受劳动的精神力量，强化劳动价值观。教育者要紧紧抓牢线上与线下相结合这条主线，实现线上与线下的良性互动，确保劳动教育取得实效。针对线上面临的挑战和痛点，在线下要及时补位，培养学生自觉学习、主动学习的意识，要树立大学生努力践行劳动精神、工匠精神的榜样，对优秀学生的优秀事迹进行大力宣扬，邀请劳模进校园讲故事、做分享，使劳动理念深入人心，有力规避线上“快速成功”不良风气带来的负面影响。

四、注重显性教育与隐性教育相结合

我们常说的显性教育，它是指通过有意识的、直接的、外显的教育活动，使受教育者自觉受到影响的有形的教育。显性教育是高校开展劳动教育的主要渠道和最重要的方法，教育者通过有计划、有目的、有组织的教育活动，使受教育者在知识、技能、能力和品德等方面得到发展。开展劳动显性教育，是指通过劳动教育课及劳动实践活动等直接形式，引导学生树立正确的劳动价值观，形成尊崇劳动、热爱劳动的自觉意识。一方面，课堂教学作为开展劳动显性教育的重要载体，能够使大学生系统地学习劳动理论知识，建立完整、清晰的劳动知识构架，从而形成正确的劳动价值观。因此，要将劳动教育有机融入课堂教学，融入思想政治理论课、文化素质教育课等课程体系，开展以劳动精神为主题的学术讲座等，通过劳动教育实践活动，培养大学生的劳动意识，促使大学生形成热爱劳动、尊重劳动的良好品格。另一方面，显性教育不只局限于课堂理论知识的传授，形式也可以多样化。例如，利用校园文化载体，将劳动教育渗透在校园文化中，定期开展以劳动教育为主题的线上线下宣传活动，发布“劳模进校园”“榜样在身边”等讨论话题；利用校园活动载体，开展手工制作大赛、劳动主题辩论赛、劳动教育知识竞赛、校园美化活动、垃圾分类活动等，增强劳动教育的感染力和吸引力，深化对劳动的认知，从而提高大学生的劳动觉悟；利用社会实践载体，开展形式多样的志愿服务活动、勤工助学活动、返乡社会实践活动、专业实习实践活动等，在实践中强化大学生的劳动意识，实现劳动教育的知行合一，确保劳动教育的实效性。

但是，值得我们注意的是，显性教育单刀直入，能够系统性、直接地向学生传授系统知识，有利于受教育者知识体系的形成。却也正是因为它具有显性的特征，强制性的教育往往会让受教育者产生厌倦，甚至排斥和抵抗情绪。且显性教育多采用灌输的方法，将独特的个体统一对待，忽视受教育者的个性特征，容易造成受教育者在某一方面的特长和专长得不到展示和发挥的局面，失去了表达和展现的舞台，容易引起受教育者的落差心理。而隐性教育，却可弥补显性教育存在的不足。二者之间最大的不同在于，隐性教育通过教育主体对教育目的隐藏，能够巧妙地抓住学生的心理特征，让学生在不知不觉中接受教育、学到知识，且整个过程愉悦又轻松，从而在潜移默化中达到预期的教育效果。正因为隐性教育是隐性的，它通过渗透的方式，在润物细无声中渗透进受教育者的学习、生活的方方面面，容易被受教育者接受，能够使教育效果走深走心走实。因此，在拓展符合新时代高校劳动教育载体时，既要发挥显性教育的作用，也要发挥隐性教育的作用，要做到显性教育与隐性教育两者相结合，两者同时发力，协同育人。

隐性教育的概念源自隐性课程。1968 年，美国学者杰克逊在《教育生活》一书中提出“隐性课程”。他认为，学生在学校中受到的影响，不只是来自正式的课堂，还能从学校生活中获得态度、动机、价值观等方面的影响。杰克逊将这种影响称为“隐性课程”。在国际课程理论研究中，“隐性课程”已经成为公认的教育术语，并且这一概念的内涵和外延得到了拓展，与之对应地出现了“显性课程”，扩展而提出了“隐性教育”的概念及其相关理论。隐性教育是一种无意识教育，通过环境氛围、人格魅力、情感沟通、人文关怀等使受教育者由非认知心理获得教育性信息，在潜移默化中受到思想观念、道德情操的影响。现代心理学理论认为，人的思想观念是在心理因素作用下形成的，心理因素包括认识、情感、意志、需要、动机、兴趣、能力、性格、气质等，其中需要、动机、兴趣、能力、性格、气质等为非认知心理因素。隐性教育主要经由人的非认知心理发生作用，没有非认知心理因素的参与和促进作用，显性教育就不会转化为人的自觉认识，也就不会有相应的实践活动。所以，隐性教育更有利于个体自觉地进行价值选择和价值认同，增强价值观内化的主体性。更为重要的是，隐性教育对人的影响主要是一种价值性的影响，而劳动教育的深刻内容和精神实质主要是价值性、规范性的理论体系，因而，劳动价值观的传播可以通过隐性教育得到实现。

我们认为，当前高校劳动隐性教育可以从校园环境和教育主体两方面着手。一方面，要给大学生创造浓厚的劳动隐性教育氛围，在学校各个教室、走廊张贴“劳动最光荣”“劳动创造幸福”等标语，在学生寝室张贴“我劳动，我快乐”“我劳动，我光荣”等口号，在实验室楼下悬挂“春种一粒栗，秋收万颗子”“幸福是奋斗出来的”等励志横幅，在校园宣传栏制作劳动知识专栏，从而让劳动教育贯穿大学生生活的全过程，使其在潜移默化中受到熏陶；另一方面，教育主体通常作为学生的学习对象、模仿对象，其言行举止都备受学生关注，并起到一定的教化作用。要充分发挥教师在劳动教育中的隐性示范作用，从自身做起，为学生树立起尊重劳动、热爱劳动的榜样，推动教师进一步强化育人意识，找准育人角度，提升育人能力，切实提高每一位教师成为学生的引路人。通过教师的榜样示范传递劳动的幸福，感染学生、感化学生，从而达到润物细无声的效果。

第三节　新时代高校劳动教育载体拓展的现实路径

新时代高校劳动教育载体的路径有：丰富高校劳动教育校园文化载体，拓展高校劳动教育的新媒体载体，打造多样性劳动教育实践平台，等等。

一、丰富高校劳动教育校园文化载体

高校校园文化是高校校园长期的教育、学习和生活中，所形成的一种价值观念、精神支柱、学校传统、行为准则、道德规范的总和，具有导向、教育、规范、激励、凝聚的功能。校园文化中蕴含着学校传统、校训校风、校园环境、制度建设等丰富内涵，同样也是高校开展劳动教育、培育大学生劳动价值观的重要途径。因此，在推进校园文化建设的过程中创造出多样化教学载体，有利于劳动教育的舞台搭建，能够进一步拓宽劳动教育的渠道，形成劳动育人的合力。

（一）发挥高校精神载体的引领作用

高校精神不是虚无缥缈、空洞无物的，而是一种无形的力量，会对生活在校园中的每一个人都产生潜移默化的影响。当前，常见的高校精神载体主要包括校史、校训、校歌等。任何一所高校在其长期的办学历史中，都经过了一代又一代开拓者、建设者、改革者的不懈努力，形成了其特定的历史文化。高校在进行劳动教育时，要注重挖掘校史中关于开拓创新、奋力拼搏、自强不息的元素和基因，讲好老一辈典型人物关于奋斗和劳动的故事，并结合新媒体传播、舞台表演、微电影拍摄等手段还原历史，让师生们深刻领会劳动创造历史、劳动开创未来的道理。以湘潭大学为例，湘潭大学是毛泽东同志亲自倡办、亲笔题写校名的综合性大学。艰苦创业、开拓创新是湘潭大学的金字招牌。可以说，在湘潭大学的诞生基因和建设历程中，深受时代发展和劳动精神的影响。湘潭大学的校园建设史本身就是一部劳动的奋斗史。学校建设初期，条件是何等的艰苦，全校师生齐动手，开垦荒地、修建马路、种植树木，通过自身努力，湘大人硬是在坡地上建造了一座现代化的、气派的大学校园。湘潭大学的校园建设是靠湘大人一砖一瓦劳作出来的，湘大精神是靠湘大人一点一滴积累形成的。学校通过让大学生了解湘潭大学的建校史、奋斗史，引发全校师生的情感共鸣，激发师生的爱校爱国热情，从而更好地发挥校园精神文化的激励功能。几十年来，湘潭大学扎根伟人故里，传承红色基因，将根植伟人故里的红色文化融入办学理念和学校办学的特色中，融入人才培养全过程，劳动育人成效显著、特色鲜明。充分发挥高校精神载体的引领作用，进一步提升劳动育人的实效性，彰显学校红色基因，可以组织学生通过走访离退休老教师及对话老校友，挖掘在湘大初创时期和复校时期鲜为人知的奋斗故事，并形成一系列的记录视频与采访报道，面向广大师生展示大学办学历程中形成的文化积淀、大学精神和办学理念，引导师生体会艰苦奋斗、锐意进取的文化特质与精神内涵，激发师生们的爱校情怀、奋斗动力、劳动觉悟，扎实开展与劳动教育相融合的实践课程与活动，打造师生喜爱、形式多样的劳动教育平台，着力引领学生树立正确劳动观，养成良好劳动习惯，提高劳动实践技能，让劳动教育凸显时代特色、富有文化底蕴、形成鲜明特征。

校训短小精悍，内容不多却内涵丰富，是高校教学理念、教学历史、教学文化和精神的高度凝练，对劳动教育的开展具有重要的价值引领作用。从国内一些知名的高校来看，他们的校训中也都蕴涵着丰富的劳动教育理念。如清华大学的校训中提出“自强不息”，要求师生们始终艰苦奋斗；重庆大学直接把“耐苦劳”写入校训，鼓励师生们要吃苦耐劳；浙江大学校训中突出“求是创新”，激励大家要开拓创新、勇立潮头。湘潭大学的校训为“博学、笃行、盛德、日新”，校训体现出湘大师生既要博取知识、潜心实践，也要涵养德行、改革创新，这既是一个情感体验的过程，也是一个劳动、奋斗的过程。因此，高校要注重将劳动理念融入校训之中，开设专题讲座进行校训的内涵解读，让学生们深刻感受到校训的深刻意义，以便更好地发挥校训的价值引领作用。

校歌承载历史，凝聚情感，易于传唱。每当校歌响起，校史中那些艰苦奋斗、开拓创新的画面总能浮现在大家的脑海里，也激励着一代又一代的青年大学生去拼搏奋斗、勇立潮头、自强不息。一方面，高校要精心谋划校歌的创作，要将劳动精神融入校歌中，让歌唱者能够直接感受到催人奋进、励志力行的力量，同时曲调要气势恢宏、激情昂扬，体现出代代师生直面磨难、勇于攀登的奋斗精神；另一方面，要做好校歌的教学和传播工作，要形成各个场合唱校歌的仪式感，在开学典礼、毕业典礼、颁奖奖学金等仪式上，都要放校歌、唱校歌，使校歌的旋律和歌词深深地印在同学们的脑海中，在无形之中加强劳动教育，发挥隐性教育的功能。

（二）发挥身边榜样载体的示范作用

榜样是一种力量、一面旗帜、一座灯塔，也是一种精神。注重发挥先进典型、身边榜样示范作用，对于加强高校劳动教育具有重要的意义。在我们身边，任何时候都不乏向上向善的动人故事，从国家劳动模范到大国工匠、从身边优秀教师到自强之星学生，这些榜样的动人故事、励志传奇是开展大学生劳动教育最好的生动案例。挖掘榜样的力量、讲好榜样的故事、传播好榜样的事迹，从而引导大学生培育勤奋学习、勤于钻研、勤勉敬业的精神，对培养大学生的劳动价值观具有重要意义。

一是要在日常的理想信念教育中运用好榜样的力量。把劳模精神融入团员教育、党员教育中，在团员培训、团干培养、入党积极分子和党员的教育之中，运用多种媒体，利用多种形式，广泛宣传身边的劳动模范的各项事迹，通过经历感悟、历程回顾、人生心路等交流，让广大青年学子更加深入了解劳模人物、领悟劳模精神，从而更加坚定理想信念。党团积极分子基本都是青年中的优秀楷模、先进骨干。他们在平时的日常生活和学习中都是同学们的模范和榜样，起着先锋模范作用和榜样引领作用，他们的一言一行都能够影响着身边的同学。如果他们能够自觉践行劳动精神，在日常学习和生活中艰苦奋斗、吃苦耐劳，就会带动身边更多的同学热爱劳动、敢于拼搏，形成用“优秀”带动出“优秀”的浓厚氛围。

二是要让身边的榜样讲好模范的故事。高校辅导员、班主任和任课教师不仅承担着学生的日常管理工作，还是大学生思想政治教育、价值观引导的引路人和知心朋友。他们备受学生信任，对学生的影响也很深远。高校每年都会评选出“优秀班主任”“优秀辅导员”“优秀教师”等一批优秀典型，可安排轮流他们进行故事宣讲，定期开展特色主题活动，提升青年学子对各行各业优秀人物的认同感，树立他们的光辉形象，促进青年大学生对劳动精神内涵的深刻认知。通过学生身边的师生讲述身边故事，和大学生的交流融通，在言行举止中不断感染他们，将榜样的个人成长经历、人生体验、处事态度、人格品质传递给每一个学生，感染每一个学生，使劳模精神不再变得遥远。

三是邀请劳模进入校园。劳模榜样是综合了多种因素凝聚的光辉成果，平时人们和他们接触有距离，大多通过各类宣传和材料来认识和了解他们，距离感和概念感比较强。让大众觉得劳模的事迹不可复制，成为一名劳模很遥远。而通过有意识、有针对性地邀请劳模进校园，通过面对面的交流和分享，可以获得更多无法在事迹材料中得到的信息，可以在语言表达、肢体动作中感受到劳模的成长历程，感受到劳模的人格与情怀，感受到劳动的伟大与光荣，增强了对劳动真谛的领悟，实现了榜样力量的熏陶。

参与校园文化活动是大学生实现综合素质全面发展的重要途径，为大学生提供展现才能的舞台，同时在参与活动的过程中能够使大学生实现自我提升。形式多样的文化活动深受大学生的喜爱，以活动为载体的教育形式能够充分发挥学生的主观能动性，强化主动参与学习活动的自觉性，进而提升教育的实效性。

高校应引导开展赋有劳动内涵的校园文化活动。一是组织开展与劳动主题有关的演讲比赛、辩论赛、征文比赛等，多角度引导学生树立马克思主义劳动观。对于组织比赛的学生来说，在撰写活动策划、敲定活动方案的过程中能够感受劳动的辛苦，在活动圆满结束后能够体会到付出所带来的喜悦与成就感，这个组织的过程其实也就是一场生动的劳动教育。对于参赛选手来说，在准备演讲比赛稿件、辩论赛辩词、征文比赛文稿时，需要多方面搜集有关劳动精神、劳动观、劳模故事等方面的素材和案例，通过不断吸收和摄入有关劳动的知识，才能输出高质量、有核心竞争力的作品，从而获得心仪的奖项。学生备赛是一个内化与外化相统一的过程，能够通过学生自己的努力将劳动理念深入人心。二是开展大学生自强之星、高校劳动代言人等活动，为学生展现自身魅力和风采搭建舞台，让学生在日常生活、专业学习、学科竞赛、社会实践等方面去下功夫，在不懈奋斗的过程中实现全面发展，从而感受劳动的价值和意义。三是举办与劳动主题相关的文艺晚会、艺术节等，鼓励学生通过编排歌曲、舞蹈、小品、音乐剧等形式，展现出劳动的力量和劳动者的魅力，通过节目的形式将劳动价值观潜移默化地输出，达到劳动教育的目的。

通过开展积分竞赛活动做好日常生活劳动教育。一方面，可以开展“五星级宿舍”评比等活动，从宿舍卫生环境、宿舍文化氛围、宿舍学习成绩等方面对学生进行考核，对宿舍卫生整洁、物品摆放有序、文化氛围浓厚、成绩整体优异的宿舍进行正向积分，实行累计积分达到一定程度可换取证书的鼓励模式，激发学生内心的荣誉感和好胜心，从而通过做好寝室建设工作强化劳动意识；另一方面，可通过组织垃圾分类等比赛提高学生的劳动能力。要求学生按照垃圾分类要求进行垃圾投放，学校在与物业管理员的配合下对学生的垃圾分类情况进行打分，表现优秀的宿舍及个人可累计积分，达到一定标准被授予“垃圾分类小达人”称号，用荣誉来规范学生日常行为，激励学生追求进步、扎实劳动。

要利用重大节日开展特色活动深入进行劳动教育。我们知道，节日能够增强人们日常生活中的仪式感，它相对于平常的日子来说，在这一天举行庆祝活动或其他形式的活动，容易带给人特殊、深刻的记忆。高校要利用好重要的节日和时间节点，开展与之相关的劳动活动，提升学生对于劳动的仪式感，从而强化认同和参与。例如，学校可利用学雷锋月活动开展校园清洁、无偿献血等活动；利用植树节、劳动节等重大节日，组织各个班级开展植树、种花等活动；利用父亲节、母亲节、重阳节等开展关爱父母、留守老人、走进敬老院等活动，为有需要帮助的群体提供服务；在毕业季开展跳蚤市场、公益义卖等活动，在实践中感知劳动精神，收获劳动快乐。

（三）发挥物质环境载体的涵养作用

美丽的校园总是让人心旷神怡，每一个角落都会让人忍不住多看几眼。在校园的各处景观内融入劳动理念的元素，发挥物质环境载体的育人作用，能够让劳动教育达到事半功倍的效果。在校园内打造劳动教育文化长廊，在学校主干道旁、校园大广场、田径场、公寓楼中心地等人群较为集中的地方，集中展示劳动理念、劳动标语、劳动模范、劳动事迹等劳动教育内容，增强师生的思想认同感。同时，注重校园内的楼道文化建设，在教学、办公等师生经常出入的场所，以多媒体投放和实物展示等诸多方式来呈现劳模工匠的成长轨迹和成长故事，使劳动精神融入师生们的日常生活，在潜移默化的环境中感受劳动精神。此外，可将学校每年评选出的“优秀工作者”“优秀党员”“优秀大学生”“自强之星”等师生的照片制成宣传海报，张贴在文化宣传栏上，增强劳动者的荣誉感和使命感，强化其他人的劳动意识和进取意识，提升劳动教育的吸引力和感染力。

二、拓展高校劳动教育的新媒体载体

“新媒体”是基于互联网络为桥梁，以数字设备为终端，利用网络技术、电子通信技术和移动通信等技术进行信息传播的一种新型媒体形态。新媒体的及时性、交互性、直观性、共享性给现代信息社会的发展带来了极大的转变，对人们的生活方式、学习方式的变革有着重大的影响。随着不断的科学技术革新，新媒体已经逐渐成为人们日常生活的必需品，也是人们议论热点话题的重要载体。充分借助各类新媒体平台实现高效劳动教育实践已成为时代的选择，具体来说，可以通过以下几种方式实现。

（一）通过新媒体载体创新线上教学课堂

一是打造微课堂。“微课”是以教学时间、内容的短小精悍而著称，以视频为主要载体，采用视频录制或现场直播方式，记录教育者在课堂内外教育教学过程的视频课。微课中老师通常只需要围绕某一个知识点进行深入浅出的重点讲解，课程还附带老师讲课的课件，方便学生清晰明了回顾授课内容。同时还包括了相关课程的其他素材，如课程设计、拓展素材、测试题目、互动点评等多种资源，在一定程度上构建了教学资源微库，将碎片化的劳动知识整合起来，把“教”与“学”灵活地结合起来，有助于提高教育教学的实际效果。高校要利用好“微课”这一载体，通过专业的教学方法对教学材料、教学任务进行分析，把握好教内容、教学设计、教学方案及教学效果，录制出思路清晰、内涵丰富、表达生动、启发思考的微视频，做到各个环节环环相扣，使受教育者能够有效地吸收视频教学内容。同时，要利用“微课”载体的灵活性、便捷性，第一时间收集学生的学习反馈及学习评价，采纳有帮助意义的建议进行课堂的提升，真正做到活动式教学，大大提高学生的学习自主性和参与性。

二是搭建慕课教育载体。慕课（MOOC）是一种“大规模开放的在线课程”，是新近涌现出来的一种在线课程开发模式，主要以联通主义理论和网络化学习的开发教育学为基础。慕课的覆盖范围非常广泛，它与只有几十个或几百个学生上课的传统课程不同，一门“慕课”课程动辄上万人，最多达到十几万人。慕课具有独特的授课形式，通过网络将身处不同地域、不同文化、不同需求的受教育者聚集到一起，跟随授课者学习相关主题或内容，这种学习方式方法，虽然对学习者本身并没有特殊要求，但学生们往往会自主成立网上学习小组，定期参与网上研讨、线上测验等。参与慕课学习，不受时间的限制、没有空间的界限，无论身处何处，只要一台可以连接网络的电脑，就可以花最少的钱享受大学的一流课程，因此，“慕课”是解决当前全球高等教育成本昂贵、教育资源分布不均、自主学习需求旺盛等问题的最佳方案。[①] 通过慕课载体推动劳动教育载体创新发展，是一种行之有效的路径和方法。一方面，基于慕课的开放性和共享性，受教育者能在慕课上学习到不同教师看问题的视角及对某一问题的不同观点和不同声音，能够开拓学生的思维和视野。通过慕课载体，资源不限区域，内容广泛共享，还可以让学习者全方位、随时随地学习，另外，慕课教育载体使学习者比普通课堂更容易集中精力。学习者可以自主选择学习，也可对不懂的地方多读几遍或者放慢学习，个人的零碎时间可以充分利用起来。且由于慕课课程证书能够得到高校的承认，能够促使学生学习更加自主。

三是运用好直播创新课堂。直播课指的是师生同时在线，基于钉钉、抖音等直播平台开展线上实时网络教学，表现为教师为主讲、学生为听众、师生共同互动的一种授课模式。在“互联网＋教育”的推动及由于新冠肺炎疫情学校不能按常规开学的背景下，直播课凭借着它灵活、及时、足不出户等特点在教育系统中火了起来。直播课不同于其他线上教学课程，不采取以录制视频的形式进行教学，而是师生同步在线，教育者能通过在线提问、随时点名的方式，掌握直播间内每一位学生的在线情况，能够避免学生挂机、刷课等现象。同时，由于直播间具有刷屏、留言功能，教师进行在

① 潘燕桃，廖昀赟．大学生信息素养教育的“慕课”化趋势［J］．大学图书馆学报，2014，32（04）：21—27.

线提问时不再拘束于某一个学生，全班所有学生皆可通过直播间留言发表个人的观点及看法，有利于教育者精准地把握学生对于知识点的理解程度与接受程度，从而把握好教学节奏。因此，开设直播课也是做好高校劳动教育的重要创新载体。一方面，教育者在进行直播课时，不能像传统课一样采取“满堂灌”的输出模式，从始至终都由老师讲、学生听，这样不仅不能充分发挥出直播课载体的互动性、灵活性，还会使直播课在同学们心理的印象大打折扣。教育者要借助一些与课本知识有关的热点话题，在直播间内引发讨论，让学生主动寻找支持自己观点的理论依据，在互动交流中去强化知识结构，使其变被动灌输学习为主动寻求真知，变不得不学为主动想学。另一方面，教育者要通过不断学习提升自身的新媒体运用水平与技巧，学会使用直播间里的留言、点赞、连麦等功能，并将这些功能当成自己的教学辅助手段去好好利用，通过要求学生留言来进行打卡和回答问题，通过邀请学生点赞来加强互动，通过连麦来实现师生面对面对话等，最终多方发力以达最佳的教学效果。

（二）通过在线网站创新劳动教育载体

在线门户网站具有集文化教育、生活服务、旅游娱乐于一体的综合性网络互动虚拟平台功能，同时，兼具为广大师生提供平台定制、个人群组、虚拟相册等教育信息网络化的全方位服务功能。搭建在线教育网站开展劳动教育，一方面可以帮助师生实现零距离教学互动，拓展师生的交流、互动渠道；另一方面也可避免线下举办教学活动需要耗费大量人力、物力、经费，能够方便、快捷、低成本地开展教学交流活动、线上劳动实践活动等。

一是搭建大学生劳动教育工作专题网站。网站是我们搜索、获取各类信息最重要、最方便的载体。让大学生广泛参与到专题网站建设中来，构建学校、院系、班级（支部）三级劳动教育工作专题网站。在站点设计上，可以设置文件学习、知识传播等专题栏目；在网站内容上，需要选择与大学生日常学习生活、大学校园文化、人际交往、专业就业、心理健康、娱乐等内容，实现网站建有所用的功能。在建设实施中，突出“生建生用、生建生管”的基本理念，确立工作流程，梳理规章制度，让学生产生建网站兴趣，也提升他们的参与度和成就感，从而在一定程度中培养他们的劳动价值观。同时，网络站点建成以后，积极利用网站，发布青年大学生广泛关注的热点信息，帮助他们实实在在解决难点问题，形成积极向上的正确舆论导向，把劳动教育的内容、要求、目标、主题等贯穿在网络站点建设的方方面面。

二是开设大学生劳动教育网络骨干培训班。为了使劳动观在相应劳动教育网络平台上进行宣传推广，可以采用骨干带动的模式，开设大学生劳动教育网络骨干培训班。

遍邀学校、院系、班级三级劳动教育网络的骨干成员参与其中。在授课方式中可以线上线下相结合。培训班课程设置中，可以扩大到劳动教育相关领域，邀请专家授课，请劳动模范现场分享，让参训骨干深入了解劳动理论，把劳动提升到社会文明的高度，并在日常实践中实施。培训班的组织形式上，可以采用理论与实践相结合，线上线下相同步的形式，尤其是要充分运用网络板块，传输劳动教育视频、资料、时事报道等内容，开通网络互动，让培训班成员能线上充分交流互动，梳理整理好的留言、体会，整理成册后可供学习展示，促进共同提高，形成良好的学习氛围。

三是组建大学生劳动教育名师工作室。学生的学习离不开教师的有效指导，大学生劳动教育网站的建立也是同样。在网站建设过程中，可以协调劳动教育相关的专家教授参与其中，给予有力指导。特别是校内干部教师应该积极参与其中，促使师生深度交流，为学生解疑，帮他们解惑。可以组建劳动教育相关名师工作室，根据行业、经济的特点，帮助大学生在对热点问题的认识和劳动观的树立方面提供便利。工作室还可以作为另一平台，吸引更多的青年学子参与劳动教育之中，寓教于室、寓教于网，劳教结合。

（三）通过社交工具构建在线劳动教育平台

随着网络信息技术的发展，网络社交工具也为学校开展劳动教育提供了新的契机。网络社交工具以其便捷性、超时空性、平等性、多样性的特质，牢牢吸引住了当代大学生，形成“无人不QQ”“无人不微信”的局面。搭建社交工具在线教育平台，运用学生最喜爱的方式开展劳动教育，无疑是提高高校劳动教育有效性、实效性的最好路径之一。

一是运用专属微信公众号开展劳动教育。公众号指的是一种账户管理者可以定时向订阅用户推送编辑文章、专题信息，进行信息的发布与分享的交流平台。后台运营者通过订阅号将信息进行点对点、点对面的直接传播，不仅目标精准、高效便捷，更可以提供多方位的服务和功能。此外，订阅用户的信息接收与分享能够延伸信息的共享链条，通过一键转载分享至QQ空间、微信朋友圈等，将信息传播给更多的用户朋友，省时省力，有效地扩大了订阅号的覆盖面、影响力。高校运用微信公众号开展劳动教育知识普及，要指定特定的机构或者相关教研室老师负责运营，确保了信息发布的权威性、准确性，使其有效地服务高校劳动教育的开展。此外，要根据传播内容的特性将平台划分成不同的板块与栏目，如劳动模范故事、劳动观理论、劳动技巧、劳动实践活动等，并用学生中流行的“微言微语”结合文字、图片、语音、视频等多种形式互动传播，在充分展示亲和力和感召力中实现劳动主流意识形态、劳动价值观与微信的对接，营造浓厚的劳动主流舆论氛围。同时，可定期举办基于平台的“微访谈”“微辩论”“微展”“微演讲”“微咨询”等教育活动，在互动交流中传道答疑解惑，对大学生订阅用户潜移默化地产生正面引导和积极的劳动教育效果。[①]

二是通过 QQ 群构建劳动教育工作平台。QQ 是当下高校学生中最常用的交流工具之一，QQ 群也成为大家学习交流的重要载体。群主在创建群以后，不仅可以邀请朋友或者有共同兴趣爱好的人到一个群里面聊天，还提供了各项服务，用户可以使用群聊、共享文件等多种交流方式。QQ 群的功能强大，免予维护，利用 QQ 群开展大学生劳动教育不用考虑系统的开发与维护问题，便于操作。[②] 一方面，要利用群聊、群公告、群共享构建网络工作平台，便于发布信息。群聊和群公告由群主掌握，发布的信息简明扼要，传播广泛迅速，能够人人尽知，保证了重要通知、重要信息的及时有效传播，有关劳动教育信息的传播在这方面更有了保障。另一方面，要运用好 QQ 群的邮件、相册等其他辅助功能，组织大学生进行劳动教育的专题讨论，开展主题教育活动。通过群视频模块，老师组织学生即时讨论劳动人物事迹、大国工匠精神等劳动教育专题，再通过群讨论，让青年学生共享劳动资料、共尝劳动成果，引导学生热爱劳动、崇尚劳动、勤于劳动、善于劳动。

三、打造多样性劳动教育实践平台

“纸上得来终觉浅，绝知此事要躬行。”劳动教育仅仅通过课堂教学引导、校园文化熏陶是不够的，还需要落实在社会实践中，社会实践是加强劳动教育的重要途径。

发挥劳技中心、学农基地的育人功能。以往劳动教育由于受到时间、空间、资源的限制以及观念因素的影响，劳动教育实践流于表面的形式，缺乏对“真实”世界的认识与体验，很大程度上影响了学生劳动意识的培育和劳动行为的养成。从现实情况来看，学生最需要真实的劳动体验，感受劳动的过程和意义。而走进农场的学习就是最真实的、最接地气的劳动教育，学生通过亲临、亲触、亲做去体悟劳动，帮助学生初步了解职业的特性，让学生在职业体验中感受劳动的魅力，不仅能够增强大学生的劳动观念，而且能够培养他们形成一种现代“新生活”的方式，从而拥有创造的能力、幸福生活的能力。一是学校可在校园内打造学农实践基地。从规划上来看，学校可充分利用校园荒地，规划建成“两区两园”学农基地，即“家禽区”“淡水养殖区”以及

---

① 双维．用微信公众号拓展大学生思想政治教育平台探究［J］．传播与版权，2015（08）：161－162．

② 黄平江．利用 QQ 群构建高校辅导员工作网络平台［J］．琼州学院学报，2008（04）：57－58．

“菜园”“果园”。搭建“家禽区”及“淡水养殖区”，一方面，便于学生近距离地观察和接触，通过亲自喂养与养殖，感受劳动生活真实的模样，在劳动的过程中增强认知，提升技能；另一方面，开拓“菜园”和“果园”能使学生们种下喜欢的水果、蔬菜种子，如苹果、葡萄、枣子等，亲身的实践能够极大提升学生对于劳动课的兴趣，同时在收获的季节看到硕果累累，能使学生真切地感受到劳动的价值。此外，优质的果蔬可作为食堂的原材料进行加工，减轻后勤部门的菜品采购压力，实现自给自足，可谓一举两得。二是成立校园“农耕文化展厅”。通过陈列、展示田间地头收集来的播种工具、灌溉工具、收获工具、加工工具、运输工具等，让学生了解我国农业发展的历程、取得的业绩和将来发展的远景。并通过图文展示农业发展史、相关名人及著作，让学生充分感受农业生产的相关知识，了解农业的发展，懂得农业是支撑国民经济建设与发展的基础，潜移默化地对学生加强热爱农业、热爱农村、热爱劳动人民的教育。

开展形式多样的志愿服务活动。志愿服务活动不以营利为目的，由志愿者发起，旨在帮助他人、服务社会，其核心要义在于服务奉献。大学生参加志愿服务活动，不仅能锻炼理论运用能力、与人沟通能力和动手能力，而且能在实践中强化劳动意识和培养奉献精神。此外，在课余时间参加各种公益劳动，通过持之以恒、日积月累的劳动锻炼，学会万事从点滴做起，亲身感受劳动带来的乐趣，收获劳动的成功与快乐，营造“会劳动、爱劳动、珍惜劳动成果”的良好氛围。可见，大学生参与志愿服务活动对落实劳动教育具有可行性和实用性，能够切实提高服务性劳动教育的实效性。从志愿服务活动来看，学校应充分联动协同工会、共青团、妇联等群团组织以及各类公益基金会、社会公益组织，搭建志愿服务活动平台，支持、保障学生开展志愿服务活动。同时，应同步发挥好校内公益类组织或社团的主导作用，对接学校图书馆、附近社区、附近医院、福利院等单位联合策划志愿服务项目，组织志愿者定期开展公益服务活动，推进志愿服务日常化。此外，学校应立足于自身办学特点，结合学生专业创新学生志愿服务活动品牌，以特色优势赋能志愿服务活动。例如，医学院高校可以组织学生开展爱心义诊、爱心健康体检等志愿服务，丰富学生参与劳动的主观体验，使受教育者在参与各类志愿服务活动中，既能体验劳动的意义和价值，又能获得成就感、自信心，强化专业认同。在社会实践活动层面来说，一是学校可依托“大学生暑期社会实践三下乡”“大学生走进基层”等活动，组织学生深入基层，走进群众、来到一线，通过走访、调研，为破解当地难题积极建言献策，在服务地方经济社会发展中增强大学生实践能力，提升综合素质。例如，湘潭大学每年组织几十支大学生社会实践团，以扶贫济困为出发点，深入走访贫困地区，开展科技支农、教育关爱、文化服务、文艺汇演、义务劳动、生态环保和农村普法等活动，并围绕农村经济和乡镇热点深入开展调查分析，将成果整理成专题报告，交由专人负责，实行统一管理，由此形成了理论与实践、课堂与社会、校内与校外相结合的劳动教育育人模式，促使学生技能在实践中增长才干，还能感悟到奉献、劳动的价值，深受学生喜爱。二是结合团中央、教育部推出的“西部计划”，鼓励毕业大学生到西部去、到基层去、到祖国最需要的地方去参与基础教育、服务“三农”、医疗卫生、基层青年工作、基层社会管理、服务新疆、服务西藏等专项活动，在艰苦的环境中磨炼自我，在干事创业中提升自我，在奉献社会中创造自我价值，感受生命的意义、奉献的意义和劳动的意义。

高校要积极搭建校内校外协同育人的劳动教育实践平台。协同育人是现代高等教育充分利用教学资源提升教学效果的有效育人模式。该模式联合众多优质资源共同发力，为劳动教育的实施保驾护航，实现多赢。劳动教育实践平台的创建主要包含两个方面的内容：第一，校内劳动教育协同育人平台的搭建。具体包括整合校内多方资源，努力实现教学工作、学生工作、管理工作的协同，实现教师、辅导员、管理人员和学生的有效协同，改变过去高校各部门、各岗位人员各自为政的局面。学校可以根据大学生的专业特点，依托相关校园社团，在学工、团委、资助中心等部门的配合下，开展劳动教育实践活动。例如，现阶段校园教学区和宿舍区的公共卫生等大多数由专业环卫人员或保洁人员负责，其实将类似卫生保洁、餐饮服务等相关生活、生产劳动运用于劳动教育实践教学中，不仅是良好的实践教学内容，更是锻炼学生劳动能力和服务意识的最佳选择。同时，学校内部超市运营、机械维修、景观设计、园林绿化等各行各业都是学生生产劳动或专业实训的良好机会。理工科的计算机、电子工程、材料物理等专业的学生可定期帮助全校师生免费维修电脑、开设新型产品技术服务和 App 研发工作室、举办高科技产品推广服务、创办校园旧物回收公司、开拓二手物品买卖平台等。通过这些实践活动，在学生息息相关的学习和生活环境中，让劳动教育贴近学生、贴近实际、贴近生活，不仅可以弥补实践活动单一、实施效果不明显的不足，还能激发大学生的主观能动性，将“学”和“玩”充分结合起来，让学生们在日常生活中真实地体验生产劳动，锻炼劳动能力，磨炼劳动品格，培养学生的社会责任感。第二，校内、校外协同育人实践平台的搭建。劳动教育包括生产劳动教育和非生产劳动教育两种形式，而生产劳动教育需要开展多种渠道的实践活动，仅靠校内实践平台是无法实现的，必须充分利用校外的资源，对多方平台整合，实现协同育人。校内、校外协同育人实践平台构建，通过政府搭台、企业支持、高校对接、共建共享，深化产教融合，促进教育链、人才链与产业链、创新链的有机衔接，以产业和技术发展的最新需求推动高校人才培养改革，形成多方协同劳动育人模式。例如，企业可与学校深度合作，结合高校的人才优势以及企业紧缺的劳动岗位设立勤工助学、创新创业、实习见习岗位，这既解决了企业劳动力短缺的问题，学生也得到了实践锻炼的机会，真正实现了“双赢”。政府要充当“桥梁搭建者”的角色，发挥政策引导作用。一方面，政府应不断强化自身责任，将劳动教育置于教育发展的重要地位，不断加大劳动教育政策支持力度，通过平台搭建、信息发布、资金引导等，为高校开展劳动教育做好保障和服务。通过成立“劳动教育联盟”，打造“试点＋示范”层级推动的工作模式，推动基础较好具有特色的区域和学校创建示范，利用第三方组织举办劳动技能培训、劳动用工中法律知识培训，推动建立和完善科学有效的劳动教育督导和评价机制，通过督导和评价的引导，推动劳动教育有目的、有目标、有针对性地开展，使劳动教育朝着积极方向发展。

第八章　新时代高校劳动教育实践教学的探索

高校劳动教育不仅是一个理论问题，同时也是一个实践问题。高校劳动教育是集实践、创新和社会责任感于一体的教育活动。实践出真知，劳动实践教学是构建全面高等教育体系不可或缺的一环。高校要根据大学生的生理心理特点，有组织地开展服务于生活的简单体力劳动、志愿服务等社会实践活动，教育大学生掌握基本的劳动技能、激发个人责任担当、树立正确劳动价值观、提升劳动育人的实效性。高校要积极探索大学生劳动教育的有效途径，完善制度设计，出台劳动教育的可行性方案，营造浓厚的劳动氛围，将劳动教育与高校日常的大学生思想引导、专业教学、校园生活管理有机结合起来；积极探索高校劳动基地的建设，并充分利用校外见（实）习基地、实践基地和临时性社会服务工作，拓宽劳动育人的社会实践途径，真正把校内与校外的劳动教育有机统一，充分发挥劳动教育的实践育人功能。

第一节　加强新时代高校劳动教育实践教学的必要性

一、实现高校劳动教育知行合一的必然要求

强调劳动教育和劳动价值是马克思主义唯物史观的核心内容和本质规定。恩格斯指出：“劳动和自然界在一起才是一切财富的源泉，自然界为劳动提供材料，劳动把材料转变为财富。但是劳动的作用还远不止于此。劳动是整个人类生活的第一个基本条

件，而且达到这样的程度，以致我们在某种意义上不得不说：劳动创造了人本身。”[①] 由此可见，马克思主义劳动观强调了劳动对人类发展的重要作用，并且提出教育与劳动生产相结合的重要观点。马克思也曾指出，无论是脱离劳动生产的教育，还是脱离教育的生产劳动，都是不符合现代技术水平的需求和科学知识所要求的高度。因此，真正的教育应该融入劳动，让学生参与劳动，让学生实践中体验劳动。

中国自古以来便是热爱劳动、尊重劳动的国家。在社会主义革命建设和改革开放进程中，正是在中国共产党的领导下，依靠广大人民群众的辛勤劳动，使得久经磨难的中华民族从“站起来”走向“富起来”到“强起来”的飞跃。党的十八大以来，习近平总书记多次在重要讲话中围绕劳动、劳动者、劳动模范和劳动精神等内容进行了一系列的深刻阐述，提出了一系列新思想新观点新论断，继承和发展了马克思主义的劳动观，是习近平新时代中国特色社会主义思想的重要组成部分，为新时代劳动教育的开展指明了方向。

我国高校肩负着培养社会主义事业建设者和接班人的重要使命，高校培养的人才应该具有正确的世界观、人生观和价值观，同时还应树立正确的事业观、劳动观等。高校推行劳动教育，是新时代中国特色社会主义的要求，也是鲜明地坚持和发展马克思主义、坚持和发展中国特色社会主义的需要，更是构建德、智、体、美、劳全面发展的人才培养体系的必然要求，是实现高校教育知行合一的路径所在。

不可否认，当前高校劳动教育存在理论与实践的脱节，大学生劳动意识弱、劳动能力差等问题。而这些问题与高校劳动教育实践教学不平衡、不充分有着必然联系。高校劳动教育不仅是存在于黑板上、书本中的理论教育，更应该是集实践、创新和社会责任感于一体的实践教育。加强新时代劳动教育实践教学包含了增强实干兴邦的劳动实践观，树立了崇尚劳动的劳动价值观，体现了热爱劳动的劳动教育观。[②] 对于大学生而言，坚持在课堂教学、实验实践、自我学习等教育过程中付出辛勤劳动，在体味艰辛和挥洒汗水的实践过程中磨炼意志，在劳动实践和刻苦学习中塑造自己。因此，实践教学是联系知识和实际的纽带，是实现高校劳动教育知行合一的必然要求。

二、增强高校劳动教育实效性的现实需要

要破解当前高校劳动教育存在的问题，唯有坚持教育同生产劳动与社会实践相结

---

① 马克思，恩格斯．马克思恩格斯全集［M］．北京：人民出版社，2014：759.

② 李珂．习近平新时代中国特色社会主义劳动思想探析［J］．思想教育研究，2018（01）：12—16.

合，大力开展日常生活劳动、生产劳动和服务性劳动为主要内容的劳动实践教学，坚持把劳动教育融入大学生日常生活、学习、管理活动中。唯有如此，劳动教育根基才能牢固，劳动教育方能取得实效性。

一是有效扭转当前劳动教育理论与实践脱节现状的需要。理论学习和实践锻炼是新时代高校劳动教育不可割裂的环节。大学生通过理论学习理解和掌握科学的劳动知识以及劳动相关的方针政策、法律法规等。实践锻炼则能够引导学生将理论知识转化为实践经验，形成良好的劳动习惯，提升劳动技能，塑造积极向上的劳动精神。劳动教育实践教学则能有效实现理论与实践相结合，通过组织学生进行形式各样的实践活动，让学生从固定的教室、实验室、阅览室等场所中走出来，通过暑期调研、走访调查、志愿服务等，借助体系化和实效性的实践形式，推动理论研究成果转化为实践经验，提升劳动技能，让大学生在实践教学中学会劳动、懂得劳动和热爱劳动，实现对劳动教育由感性认识向理性认识的深化，收获劳动教育的成果，感悟劳动的价值与意义。

二是增强劳动教育理念认知的需要。江泽民指出："不论是体力劳动还是脑力劳动，不论是简单劳动还是复杂劳动，一切为我国社会主义现代化建设作出贡献的劳动，都是光荣的，都应该得到承认和尊重。"[①] 通过劳动教育实践教学能使大学生正确认识劳动的价值，由衷地尊重劳动者，增强劳动观念，提升劳动的自觉性。随着时代的变化和发展，新时代劳动教育为人自身全面发展创造了更为有利的条件，提出了更高的素质要求。强化劳动教育实践教学，加强职业生涯规划教育，更能较好地引导学生积极主动地根据自身的才能、兴趣和爱好就业创业，真正把劳动作为实现自我价值的内在需要，领会劳动创造价值的深刻内涵，激发个人责任担当，把个人的劳动创造同社会的发展、同中华民族的伟大复兴自觉结合起来，在实干奋斗中贡献青春力量，实现个人价值。

三是实现学科平台向育人基地转化的需要。根据《意见》的要求，高校要将劳动教育纳入专业教育、创新创业教育，不断深化产教融合，强化劳动锻炼要求，加强高等学校与行业骨干企业、高新企业、中小微企业紧密协调，推动人才培养模式改革。现阶段，我国很多高校开展了一系列劳动教育的探索，取得了积极的成果。但是，在探索实践中，很多高校的劳动教育只是以单一的劳动课程或组织劳动卫生等形式出现，学生并未形成体系化、层次化的劳动知识，不利于劳动观念的塑造。大学阶段是青年

① 江泽民．江泽民文选［M］．北京：人民出版社，2006：540.

大学生形成正确的世界观、人生观和价值观最为关键的时期。我们不仅要构建大学生完整的劳动理论知识体系，更需要健全学生的价值和情感体系。劳动教育实践教学凭借校企合作、产学研结合、创新创业等途径，搭建了一个学生由理论走向实践的平台，拓展了新时代劳动教育实践教学的载体，丰富了劳动教育内涵，让学生在强化专业学习中提升科研能力、在服务社会中增强责任意识，实现了学科平台向育人基地转化。高校要结合各学科和专业的特点与优势，通过应用专业技能知识的探究性劳动教育，将研究队伍转化为育人师资，将学科平台转化为育人基地，将研究成果贯穿于育人的全过程，达到提升专业知识应用能力和职业岗位胜任能力的目的，实现“育人—研究—育人”的良性循环。

三、促进高校劳动教育时效性的内在需要

高校劳动教育具有鲜明的时效性特征。每代人都有自己的时代性格特征，时代会在我们身上留下深深的烙印。马克思指出：“统治阶级的思想在每一时代都是占统治地位的思想。这就是说，一个阶级是社会上占统治地位的物质力量，同时也是社会上占统治地位的精神力量。支配着物质生产资料的阶级，同时也支配着精神生产资料，因此，那些没有精神生产资料的人的思想，一般的是隶属于这个阶级的。”① 当代大学生正处于一个快速发展的社会转型时期，随着经济一体化、信息全球化的纵深推进，我国的经济发展和社会观念等面临着一系列变化挑战，这也给高校劳动教育提出了新要求和新任务。因此，高校劳动教育实践教学的开展，需要深刻理解和把握新时代劳动教育的时代特点和内在要求，基于时代的特征来推动劳动教育的内容出新、手段革新、方法创新。

一是实践教学展现了劳动教育的时代性。随着“互联网＋”时代和人工智能时代蹁跹而至，人工智能的出现进一步改进了劳动工具，劳动的形式和形态逐步多样化和丰富化，劳动解放的程度进一步提高，出现了“无人超市”“无人驾驶的汽车”等，这使人类已经开始尽量避免繁重的体力劳动所带来的折磨和奴役性的消极作用，逐步感受到一些生活中的快捷与便利，使得我们传统的交流方式正在改变，人机关系、虚拟和现实关系正在成为人际交往的重要组成部分。劳动也由谋生劳动走向体面劳动、自由劳动，劳动和幸福紧密融合，真正地实现劳动幸福。② 人工智能时代，人工智能与教

① 马克思，恩格斯，马克思恩格斯选集［M］．北京：人民出版社，1995：98.

② 戴菁．人工智能时代更需重视劳动教育［N］．学习时报，2020－4－3.

育的深度融合发展，虚拟环境与现实环境的相互交融，使我们今天学习知识比以往任何时候都要便捷。通过家务劳动、校园劳动、社区劳动以及社会志愿者活动实践，可以很好地拓展人在现实环境中的社会交往能力。新时代劳动教育必须要深刻认识到劳动形式的变化性和多样性。实践教学通过多形式、多方法、多内容的实践体验，推动劳动教育由“平面”走向“立体”，从“传统”转到“现代”，从单纯“灌输”变为多样“互动”，凸显学生的主体地位和创新思维，实现“能”和“智”、过程和结果、个性体验和自主创新的有效融合，从而更好地培养学生的创新精神和实践能力，达到教学的目的和效果。

二是实践教学体现了劳动教育的创新性。新时代劳动教育面向的教育对象或学生群体大多为“00后”，作为成长于新时代的大学生，他们接触传统劳动的机会普遍较少，劳动意识和劳动知识相对缺乏。因此，单纯的授课式教学难以唤起学生对于劳动的共鸣和感悟，效果甚微。另外，当前大学生作为成长于网络时代的“原住民”，接受新鲜事物的能力强，善于从网络世界学习。因此，一味地照本宣科式地劳动教学难以吸引大学生的注意力和学习兴趣。针对这些显著的特点，高校要积极借鉴国内外先进的经验，精准灵活地运用网络信息技术、虚拟仿真实验、人工智能等技术形式拓展劳动教育实践教学。根据“网络原住民”的网络基本习惯，用平视的角度、平和的态度、平等的互动实现积极有效的实践教学，利用互联网对大学生的吸引力增加劳动教育实践教学的附加值，用大学生“听得懂”“用得惯”的语言实现劳动教育实践教学，增强劳动教育的即时性、互动性和趣味性，真正让劳动教育融入大学生的学习环境，融入他们的日常生活，成为他们的学习习惯，成为他们生活的一部分。唯有如此，才能与当代大学生产生思想与情感的共鸣，才能让劳动教育“活”起来、“火”起来、“潮”起来。

第二节　新时代高校劳动教育实践教学的“四个结合”

劳动教育作为高等教育体系的重要组成部分，是高校实现立德树人、实践育人的重要手段。加强高校劳动教育实践教学，要找准劳动教育的着力点、切入点，科学布局、整合资源、协调优化、精准推进。我们认为，新时代高校劳动教育实践教学重在做到“四个结合”。这就是要坚持实践教学和专业相结合、坚持实践教学和课程相结合、坚持实践教学和产教研相结合、坚持实践教学和学生相结合。

一、坚持实践教学和专业相结合

将劳动教育贯穿于高等教育的全过程，无疑需要坚持将实践教学同专业相结合，从而使得劳动教育有载体可依循。专业是劳动教育实践教学的基本载体。推进高校劳动教育实践教学的发展，要通过结合不同专业特点、思维方法和价值理念，充分发挥好专业教师“主力军”、专业课程“主战场”、专业课堂“主渠道”的作用，深入挖掘专业教育中劳动育人元素，把实践教学有机融入专业课程中，使得实践教学与专业课程同向同行，形成育人合力。

劳动教育实践教学中要始终围绕立德树人的中心任务，始终以中国特色社会主义劳动价值观为指引，将劳动教育融入高等教育教学的全过程。通过劳动教育实践教学，引导学生将个人命运与国家发展相结合，崇尚劳动、尊重劳动，能够身体力行地主动劳动、辛勤劳动，为国家繁荣发展和社会稳步前进贡献应有的力量。随着我国社会主要矛盾的转化，中国特色社会主义进入新时代，高等教育发展内外环境正经历深刻变革，需要有效应对多重挑战。从教育外部情况来看，一是全球人才竞争新格局加剧了高等教育竞争；二是经济发展新常态要求加快激发“人才红利”；三是民生需求新变化对高等教育提出新期待；四是互联网大数据发展催生教育方式新变革。从教育内部情况来看，高等教育要由大变强，必须准确把握我国高等教育发展的阶段性特征，紧紧围绕高等教育内涵式发展的目标，“加快建设知识型、技能型、创新型劳动者大军”，以更加积极主动的姿态应对挑战。因此，推进高校劳动教育改革既是构建全面人才培养体系的重大举措，也是实现高等教育内涵式发展的内在要求。

实现劳动教育与专业相契合，要求打破学科和专业壁垒，构建集专业知识和劳动实践于一体的集成化人才培养体系。一是要把劳动教育实践教学纳入专业人才培养方案。高校依托学校办学理念，以培养社会主义接班人为目标，围绕政治经济发展需求，制定符合社会发展和时代需要的人才培养方案。根据实际情况调整劳动教育实践教学，优化课程设计和教学内容，创新教学实践方法和手段，做到与时俱进，提升人才培养质量。从课程大纲来看，可以进行分层次分类型设置。比如公益劳动、志愿服务、劳动讲座和专业学习等；从课程内容来看，可以将教育实践学分化，根据不同的专业内容，为课程设置不同的学时和学分，即每位学生在大学四年间按期按量完成一定的劳动任务（劳动讲座、公益劳动、志愿服务等），专业老师评判合格的情况下，学生可以顺利获取相应的劳动学分。各专业老师也应该充分认识到劳动实践教学在人才培养中的重要性和特殊性，在教学内容中适当增加实践内容，设置适当的学分比例，比如社会实践、创新创业、志愿服务等。通过增加适当的实践教学内容，能够让学生在全方位的人才培养中体验劳动的魅力和实践的乐趣，从而提升学生参与劳动实践的主动性，以此强化实践育人的劳动目标，形成尊重劳动、热爱劳动的情感氛围和认知观念。二是要融入专业课程。专业教育以传授专业知识、专业技术为教育过程，以培养具有专业素养和实践能力的高素质专门型人才为目标。从本质上而言，专业学习是另一种形式的劳动教育。劳动教育实践教学必须以课堂教学为立足点，将劳动基础知识与劳动意识培养、劳动技能锻炼和劳动素养形成等有机融合，形成专业体系的劳动教学内容，为学生系统完整地提供劳动教育。同时，实践教学内容可以依据专业的差异，进行不同的课程设计，以达到用劳动教育促进专业教学的目的。例如，在课堂教学过程中，以案例、项目或问题等为主题进行教学，让学生通过实践项目来提升科研创新能力，还可以在专业考试、实习和毕业论文等各个环节有机地融入劳动实践。

二、坚持实践教学和课程相结合

课程是人才培养的核心要素，学生从课程学习中最为直接、迅速地获取应有的知识。高校劳动教育实践教学要融入课程建设，作为课程设置、教学大纲和教案评价的重要内容，落实到课程目标设计、教学大纲修订、教案课件编写等各方面，贯穿于课堂授课、教学研讨、实验实训、作业论文各环节。因此，高校劳动教育实践教学必须依托课程这一载体，充分发挥课程育人的作用。

（一）实践教学融入思政课程

劳动教育实践教学融入思政课程，既有必要，也具有可行性。首先，就教育目标而言，劳动教育实践教学和思政政治理论课具有相关性。劳动教育实践教学以培养人格健全、意志顽强和品格高尚的大学生为目标。思想政治理论课则以培养“有理想、有本领、有担当”的时代新人为根本目标。一方面，思想政治课作为以引领学生道德观念和塑造学生精神品格为目标的“关键课程”，对于学生塑造正确的道德观和价值观发挥着极其重要的作用。将劳动教育与思想政治理论课程相结合，有助于学生塑造正确的劳动伦理和劳动价值观；另一方面，劳动教育实践教学有助于强化思想政治理论课的实践性和针对性，有助于提升学生的爱国主义情怀和综合素质。可见，两者在教育目标指引方面具有相关性，决定了劳动教育实践教学和思想政治理论课同向同行的可能性。其次，就教育内容而言，劳动教育实践教学和思想政治理论课具有关联性。劳动教育实践教学以树立正确的劳动价值观为基础，培养学生尊重劳动、辛勤劳动和劳动创造的意识与态度，掌握必要的劳动技能和劳动科学知识。思想政治理论课则使学生在接受教育的过程中，拥有正确的家国情怀和集体主义观念，形成理性、道德、纪律、规则和团结意识，形成正确的世界观、人生观、价值观。因此，劳动教育是思想政治教育的应有之义。最后，就教育路径而言，劳动教育实践教学和思想政治理论课具有互鉴性。教育的目标和内容决定了教育路径和实施方式。劳动教育实践教学除开单纯的动手实践教学，涵盖了对劳动的内涵、价值和途径等诸多内容。而思想政治理论课则强调把人格教育的内容和个人日常活动密切结合，将个人与个人、个人与社会、个人与国家相结合，强调培养人的伦理道德、思想观念的自觉性。因此，坚持劳动教育实践教学和思想政治理论课相结合，在思想政治理论课教学中巧妙地融入劳动教育实践教学，使德育和劳育有效结合形成协同效应，这无疑是推进劳动教育实践教学的重要途径。具体来说：一是全面革新思想政治理论课的内容，将实践教学贯穿思想政治理论课全过程和全场域，实现思想政治理论课理论与实践的统一。例如，在《思想道德与法治》课程中坚持教学与实践相结合，开展对当前就业形势、基层治理、乡村振兴、红色资源等内容的调查研究，对于提升学生服务社会能力，促进学生劳动价值观的树立，提升劳动教育实践实效性具有重要的意义。二是通过思想政治理论课拓展劳动教育实践教学的载体和形式，提升实践教学的实效性、针对性和亲和力。为了避免劳动教育实践教学内容的单一化和形式化，学校可以通过拓宽思想政治教育的载体和形式，比如邀请大国工匠或劳动模范进校园、开设“劳模面对面”或“匠人面对面”公选课等形式，思政课教师从理论角度做主题讲解，大国工匠或劳动模范则从实践角度阐释劳动知识。思政课与实践教学结合的全新课堂的打造，形式新颖，学生喜欢，有利于激发大学生的兴趣，提高劳动教育的教学质量。

（二）实践教学融入专业实训课程

劳动教育实践教学和专业实训课程具有相辅相成和相得益彰的关系。劳动教育要做得更生动扎实、更贴近现实、更接地气，与专业实训课程相结合是必由之路。专业实训在教学过程中注重培养学生的专业技能和动手能力，从单纯的动脑学习走向手脑并用，帮助学生适应从学校到社会的环境过渡，辅助学生从学生到员工的角色转变。在这种环境过渡和角色转变的过程中，学生掌握基本技术要领和劳动知识是基本的也是必要的。况且，这也是劳动教育的重要目标之一。同时，社会作为教育的大熔炉，生产一线、劳动一线更能直观地体现劳动教育的意义，有利于促进学生理解和领悟劳动的意义与价值，有利于实现专业实训的教育目标，巩固专业实训课程的成果。因此，坚持劳动教育实践教学和专业实训课程相结合，不只是注重对学生专业技术和劳动技能锻炼和提升，而且是要在实践中提升专业知识应用能力和职业岗位胜任能力，为学生步入社会做好充分准备。

实践教学是激发学生学习劳动知识、培养创新力的基础。实现实践教学与专业实训课程相结合，一是要建立科学的专业实训课程体系，根据国家标准及专业培养要求，融合行业素养要求和企业岗位需求，开设具有行业特点和符合就业标准的实训课程。通过课程教学和实践教学提升学生的专业技能和劳动素养。二是要强化校内实训和实践教学资源的整合，构建资源共享、运作高效的教学平台。遵循教学大纲和教学目标，通过开发优质实践项目、打造精品实践课程，将教学资源与移动网络相结合，实现教学资源的多元化整合、合理化配置、高效率利用。同时，综合校内外合理资源，推动学校、社会和企业协同合作。这既有利于提升学生专业技术知识，又培养了学生解决实际问题和探索创新的能力。三是要发挥校企协同合作的作用。专业实训课程的教学目标之一便是为学生适应社会用人需求、提升学生应用能力。学生进入企业或行业部门是专业实训的主要方式之一。因此，校企协同育人对于夯实劳动教育实践教学的效果具有重要的意义。要运用企业文化育人，学校在寻找专业实训合作企业时，应该选择具有正确劳动价值观和劳动态度的企业开展实习合作，实现用文化熏陶和感染学生，形成正确的劳动意识。要发挥企业育人作用，聘请技术精湛、经验丰富的企业负责人或技术人员担任实践教学兼职教师。通过协同合作，将实践教学课堂从学校延伸至企业、社会，进一步强化实践教学效果。

（三）实践教学融入就业指导课程

在就业指导课程中融入实践教学，既是就业指导课程的重要内容，也是深化劳动教育实践教学的重要途径。就业指导是指为学生提供就业相关的综合性服务，促进和引导学生对自我职业生涯形成良好规划并落实实践的教育活动。在这一课程教学过程中，不仅为学生传递必要的就业信息、提供应有的就业技能培养等，而且对学生树立正确的就业观和择业观具有重要的指导意义。在就业指导课程中，以强调劳动态度、劳动观念和劳动品德为基础，推动劳动教育落地生根，帮助学生在符合行业特征和个人需求的前提条件下，有针对性地、实事求是地进行职业规划和职业选择。

如何把实践教学和就业指导课程有机结合起来呢？首先，要加强劳动教育理念价值的融合。高校的教学目标是为社会主义建设培养接班人。劳动教育实践教学为指导大学生树立正确劳动的价值观念、淬炼大学生劳动实践的技术能力的教育，能够帮助大学生明确自己在个人规划和社会发展中的位置，提升自身对劳动和就业的认知，树立理性、科学的就业观。其次，要加强劳动意识的融合。高校在劳动教学中重视实践教学，不仅可以帮助大学生积累劳动生产经验，而且可以提升劳动技能。而就业指导课程则能够引导学生在追求个人能力和兴趣等就业渠道以外，理性认知就业和择业，科学有效地选择和适应就业发展，强化对大学生劳动意识的引导，使大学生在实践中养成良好的劳动习惯。最后，要加强课程育人的融合。实践教学和就业指导融合的关键在于课程设计的充分融合，这是提升劳动教育和就业指导双赢的有效途径。高校就业指导课程无缝对接劳动教育实践教学，可以在最大限度上鼓励学生参与劳动实践，非常有益于学生正确认知职业分工，认知劳动和职业中的个人价值和意义。

实践告诉我们，就业指导只注重课堂上的理论讲授，缺乏系统的实践训练，就业指导课程无异于纸上谈兵，其实效性大打折扣。坚持劳动教育实践教学和就业指导相结合，是高校加强对学生就业指导力度的重要体现，更是对劳动教育实践教学的有力强化。二者的有机结合，可以帮助学生树立正确的就业观，有效提升大学生从校园走向社会的适应能力，强化大学生学习能力向实践能力的转化。

（四）实践教学融入创新创业课程

面对全球新一轮产业升级和科技革命的新挑战，中国经济也面临着结构调整、产业升级等新常态。基于新时代中国发展面临的新挑战和新任务，党中央、国务院提出“大众创新、万众创新”的战略部署。高校作为创新创业战略的核心驱动力，应该积极地成为国家创新创业战略的“桥头堡”和主力军，为我国产业创新升级、经济增速换挡和国家长远发展提供全面的创新型人才支撑。劳动教育能够为创新创业教育提供正确引导，创新创业教育为劳动教育注入创新活力。因此，新时代高校劳动教育坚持实践教学和创新创业课程相结合，是推动人才培养模式的新探索，更是为国家创新创业发展提供助推力。把劳动教育实践教学融入创新创业课程，具体来说，可以通过以下方式。

完善“创新创业＋实践教学”的课程设置，提升学生实践能力。我国高校创新创业教育起步晚，教学模式还处在探索的初步阶段，教育教学内容更多地停留在理论性教学层面。如当前高校的创新创业教育普遍还是在简单地宣讲政策和指导刻画创业策划书，有部分较为成熟的才开始尝试企业项目实践，而且相比较老牌专业师资力量来看明显偏弱，很多本科院校的双创学院老师都是兼职的，抑或是非专业的创新创业教师先自己进行理论性学习，再通过课堂照本宣科传授给学生，创业思维显然不足。在实训课程方面，老师和学生都没有真正创业的经历，大多数都是从书本上选取个别企业的创业项目进行模拟，没有很好的感知和体会，缺少直接实训的机会，在摸着石头过河般探索推进，这对高校创新创业教育的发展是一个阻碍因素。要改变目前高校创新创业教育这种现状，高校要大力加强创新创业实践教学，开展创业训练计划等实践活动，加强立足“劳动实践”的学生创新创业项目培训，增强学生的创新能力和创业意识。

围绕创新创业实践活动，激发学生的劳动创造力。创新创业活动与实践教学在内容上具有一致性，即劳动实践。因此，实践教学可以围绕创新创业实践活动，唤醒学生的创新创业意识、培养学生的创新实践能力。各高校要构建以“互联网＋”大学生创新创业大赛为驱动的大学生创新创业教育模式。通过积极引导和鼓励学生踊跃参与各地区、各单位组织开展的国家级、省级、区级创新创业相关竞赛，如“创青春”中国青年互联网创业大赛、“中国创翼”青年创新创业大赛、“挑战杯”大学生课外学术竞赛等活动，为大学生提供展示自我创新创业能力的平台。与此同时，高校还可以大力支持各学院、学生组织开展有特色、有针对性、有效果的创新创业竞赛活动，为大学生创新创业提供更多的发展平台，让学生在竞赛中自主学习创新创业知识，将理论知识运动到实际行为中，激发学生的兴趣，活跃学生的创新性思维，培养学生形成热爱劳动的劳动意识和埋头苦干的劳动习惯。

搭建创新创业和实践教学融合平台，促进学生全面发展。高校创新创业项目孵化基地本身便是大学生劳动实践的最佳平台。在创新创业项目的孵化和成长过程中，学生全面地参与劳动、进行实践，形成了自身独特和过程全面的实践体验。因此，坚持实践教学和创新创业课程相结合，必须搭建相融合的平台。高校创新创业学院要为劳动教育实践教学提供服务平台，引导各行各业同学校建立合作关系，为学生提供劳动实践机会；要积极利用高校自身的创新创业项目孵化基地，推动学生主动进行项目设计和创业体验，为其提供全面全过程的指导服务；要利用校企合作的创业平台项目，破除固定化实践教学场地的限制，延伸和拓展实践教学空间，提升实践教学的针对性与多样性。

三、坚持实践教学和产教研相结合

习近平总书记在党的十九大报告中明确指出，深化产教研融合、校企合作，实现高等教育内涵式发展。产学研合作教育就是充分利用学校与企业、科研单位等多种不同教学环境和教学资源以及在人才培养方面的各自优势，把以课堂传授知识为主的学校教育与直接获取实际经验、实践能力为主的生产、科研实践有机结合的教育形式。

这从根本上解决了学校教育与社会需求脱节的问题，缩小学校和社会对人才培养与需求之间的差距，增强学生的综合素质，提升就业竞争力。

劳动教育实践扮演着促进产教研融合的重要角色。实现产教研融合，当前大多数高校主要借助同企业之间的项目合作、技术交流等方式来实现。经济发展依靠各行各业不断前进发展，员工作为每个企业发展前进的基础，员工爱岗敬业、扎实肯干、积极上进，必然可以为企业的成长发展贡献自身的力量。大学生在步入社会之前，高校通过产教研融合的平台，帮助大学生实现人生角色转变无疑具有重要的意义。开展劳动教育实践教学，其目的并非只局限在引导学生进行简单机械劳作，而是让学生具有走出校园、步入社会的社会适应能力和劳动能力。往后他们无论是企业员工，还是管理者都将担负着自身身份和社会角色的责任，促进和谐的劳动关系发展，坚守劳动伦理、劳动品格。这不仅可以让学生具备基本的劳动知识和正确的劳动观念，而且促使教学从经济社会发展的实际出发，促进学生的全面健康发展。

劳动教育实践教学有利于实现产教研的无缝对接。所谓产教研融合即产业与教育在全社会范围内，以自身优势为依托，服务于社会经济发展转型的需要，实现两者之间的优化组合和高度融合。这是两者高度配合的一种教育实践方式。产教研融合不仅能够形成人才培养的崭新刺激点，更是产业升值的推动力。企业在培养学生综合素质中具有独特的、学校不可替代的作用。但这种结合倘若停留在企业提供实训场所，参与指导实训等层面，不但不能深入持久，也很难办出特色。主张劳动教育实践教学和产学研相结合，将原有产与教两者的简单叠加转变为催化二者成为你中有我、我中有你的整体，成为科学发展的重要“助推器”和“催化剂”。劳动教育可以促进大学文化和企业文化融合，实现大学生对学习环境和工作环境的自然衔接和适应。① 大学生作为新时代社会主义的建设者和接班人，他们崇尚自由、追求真理、敢于批判，这体现了高等教育对于学生培养的文化传递和价值塑造；企业作为社会经济发展的建设者，他们崇尚竞争、注重规则、讲究服从，这体现了企业适应社会和做事生存的基本文化。学生们长期适应了高校学习文化与环境，毕业之后要进入企业的文化环境中，大学文化和企业文化之间的差异必然会在学生身上带来“文化冲突”，造成学生走出校园后出现“水土不服”的不良反应。因此，实现两者的有机结合，能帮助大学生提前走出“象牙塔”的文化和环境，能更快地适应社会发展需求，同时也能促进产教研的深度融合、形成良性互动的发展格局。

---

① 王丹中．基点·形态·本质：产教融合的内涵分析［J］．职教论坛，2014（35）：79－82.

产教研结合，要求建立产教研人才培养体系。产教研融合的人才培养是一个系统工程，它是集人才预测、教育关系、师资培训、科研教育、经费筹措等于一体的综合体系。而实践教学是构建产教研人才培养体系的关键。只有坚持实践教学，并将其与产教研相结合，在专业教育中融入劳动实践教育，才能实现劳动教育体系的完整性、连贯性和针对性，提高劳动教育的质量，推动劳动教育不断完善与发展。劳动本身是实现个人全面发展的重要手段，坚持将劳动教育贯穿于高等教育全过程，符合社会主义教育发展的基本要求。通过教育与生产活动相结合，一方面促进了大学生劳动知识、劳动技能、劳动素养的提升，另一方面推动校企合作共建专业、共编教材、产学研一体化课程和实践平台建设，有利于进一步深化产教研人才培养体系的改革，真正实现产教互相促进、互相发展。通过统筹生产实习、工程训练等实践环节，贯通工程研究中心、双创孵化器等教产研学平台，由企业人员指导学生进行劳动项目实践，探索“智慧劳动”“创造性劳动”“人机协同劳动”等实践，促进知识学习和劳动实践深度融合。建立产教研人才培养体系离不开政府的推动作用。政府通过搭建平台、分享信息、提供资助，实现政府与企业、高校之间的“联姻”。可以采取交流发布会的形式，为大学生提供到社区、街道、企业劳动锻炼的机会和信息，利用第三方组织开展劳动技能培训、劳动用工中法律知识的讲座等活动。高校可以依托实践创新基地、实习基地、实训基地等平台，形成高校、政府部门、企业、街道、社区多方协同的产学研劳动教育模式。这样，既可让大学生在一线岗位上感受到劳动的魅力，帮助大学生积累科研实践经验，又可为企业科技创新和产品升级提供人才保障，对于推进创新型人才培养、提高大学生培养质量，具有重要的作用和意义。

产教研结合，要求实现劳动教育服务社会的功能。党的教育方针政策一贯坚持劳动教育理念同实践教学相结合。习近平总书记在全国高校思想政治工作会议上指出：“重视实践育人，坚持教育同生产劳动和社会实践相结合，广泛开展各类社会实践，让学生在亲身参与中认识国情、了解社会，受教育、长才干。要创新方式，拓展途径，为学生参与社会实践创造更多机会和舞台。”① 在当前互联网急速发展的今天，高校应开展有目的、有规划的劳动实践活动，让学生们在关注专业学习之余，走出校园，走进基层，走进企业一线，关注劳动者，开展社会调查，增强劳动体验，加强劳动认识，真正让学生在服务社会、服务人民的实践中不断锻炼，增强知识，掌握本领，在增长才干和磨炼意志中感受劳动所带来的收获和乐趣，深化对劳动的正确认知，不断激发

① 习近平．习近平总书记在全国高校思想政治工作会议上的讲话［N］．人民日报，2016－12－9.

青年大学生为中国梦矢志奋斗的力量，立志做新时代的社会主义建设者和接班人。

四、坚持实践教学和学生相结合

学生是高校长期稳定的教育、学习和生活的最基本且最重要的载体之一。学生的价值观念、行为准则和精神风貌成为高校物质文化、精神文化和制度文化的形成基础。可以说，学生是高校形象最为直观的展示，是高校精神风貌和校园文化的时代反映，是社会主义人才培养指导思想落地生根的基点。

一是要实现“教”和“学”有机融合。学生是融合高校劳动教育资源的主心骨。正如校园存在于社会中一样，学生则是校园的重要组成部分之一。假如将当前高校教学和学生学习的关系比作供求关系的话，劳动教育实践教学的突出表现则为有效供给不足，存在一定程度的结构性失衡。究其根源，劳动教育实践教学对于学生的理论需求或实践需求难以满足，难以实现教与学的并轨对接。新时代高校劳动教育必须秉承“以人为本”的理念，坚持以学生为本，以学生的需求为实践教学的出发点，以学生的全面发展为教育的根本目标。因此，坚持实践教学和学生相结合，要坚持以学生为主体，依据学生的需求制定教学内容，因材施教，从教学内容“给什么、上什么”的现状向学生“想什么、要什么”转变，实现“教”与“学”融合并轨。

二是要实现“知”与“信”交互接轨。学生是高校劳动精神凝练传递的接力棒。在劳动教育实践教学中，学生对于劳动教育的学前认知较为缺失，在劳动教育实践过程中认知也不够。通过劳动教育的实践教学，在初步了解的基础上构建完整系统的认知模式仍较缺乏，难以形成“知”与“信”的交互接轨。“知”是指人们认识外界事物、进行信息加工的过程。对劳动的正确认知是“信”的前提和先导。劳动教育首先要让学生“知”，这就是教育学生知道劳动教育是怎么一回事，劳动教育是什么。在“知”的基础上，加强对劳动的认同，形成共识，经过情感化育、意志塑造、身体力行，才会达到“信”。因此，要扭转当前学生单纯接受劳动教育理论的被动局面，必须依据学生的知识结构和兴趣爱好，既要让学生知道劳动教育“是什么”，还要让学生知道劳动教育“为什么”，做到“知情意行”相统一，把劳动作为一种自觉的能动活动。

三是要实现“知”与“行”有机统一。质胜于华，行胜于言，劳动教育不仅在于知，更在于行。在信息爆炸式发展的今天，大学生思想超前、易于接受新生事物和最新信息，其主体性和自我意识能力获得空前提升。面对多元化的社会思想，高校形成崇尚劳动、热爱劳动的文化氛围，学生则是高校劳动文化形成的关键。毛泽东曾经指出，“学校一切工作，都是为了转变学生的思想”。[①] 为此，劳动教育实践教学要在遵循课程教学大纲的基础上，把高校劳动教学的教学目标、教学方案与具体实践相结合，以实践锤炼为目的，把劳动精神内化于心、外化于行，以知促行、以行求知，激发实践动力、精神活力、奋进能力，破解知行“两张皮”的难题，实现知行合一。

第三节　新时代高校劳动教育实践教学的路径探索

教育部印发的《新时代高校思想政治理论课教学工作基本要求》中明确提出，各高校要制定实践教学大纲，整合实践教学资源，拓展实践教学形式，注重实践教学效果。相对于理论教学而言，形式多样的实践教学强调通过亲身体验，从社会实践中获取直接经验，能够较好地调动大学生的学习积极性和主动性，巩固学生对理论知识的理解和运用能力，提升劳动教育的效果。

一、有“制”可循：加强高校劳动教育实践教学的顶层设计

高校劳动教育实践教学的顶层设计是基于新时代高校统筹思想政治教育的需要，是促成劳动教育实践教学资源优质化、管理科学化、运行机制化和发展持续化的必经之路，也是增强劳动教育实践教学针对性、实效性和灵活性的必要条件。中共中央、国务院印发的《意见》明确指出了加强劳动教育实践的目标、必要性、具体要求，高校应该遵循《意见》的文件精神，制定切实可行的制度性方案。

首先，国家相关部门健全相关政策，把握育人导向，为高校劳动教育实践教学明确政治定位和前进方向。2020 年 7 月，教育部印发的《大中小学劳动教育指导纲要（试行）》的通知指出，劳动教育是新时代党对教育的新要求，是中国特色社会主义教育制度的重要内容，是加快构建德、智、体、美、劳全面培养的教育体系的重要途径。[②] 文件的出台为全面加强劳动教育提供了指导大纲，但是相关部门仍需尽可能地为

① 建党以来重要文献选编（1921—1949）[M]．北京：中央文献出版社，2011：539.

② 教育部．大中小学劳动教育指导纲要（试行）．2020－7－9.（教材〔2020〕4 号）

高校劳动教育实践教学的组织实施、课程设置、实践要求等方面作出更为全面的指导和更为详尽的规划。一方面，国家相关部门应该加强对劳动教育实践教学的研究与指导，鼓励相关部门机构设立劳动教育实践教学研究项目，举办相关论坛讲座，开展跟踪研究，营造研究氛围。另一方面，国家相关部门应该积极开展劳动教育实践教学的课程资源开发，基于时代发展和国家建设的实际需要，编写科学化、多样化的指导手册。同时，鼓励或委托专业机构、相关院校梳理遴选劳动实践的鲜活经验和典型案例，整理收集劳动教育实践教学的影视资料和数字资源，实现实践教学优质资源的共建共享。

其次，地方相关部门尽快配套落实相关政策，强化综合实施，为高校劳动教育实践教学提供组织实施和统筹协助。地方部门应该遵循国家相关部门的政策文件，积极配合、扎实推进。强化对辖区高校劳动教育实践教学的组织领导，切实解决实践教学过程中的重大问题，明确各级相关部门的工作职责，为高校劳动教育实践教学的场地、经费、人员等各方面提供政策倾斜或保障支撑；加强对辖区高校劳动教育实践教学的督导检查，坚持将劳动教育实践教学纳入教学督导体系，完善相关部门的督导办法，将督导结果纳入评价区域教学水平和质量的重要指标；强化对辖区高校劳动教育实践教学的宣传引导，支持配合高校开展劳动教育实践教学，强化统筹，拓宽高校劳动教育实践教学的途径和力量，推进劳动教育实践教学在高校的规范化、多样化。

最后，高校要积极制定相关课程方案，坚持因校制宜，为高校劳动教育实践教学落实任务目标和细致安排。高校作为劳动教育的实施主体，必须发挥自身的主导作用，承担自身的主体责任，建立健全劳动教育实践教学实施的工作机制，明确主管校领导和相关部分负责劳动教育的规划设计和组织协调等各项工作。“明确实施机构和人员，开齐开足劳动教育课程，不得挤占、挪用劳动实践时间。”① 为了实现劳动教育实践教学课程正规化、系统化和科学化，高校需尽快认清劳动教育实践教学的难点、痛点和堵点，明确劳动教育实践教学的课程定位，落实劳动教育实践教学的教育需求，认真科学地设计劳动教育实践课程。通过发挥责任主体作用，将劳动教育实践教学纳入专业人才培养方案，独立开设劳动教育实践课程，明确高校劳动教育实践教学的课程目标、课程内容和教学任务，为实践教学提供必备的实践场所、丰富的实践载体和完善的考核方案等。一是严格落实劳动教育实践教学的课时和学分。现阶段，高校劳动教育实践教学难以持之有效地开展，究其原因便是学分和课时难以保障。因此，高校应

① 中共中央，国务院．关于全面加强新时代大中小学劳动教育的意见［N］．人民日报，2020－3－27.

按照国家相关部门规定，积极落实《意见》的部署规划，将劳动教育划分为理论教学和实践教学两部分，即将劳动教育实践教学单独设课，将学分设定为 1～2 学分，保障 8～16 学时，列入学校整体教学计划和培养方案。二是制定完善劳动教育实践教学的教学大纲和教学指南。教学内容的选择是保障劳动教育实践教学质量的重要因素。高校应该根据各学院专业特色、学生特点精心制定实践教学大纲和教学指南，统筹课内课外实践，采取集中与分散相结合的方式，为实践教学课程绘好设计图、制好任务书、定好时间轴。

二 有“料”可用：整合高校劳动教育实践教学育人资源

高校劳动教育实践教学的有效开展，离不开实践教学的载体，通过丰富完善载体，搭建交流平台，拓展实践教学的广度和深度，建构实践教学的运行模式。

（一）文化载体：高校劳动教育实践教学的思想引领

所谓高校劳动教育实践教学的文化载体，即以文化为劳动教育的实践教学载体之意，是指劳动教育充分利用各种文化产品将劳动教育实践教学的内容寓于文化建设之中，借此对学生进行教育，以达到提高学生劳动素养的目的。校园文化作为高校劳动教育实践教学文化载体的主要表现形式，以其丰富的内涵对学生的思想观念、道德品质和信仰追求产生重要影响。其载体主要包括物质文化载体、行为文化载体、制度文化载体和精神文化载体。

物质文化载体。校园物质文化是一种以物质为形态的表层校园文化。物质文化作为文化信息载体的重要组成部分，直接决定了学生接受知识的质量。物质环境是一所高校得以发展的基础和保证，一定质量的校园物质文化可以更好地感染和熏陶师生。苏霍姆林斯基曾经说过，要使学校的墙壁也能说话，发挥人们期望的教育功能。这个观点揭示了环境育人的深刻道理。这就告诉我们，充分利用学校文化墙、名人雕塑、绿化设计等形式打造尊重劳动、热爱劳动的文化环境，在潜移默化中让学生领悟到劳动教育的重要性和特殊性，感知到学校的光荣传承和时代感召、文化积淀和现代气息并存，实现校园物质文化“环境育人”的作用。

行为文化载体。行为文化主要指教师员工在教学、科研、学习或娱乐生活中所产生的活动文化。高校教师作为人才培养者，不仅要善于“传道、授业、解惑”，还要做到通过自己的身体力行、言传身教，成为学生的先锋示范，树立正确的劳动观和价值观。例如，湘潭大学沧南教授，一生致力于毛泽东思想研究，具有坚定的马克思主义信仰和共产主义信念。沧南教授始终身体力行地向学生展示着信仰的力量和品格的魅力，几十年来坚持给学生上党课。沧南教授的党课不仅是在课堂，更是在生活中、课余时间中。沧南教授不仅是优秀教师和劳动模范，更是学生辛勤劳动、创造性劳动的最佳榜样。身体力行就是实践教育，是有影响力和感染力的“载体”。因此，高校应强化师德师风建设，将劳动精神纳入师德师风的内涵，将师德师风建设同教师的教学科研工作同部署、共落实，着力打造一支严谨治学、品德高尚、具有奉献精神、认真负责的教师队伍，以教师高尚的人格魅力去影响学生、感染学生，在潜移默化中发挥隐性教育的育人作用。

制度文化载体。制度文化主要指校纪校规、道德规范和行为准则，具有强烈的规范性和组织性，属于校园范围内强制执行和严格遵守的文化类型。制度文化不仅可以促进良好的品行和价值观念的形成，更能凝结为一种无须强制便能在学生群里中不断接力传承的精神文化。此外，制度文化还能给大学生带来一种独特的管理思想和教育理念。高校制度文化主要包括三个方面：首先是维系正常教学秩序的规章制度，比如教学制度。制定成熟完整的教学制度，是推动劳动教育实践教学的基础。其次是社会秩序化的制度，比如总结、表彰等相关制度。制定系统完善的激励和奖惩制度，对于师生积极参与劳动实践、创新创业、行业实践等行为且取得相应成果的，学校对于相关的学院、指导老师和学生都应给予相应的鼓励和奖励，这能够激发师生对劳动教育的学习热情和学习动力。最后是沿袭传承的校训、校歌等。以制度文化为载体，将劳动教育实践教学融入制度中，坚持制度科学化，能使规章制度外化为高校师生劳动教育的理念和行动，使制度文化成为劳动教育实践教学的有效载体，切实发挥制度文化的育人作用。

精神文化载体。精神文化是高校的核心文化和灵魂，也是劳动教育实践教学载体拓展的核心目标，具有强大的育人作用。这对学生的劳动知识、劳动技能、劳动品格都有着深刻影响，能够陶冶大学生的劳动观念，促进学生进一步理解和感悟劳动的内涵和重要性。设计和组织一系列内容丰富的劳动知识、劳动技能和劳动实践等活动，在举办活动的同时结合时代特色、结合学生喜好，不断注入新鲜元素和时代气息，灵活地运用多种形式，使校园精神文化品牌化、系列化，在继承中创新，在创新中发展，使得劳动教育实践教学的途径日益丰富，与时俱进。高校校园从来都不缺少积极向上的动人故事，也不缺少艰苦奋斗的勤奋典范。这些身边的榜样是引领校园文化和精神时尚的“明星”，是弘扬劳动精神的典范，是行走流动的“劳动课”。这些榜样典范并不遥远，其实它就发生在每一位大学生的身边。高校要善于挖掘身边的勤奋刻苦、诚实守信、勇于创新、信念坚定、默默奉献、奋力拼搏的典型，充分利用校园网、学院、班级QQ群、微信群来大力推送和展示，通过榜样激励，以此营造良好的劳动文化氛围，引导大学生正确认识劳动，热爱劳动，积极参与劳动。

同时，工匠精神和劳动模范在劳动教育中具有引领效应，可将大国工匠、劳动模范请进校园，让他们从遥不可及的电视屏幕、宣传展板上走下来，走进课堂、走上讲台、走近学生，在面对面的交流中，讲述他们的劳动故事，分享他们的奋斗经历，阐明他们的劳动态度，宣扬他们的劳动精神。湘潭大学自2017年成立创新创业学院以来，打造了“劳动模范进校园”讲坛，五年多来，陆续聘请了近百名具有工匠精神或获得劳动模范称号的典范作为学生的校外导师，同时邀请了十多位劳模进校园和大学生面对面交流。这一举措，有效拓展了劳动教育载体，丰富了劳动教育内容，在引领青年大学生弘扬劳模精神、劳动精神，树立正确劳动价值观上取得了很好的成效。

（二）媒体载体：高校劳动教育实践教学的重要阵地

随着“互联网＋”时代蹁跹而至，媒体平台成为大学生思维成长发展的重要阵地，特别是网络平台成为影响大学生思想的“第一空间”。线上与线下、虚拟与现实的有效结合是当前大学生社会实践的新形态，也是大学生劳动教育实践教学的重要着力点。面对大学生思想成长和思维发展环境的重要变化，要更新形态、转换观念，探索劳动教育网上与网下结合的多种形式，促进现实社会与虚拟网络的深度对接融合，形成网上与网下实践互补、互动的新格局，进而激活劳动教育的理论灌输与实践互动，切实提升高校劳动教育实践教学的实效性。

一是要主动占领网络媒体的舆论高地。网络新媒体环境并非可怕，也并不高深莫测，只要掌握了它的运行规律和实质特点，就能化被动为主动，为我所用。如何主动占领网络媒体的舆论高地，是我们在进行劳动教育实践教学中亟须重视的问题。具体来说，可以从以下几个方面开展。

首先，以“微信”为载体，充分发挥其独特优势。大学生往往是用最新、最敏感、最活跃的身份，主动参与微信平台，纷纷通过微信和朋友圈来表达自我的观点和看法。因此，高校劳动教育可以借助微信平台，建立劳动教育实践教学的微信公众号，适时普及宣传劳动教育。充分利用微信的群体传播以及热点推荐功能，通过朋友圈分享．及时推送和分享关于劳动教育政策、技能、故事等方面的热点和新闻，让大学生在轻松愉快的环境下接受教育。

其次，以“游戏”为载体，提升学生学习兴趣。网络游戏作为时代产物，给大学生的生活和思想带来了前所未有的影响。我们可以利用网络游戏的广泛影响，积极探索其蕴含的丰富的教育潜能，拓展劳动教育开拓新的空间和载体。高校劳动教育的实践教学可以积极挖掘“小游戏”中劳动教育元素，在游戏娱乐性中实现育人的功能。这里一方面要注重对游戏娱乐性特性的保护，另一方面要灵活地融入中国传统文化以及现代文明中的劳动理念，做到寓教于乐，形式活泼多样，这样就能大大激发学习兴趣，也因为方式方法很适合当今“00”后大学生的特点，就能收到意想不到的效果。

再次，以“微电影”为载体，激发学生的学习活力。微电影作为当前最为直接、最为潮流的信息分享媒介，以最短时间输出最为丰富的视觉符号的显著特点，成为大学生传播或收集外在信息的新型媒介。借助于5G网络信息时代的发展，微电影正在以其惊人的传播速度和丰富的感染能力影响着大学生的课余生活。高校劳动教育应当因时而变、因势而变。一方面，高校应当充分捕捉当下信息传播热点，利用微电影传播的优势，及时推送和宣传爱岗敬业、艰苦奋斗、勇于创新、淡泊名利、甘于奉献的劳动模范、大国工匠等，让大学生感受劳动的魅力和劳动者的光荣，塑造良好的劳动品格，树立正确的劳动价值观。另一方面，高校应当充分把握发展契机和新兴媒介，组织大学生拍摄各自心目中的微电影，将劳动教育的实践课堂灵活化和情景化。通过对各行各业的劳动者的近距离接触和拍摄，比如农耕者、创业商人、大国工匠等，讲述他们的劳动故事，感受他们的劳动信念，传递他们的劳动精神。在与劳动者的接触和了解中，在微电影的拍摄和制作中，加深对劳动的认知，对劳动者的认可，对劳动的热爱。

最后，充分发挥网络教学“辅助力”的作用。新时代劳动教育应紧跟时代潮流，做实、做好、做强，通过信息化促进实践教学内容创新探索。要积极通过“云平台”将家务劳动、生产劳动、志愿服务和学习劳动等实践活动融入劳动教育实践教学。高校教师应积极运用网络平台，借助建立公众号、微博、视频博客（Vlog）、直播等教育方式，向学生输出弘扬劳动精神的好文、好书、相关新闻链接、视频、宣传、讲座等，推送学生个人的学习感悟、劳动Vlog、实验手工直播等，拓宽实践教学的内容。培养劳动服务意识，端正劳动态度，锤炼热爱劳动的品格，增强社会责任感和家庭责任感。

二是要守住大众传媒的基础阵地。所谓大众传媒是在信息传播过程中处于职业传播者和大众之间的媒介体。指复制、传递信息的机械和传播组织、团体及其出版物和影视、广播节目。大众传媒主要指报纸、广播、电视等为代表的传媒载体。大众媒体不同于Vlog、微电影等新兴传播媒介，大众媒体具有速度快、范围广、影响大等特点，具有宣传功能、新闻传播功能、舆论监督功能、实用功能和文化积累功能。虽然我们正快速地步入信息化时代，新兴电子媒介也在不断冲击着传统大众媒体的发展。但不可否认的是，大众传媒仍作为一股不可忽视的文化力量影响着大众的思想观念和生活方式。因此，从大众传媒的特征而言，大学生们容易受其影响并产生依赖。每一所高校都建立了以自身校园文化为基础的校园媒体。因此，为营造良好的劳动舆论环境和思想环境，借力校园媒体加强宣传教育具备得天独厚的优势。一方面，通过校园校报、校园广播电台、校园公众号、App 等普及度高、传播力度广的校园媒体，普及劳动教育知识、宣传劳动价值观，可以达到事半功倍的效果；另一方面，借助校园媒体的普及性开展与劳动教育相关的文化活动，通过开展读书会、排练相关主题话剧、演讲比赛、摄影比赛等，发挥学生的特长，助力提升学生参与劳动学习和劳动实践的积极性。

三、有“法”可行：推进虚拟仿真环境下高校劳动教育实践教学课程化

虚拟仿真实践教学是高等教学信息化、现代化建设的重要内容，旨在通过信息技术、智能技术与实践教学深度融合，解决高校实践教学中“做不到、做不好、做不了、坐不上”的现实问题。2019 年 8 月，中共中央、国务院印发的《关于深化新时代学校思想政治理论课改革创新的若干意见》中明确指出，大力推进思政课教学方法改革，提升思政课教师信息化能力素养，推动人工智能等现代信息技术在思政课教学中的应用。新时代劳动教育实践教学可以充分利用现代信息技术，突出以学生为中心的教学理念，选择准确适宜的劳动教育实践教学内容，拓展实践教学内容的广度和深度，延伸实践教学的时间和空间，让“网上实践”和“虚拟实践”成为实践教学的现实助手。推进虚拟环境下劳动教育实践教学课程化建设，其沉浸性和交互性特征能够切实增强实践教学的亲和力和针对性，既能让学生“身临其境”，激发其学习的内生动力和参与意愿，又能有效提升吸引力和感召力，让课堂“活”起来。

劳动教育实践教学课程化是把劳动教育的实践教学设置为一门独立课程，即“劳动教育教学课程”，它应有特定的教学计划、教学大纲、教学目标、教学重难点，明确的学时学分以及相应的成绩考核办法，并应纳入课程体系和高校人才培养体系当中。劳动教育的发展使命呼吁实践教学课程化，只有通过劳动教育实践教学的课程化建设，让其真正成为一门课程，才能进一步规范强化实践教学，实现其价值意蕴。①

所谓虚拟仿真环境下劳动教育实践教学，就是以互联网技术为支撑的情景模拟教学。以虚拟现实技术为依托，虚拟仿真实践教学综合利用劳动教育教学资源，打破理论教学的时空局限，建立起虚拟仿真实践教学平台。随着“互联网＋”教育的深度融

① 徐稳，葛世林．虚拟仿真环境下思政课实践教学课程化的路径探析［J］．马克思主义理论教学与研究，2021（02）：141－145.

合发展，庞大的学生网络群体为虚拟仿真实践教学的发展及应用带来了机遇，越来越多的高校开始积极搭建虚拟仿真实践教学体验中心，如数字化革命博物馆、红色文化体验馆等。相较于传统的课堂实践教学和社会实践教学来说，虚拟仿真环境下劳动教育实践教学具有很强的可行性和独特优势：一是虚拟仿真实践教学利用互联网的高传播性特点，通过虚拟现实模拟、实践体验、参观红色场景等形式，有效整合学校各类学生社会实践活动的资源，丰富了实践教学的内容。二是虚拟仿真实践教学契合当今学生广泛使用互联网的特点，学生能够通过“亲身体验”和真实感受去领悟理论教学内容的内在魅力，从而认识到自己的主体地位。三是虚拟教学具有跨时空性，广阔的教学空间让学生不论何时都能参与到问题讨论当中，增添了实践教学的互动性。将虚拟仿真引入劳动教育教学是其重要趋势。沉浸式的教育模式将虚拟仿真、影音视听和在线学习集成在一起，形成更震撼、更丰富、更直观、更形象的视听盛宴。运用丰富的教学资源，推动现代信息技术与劳动教育深度融合。

以虚拟仿真技术为基础，通过虚拟仿真助力劳动教育实践教学，需要着重把握以下几个方面。

一是要创设合宜的教学情境。在虚拟仿真劳动教育实践教学过程中，教学情境的创设是关键。利用 VR 虚拟现实技术让学生真正沉浸式地体验各种场景，通过情景模拟、历史再现、角色体验等方式，让学生直接参与体验，让学生在轻松愉快的氛围中沉浸体验式地接受劳动知识的学习，获得“体验式”“可视化”教学效果，使学生主动获取知识和技能，激发学生实践兴趣，感受劳动的快乐，领悟劳动的真谛，真正崇尚劳动，尊重劳动，爱上劳动。

二是要整合多样的教学资源。推动虚拟仿真环境下劳动教育实践教学课程化，要遵循寻找前沿、把握重点、围绕热点的原则，通过及时挖掘、提炼与时事同步的劳动教育元素，精选资源嵌入若干专题虚拟教学课程，从而找准理论教学与实践教学的内容契合点，实现实践教学内容的专题化、精细化。要将劳动教育实践教学列入整体教学计划，发挥课程的辐射作用和影响力。要利用好网络教学资源，打造标准化的实践教学教材体系，建设一个供师生自主选择的虚拟实践教学资源库，让高校劳动教育教学更加有章可循、有本可依。

三是要丰富教学方式方法。教学方式多样性是虚拟仿真环境下劳动教育实践教学课程化的有力抓手。以三维虚拟仿真技术为媒介，虚拟仿真实践教学集完整的教学逻辑和教学思路于一体，实现了信息技术与实践教学的深度融合。在构建虚拟环境下劳动教育实践教学课程化的过程中，教师要注重自身主导作用和学生主体作用的发挥，通过“教师主持”“视频导入”“红色场景”引导学生进入虚拟现实环境参观学习，充分开发现有红色教学场景的使用价值；通过设计“图片阅赏”“教师点拨”“教师领学”等贴合课程的互动环节，在师生互动、生生互动、人机互动的过程中使学生自主体验、领悟、收获，弥补实践教学缺乏互动性的遗憾；通过利用虚拟仿真实践课程的考勤、学习留痕、及时反馈、在线考核等功能对学生的学习作出合理评价，完善考核评价机制，探索合理、科学、有效的课程成绩评定方式，实现实践教学手段的多样化以及实践教学效果的最优化。

四是要建立完善的教学保障机制。虚拟仿真环境下劳动教育教学课程化必须建立完善的保障机制。具体来说，要建立由思政课教学单位、学工、团委、教务等部门组成的实践教学协调机构，负责制定规范的实践教学管理制度，完善教学保障机制，统筹协调各个相关部门。要把实践教学纳入学校总体规划和课程管理体系，明确教学目标和教学要求，规定相应的学时学分，制定实施细则，各部门分工协作、协同管理，强化劳动教育实践教学的课程性。另外，虚拟环境下的劳动教育实践教学，离不开一支高素质的教师队伍。要通过培训和外出考察交流等形式，培养能够熟练掌握 VR 技术、熟练操作虚拟实践课程的劳动教育师资队伍。

第九章　新时代高校劳动教育实施路径：以社会工作为视角

劳动教育是以提升人的劳动素养、促进人的全面发展为目标的教育活动，直接影响乃至决定人的劳动精神面貌、劳动价值取向和劳动技能水平。[①] 高校劳动教育，承载着培养社会主义建设者和接班人的重大使命，是高校实现立德树人根本任务的内在要求和重要途径。社会工作与劳动教育在价值观念、工作目标上具有内在契合性。社会工作方法主要有个案工作方法、小组工作方法和社区工作方法。以社会工作专业方法为切入点，探索借鉴其为高校劳动教育服务的有效路径，对于培养大学生热爱劳动、诚实劳动、创造性劳动的品格，培养德、智、体、美、劳全面发展的社会主义建设者和接班人具有重要的理论意义和实践意义。目前，学界对高校劳动教育的研究主要集中于从教育学、管理学的角度来阐释其概念，缺乏从社会工作专业的角度探索实践。鉴于此，书稿拟从社会工作服务于高校劳动教育的可行性出发，探索其路径与方法，以提供借鉴与参考。[②]

第一节　社会工作介入高校劳动教育的可行性

社会工作自身的专业优势及其与高校劳动教育目标的契合性，为社会工作介入劳动教育提供了可行性。

从问题导向来看，社会工作对解决劳动教育问题具有独一无二的专业优势。当前

① 檀传宝．劳动教育的概念理解——如何认识劳动教育概念的基本内涵与基本特征［J］．中国教育学刊，2019（02）：82－84．

② 杨小军，陈思慧．社会工作介入大学生劳动教育的路径研究［J］．郑州轻工业学院学报，2020，21（02）：98－103．

高校开展劳动教育的相关课程较少，且对其缺乏科学化、体系化的管理，劳动教育内容单一，教学方式方法简单，缺乏实践教学，教育过程缺乏互动性、针对性、实效性、持久性。如何破解当前劳动教育的困境呢？我们认为，以社会工作专业方法作为切入点，可为探索其介入高校劳动教育提供新的视角。这是因为：一是社会工作作为一门实践性很强的专业，能为大学生提供丰富的劳动实践机会。社会工作者因其工作性质而具备链接公益资源的条件和能力，可以为大学生提供与学校、社区、社会等场所紧密结合的劳动机会，如专业实习或公益活动等；大学生也可为各公益机构、各社区提供活动方案创意、劳动宣传，以及志愿服务等特色劳动服务，实现资源共享互补。二是社会工作具有激发人的潜能、促进人的全面发展的特点。社会工作者对服务对象收集资料并进行具体判断后，确定其是具备能力还是存在问题，而后可以充分利用周围资源对其形成有力支持，以提升服务对象的能力。三是社会工作具有全面、整合的服务特点，可提供综合服务。个人的成长与社会环境的改变密切相连，而社会环境的改变又与个人的成长密不可分。从劳动教育本身来看，其实施的基本途径是家庭教育，主要途径是学校教育，而社会教育则是前两种教育的延续和拓展。社会工作的服务对象不仅可以是大学生个体或群体，还可以是其家庭或社区等。若将服务对象定为大学生的家庭，可通过个案工作的专业方法，改变家庭不合理教育方式，完善家庭功能，从而纠正大学生的劳动观念与行为。

从目标来看，社会工作与劳动教育具有内在的契合性。劳动教育主要是劳动价值观教育，是人们在劳动过程中表现出来的情感态度和价值取向，人们对劳动与自身关系的认识、如何看待个人劳动与社会劳动之间的关系等与劳动有关的认识问题，对人们的劳动选择和劳动行为起着引导和支配的作用。劳动教育具有强烈的时代特征与社会属性，一个人的劳动观极其重要，是一个人未来发展的基础。在马克思看来，人的全面发展最根本的是人的劳动能力的全面发展，即人的智力和体力的充分、统一的发展。劳动教育旨在培养大学生发展创造性劳动的潜质，具备一定的劳动知识与技能，具备良好的劳动习惯，具有正确的劳动价值观念的高素质全面发展人才。劳动教育的过程就是激发大学生劳动潜能、培训其劳动技能、培育其劳动情怀的过程，同时也是大学生接受社会模塑从而被社会化的过程。而从社会工作目标来看，社会工作在服务对象层面的目标为解救危难、缓解困难、激发个人潜能和促进发展。社会工作关注服务对象能力的发掘与运用，强调社会要提供机会让每个人成长和发展，以实现其最大的潜能，让人人有平等机会参与社会活动。社会工作坚持助人自助的价值理念，强调通过社会工作者对服务对象的平等、尊重、接纳，使大学生提升理论素养，参与生产劳动实践，加深对劳动的正确认知，勤奋做事、勤勉为人，用劳动创造美丽人生，用奋斗谱写幸福乐章，使大学生朝着“德、智、体、美、劳”综合发展的培养目标努力，成为合格的社会主义的建设者和接班人。

第二节　优势视角下社会工作介入高校劳动教育[①]

一、优势视角的基本内涵

“优势视角”是社会工作学领域的一个基本范畴、基本原理，它首先由美国堪萨斯大学社会福利学院教授丹尼斯·塞尔比（Dennis Saleebey）在《优势视角：社会工作实践的新模式》一书中提出。优势视角的概念框架是基于对缺陷模式的挑战建构起来的，它的核心概念是围绕洞见案主的优势和资源形成的。优势视角实现了研究范式的转化，将焦点从生理、心理问题转向案主自身和案主所在的自然与社会环境，认为基于案主所拥有的自身潜能和优势才有助于案主应对生活中的挑战以及问题的解决。优势、赋权、成员资格、悬置怀疑、抗逆力是构成优势视角框架的重要组成部分。优势被认为是人与生俱来的。丹尼斯·塞尔比认为，几乎所有的事情在某种特定条件下都可以被视为一种优势，包括体验、个人品德、天赋、感悟、故事、灵性、意义和社区资源。[②] 首先，人们可以从自己、社会、自然环境中获取所需，通过反复尝试获得成功与失败的经验，发现或大或小、或明或暗的潜能以及个人所拥有的自身、他人、家庭和社区的优势，个人现有的地位、结识的朋友、家人等都可以作为资源和优势在个人处于困境时帮助个人挣脱困境。其次，家庭作为个人的成长地，在社会中的地位和人际资源可以在个人面对困境时为个人提供用以抗争的资源。最后，社区是充满资源的优势领域，人们生活在社区中，或多或少地贡献着自己的资源，通过社区的整合，形成一个群体，这个群体会在个人受到困境的压迫时为个人提供应有的抗争支持。[③] 优势视角认为，赋权必须要在去标签的同时给予案主信任，去标签和给予信任是挖掘案主潜能的重要途径。一是只有在抛弃和推翻原有案主身上的歧视性、病态性的标签，才

① 杨小军，程威．优势视角下社会工作介入大学生劳动教育的路径探究［J］．湖南人文科技学院学报，2020，37（05）：64—68.

② 何雪松．社会工作理论［M］．上海：上海人民出版社，2007：201—202.

③ 何雪松．社会工作理论［M］．上海：上海人民出版社，2007：200—201.

能更好发掘人们内部、社区内部的力量；二是要信任人们自己的直觉、观点等，让案主远离原有的思维定式，为个人、家庭和社区资源提供链接的机会；三是优势视角在赋权中强调扩大案主的能力、案主与工作者之间的合作关系、案主的积极能动性，个人、家庭和环境对案主都会产生影响，案主应获得更多的关注和支持。优势视角中的成员资格体现在案主的社会参与上。作为社会成员的案主，社会参与是其成员资格的体现，是一种案主身份和权利的象征，而不是作为被压迫、被边缘化的弱势群体成员身份。每个人都应该为自己和他人负责，这是他们作为成员在社区中的责任，通过履行成员应有的责任，努力将自己变为有价值的社会成员。优势视角下的社会工作要求社会工作者真正做到悬置怀疑，从而真正从信任服务对象的角度出发去建构专业社会关系。优势视角认为，案主和社会工作者的关系不应该是被控制和掌握的关系，社会工作者在服务过程中应该基于一种平等原则，秉持一种友好、合作的态度，尊重并保护案主的所说、判断和想法，而不是将自己的主观想法强加于案主身上。抗逆力作为优势视角的理论内核，是当个人面对逆境时能够理性地作出建设性、正向的选择和处理方法。优势视角认为，激发人对抗困境的潜能，能够达到解决问题的目的，有助于提高人的抗压能力以及解决问题的能力。抗逆力不只是表现在个人身上，家庭和社区中也存在着抗逆力因素。

二、优势视角下社会工作介入高校劳动教育的可行性

基于优势视角，以社会工作专业方法介入高校劳动教育，从可行性来看，可以从以下三个方面来思考。

一是优势视角弥补了问题视角所没有关注到的个人主观能动性和个人资源。问题视角是以问题为核心，聚焦点在于“出了什么问题”，社会工作者往往先将案主评估为问题，然后根据问题属性制定帮扶策略和路径。问题视角把人当作被动接受的客体，而忽视了人的主体能动性。开展高校劳动教育，从面临的问题和困难着手，对问题进行分析，根据问题制定符合大学生的计划，是一种问题视角理念，同时也是一种缺陷视角。① 优势视角构建于人的主观能动性之上，是一种关注人的内在力量和优势资源的视角，它强调“淡化问题，关注优势”，强调人的能力、价值、兴趣、资源等在满足自己需要和解决问题中的作用。针对当前劳动教育中的种种问题，问题视角固然重要，但只从问题视角出发，不把优势视角结合起来，久而久之，非常不利于大学生劳动价

① 李馨宇，刘璐．优势视角对老年人养老问题介入的个案分析——以 Y 市 A 村为例［J］．法制与社会，2017（3C）：152－153.

值观的树立。劳动教育本质上是帮助受教育者培养正确的劳动价值观和良好的劳动品质，帮助受教育者实现劳动价值观的建构与重构。这种价值观的建构与重构，强调自身内在的优势和潜能挖掘尤为重要。从优势视角出发，强调大学生自身所拥有的优势、资源与潜力，要求劳动教育中必须给予大学生足够的尊重、发现他们的优势和潜能，进而激发他们的能动性、积极性、创造性。换言之，劳动教育应该是一种基于主体性的充分发挥自由自觉的能动活动，也只有把立脚点放在培育、支持、激发大学生的内在优势上，才能从根本上解决问题。

二是优势视角与劳动教育目的具有内在的契合性。劳动教育对一个人的发展极其重要，是一个人得以发展的基础。在马克思主义者看来，劳动教育的目的在于树德、增智、强体、育美，在于实现人的劳动能力的发展，在于实现人的智力和体力的充分发展。从社会工作价值理念来看，社会工作强调以人为本，坚持助人自助的价值理念，通过提升自身处理问题的能力，以此达到社会工作助人自助的目的。不难看出，劳动教育与社会工作都注重培养具备完整社会功能的人，在正常学习机会下，让教育最大限度地发挥基础性作用，促进人的个性和自由全面发展。优势视角关注服务对象能力的发掘及运用，强调个体以实现其最大潜能并通过对社会工作者平等、尊重、接纳理念的运用，使案主朝着“德、智、体、美、劳”的培养要求发展。优势视角的培养过程就是发挥个人优势、激发潜能的过程，即通过发挥个人优势、整合个人资源，帮助大学生找到自身的优势和资源，提升自身处理问题的能力，使大学生获得一个具有支持性的学习环境，并在学习场所实现自己的潜能。

三是大学生内在的潜能优势为社会工作介入高校劳动教育提供了有利条件。从内在潜能来看，大学生作为高素质群体，具备较高的科学素质和文化素质，拥有较强的学习能力。针对劳动教育中存在的问题，我们完全可以通过激发大学生内在优势和潜能，充分调动其劳动积极性，进而帮助他们实现劳动价值观的建构与重构。另外，基于模仿本能，大学生会有意识和无意识地学习老师的行为、语言等，把老师视为崇拜的对象，模仿老师的一言一行，对老师产生信任，尊重并亲近老师。① 因此，充分挖掘大学生的内在潜能和自身优势，既有利于劳动知识的系统化和劳动实践技能的提高，也有利于增强劳动自觉，使大学生认识到劳动是一种自由自觉的能动活动，对于提高大学生劳动意识、强化对劳动价值观的认知起到事半功倍的效果；再者，大学生相比其他社会成员更容易接受新鲜事物，对新知识的理解较快，这为社会工作者开展实务，实现与案主的沟通协调，进而增进与案主的共识提供了有利条件。

① 王道俊，郭文安．教育学［M］．北京：人民教育出版社，2016：392—393．

三、优势视角下社会工作介入高校劳动教育的路径

基于优势视角理论，我们可以从社会工作的个案工作、小组工作、社区工作三大方法来探求大学生劳动教育实施路径。

一是从个案方法角度着手介入。个案工作方法的应用有助于解决不同大学生存在的劳动教育差异。个案工作者利用个案工作技术与技巧，以及大学生对自身完整性的概括总结进行个案会谈、家庭访谈，通过面对面沟通的方式，与服务对象建立良好的专业关系，找出大学生在劳动教育上面临的主要问题，寻求解决办法。在面对面的个案工作中，大学生应当清楚地被告知自己的优势、享有的权利，并鼓励大学生从自己的实际出发，自己设计自己的劳动教育方案。在社会工作实务活动中，以大学生的实际需要出发设计劳动教育活动，更能有效地调动大学生参与劳动教育活动的积极性。个案方法角度的着手介入，可以从两个方面展开。其一，社会工作者通过对大学生及其所处的环境做出有效预估，通过提升大学生在家庭中的成员地位，提高大学生参与劳动教育的积极性。其二，将在劳动教育中表现突出的家庭树立为榜样，并且通过对榜样的口头称赞和物质奖励，提高大学生的参与率和参与积极性。社会工作者通过运用个案介入个人、家庭的工作方法，可以协助个人、家庭培养劳动意识，使大家广泛参与，逐渐形成热爱劳动的氛围，并以榜样的力量以点带线、以线带面，面向整个社区形成示范效应，形成社区家庭热爱劳动的氛围。家庭支持为高校劳动教育创造良好环境。个案工作非常重视环境对个人的影响，家庭作为个人成长过程中的重要环境，在劳动教育中具有不可替代的优势。家庭支持是高校劳动教育进程中重要的组成部分。家庭成员的言行举止、生活方式会对孩子产生巨大影响，家庭成员对劳动教育的认可，有利于推动劳动教育的发展。基于家庭成员之间的了解、家庭成员之间的互相影响等多方面因素，大学生的劳动教育与家庭支持成正相关。父母对孩子的了解和支持是劳动教育开展的重要条件，能够帮助大学生在劳动教育的过程中更有信心、更加自觉、更能激发积极性，非常有助于帮助大学生增强劳动意识，提高劳动技能，树立正确的劳动观。

二是从小组方法角度着手介入。针对高校劳动教育问题可建立多种形式的劳动教育小组。毋庸置疑，大学生中存在不珍惜劳动成果、不想劳动、不会劳动的现象，他们认为自己的参与并不能影响和改变现状，加上劳动教育场地、经费支持严重不足，影响了劳动教育的开展和实效性。基于优势视角理论，通过开展多样的创新性劳动教育小组活动，能更有效地解决劳动教育存在的问题。针对不同劳动需求的大学生，组建不同目标的小组活动，包括劳动兴趣小组、劳动学习小组、劳动意识提升小组、劳

动支持小组等，帮助组员相互分享劳动生活经验，相互鼓励，相互支持，从而有效地提高大学生的劳动积极性和主动性。①

首先是劳动兴趣小组的建立。把拥有共同劳动兴趣的大学生聚集在一起形成小组，这样小组中成员之间会有较多共同话题，有利于组员之间的相互分享和交流。兴趣型小组适当加入小组讨论、行为训练、心理剧、角色扮演、游戏辅导、辩论、案例分析、报告会、演讲活动、影视观赏等形式，以丰富的形式激发大学生的兴趣，达到端正大学生不良劳动态度，树立科学劳动观的目的。其次是学习小组的建立。该小组的建立是针对劳动教育理论知识基础较薄弱的大学生开展的，通过开展组内劳动知识、劳动技能的学习，帮助成员学习和完善劳动教育理论基础。最后是劳动意识提升和支持小组的建立。意识提升小组是将劳动意识淡薄的大学生聚集在一起形成的小组，通过组内学习以及社会工作者带领的劳动教育实践来达到增强劳动意识的目的。支持小组是将面对共同劳动教育问题的成员聚集在一起形成的小组，组内的大学生通过交流与沟通，彼此之间互相分享解决劳动教育问题的经验，互相支持，以此实现问题的解决。因此，由大学生组成的劳动小组，更容易激发头脑风暴，更有利于推动劳动价值观的重塑。社会工作者作为小组活动的策划者，应该运用倾听、回应、适当的自我流露、示范引导等技巧，积极关注组员的变化，促进成员在劳动教育小组的转变和成长，养成良好的劳动行为习惯。

榜样的力量是无穷的，劳动教育离不开榜样力量的激励。在劳动教育实施过程中，社会工作者选取具有代表性的人物作为成长榜样，轮流担任小组领袖，以此激发高校劳动教育的积极性。小组领袖在小组中统领全局，带领小组成员进行劳动教育理论的学习，相互激励，相互支持，共同进步。劳动教育小组应该相信每个成员都可以利用那部分不为人知、埋藏较深的强大力量和潜能，即小组中每个成员都可以成为小组领袖，轮流担任小组领袖将有助于激发小组成员的潜能，更清晰地了解小组成员的优势，增强小组成员的凝聚力和向心力，同时也能增加大学生对劳动教育的领悟和认知，更大地发挥小组成员的积极性，提高主动性。

三是从社区方法角度着手介入。动员和协调社区内外资源，有计划、有步骤地发动、组织大学生积极参与社区劳动教育活动，并以此培养大学生的劳动参与意识，引导学生树立正确的劳动观，崇尚劳动、尊重劳动，增强对劳动人民的感情，切实提高劳动教育的实效性。

---

① 杨小军，李海燕．生态文明视域下的社区垃圾分类社会工作方法的介入探讨［J］．黄河科技大学学报，2016，18（04）：92—96.

第一，社区发动。大学是大学生参与劳动教育的重要场所，为高校劳动教育提供了便利的条件。劳动教育是所有社区居民的事情，需要每个社区居民都积极参与。我们可以根据各社区和学校的实际情况，结合当地在自然、经济、文化等方面的有利条件，充分挖掘社区企业、职业院校等可利用的资源，宜工则工、宜农则农，采取多种方式开展劳动教育。社会工作者可以通过社区资源协调、社区志愿服务、社区行动等来促进社区劳动教育问题的有效解决。社区发动包括以下两个方面。

大学社区发动。社会工作者成为大学社区的发动者，通过动员身边的资源，发挥内外联动作用，促使学生深入到城乡社区、养老院、救助中心、福利院等公共场所，有计划地组织大学生参加日常生活劳动、生产劳动和服务性劳动，让学生动手实践、出力流汗，接受锻炼、磨炼意志，培养学生正确的劳动价值观和良好的劳动品质。社区发动应充分挖掘大学中学生会干部、大学生志愿者的作用，通过在大学临近社区开设多个志愿者服务岗，为大学生志愿服务、社区劳动提供机会。大学生志愿服务的过程是从课堂走向课外的过程，是将劳动教育理论应用于劳动实践的过程。在这个过程中让大学生学会生存、学会合作、学会创造、学会适应社会发展，这对于锤炼大学生的精神品质，实现科学劳动价值观的建构具有积极的推动作用。

校外社区发动。校外社区发动包括有在校大学生的社区和无在校大学生的社区两个方面。对于有在校大学生的社区来说，通过一人带一户、一户带一栋、一栋带一区的扩散式发动来推动劳动教育的开展。社工应邀请大学生及其家庭成员一同参与到劳动计划制定、资源整合以及评估的整个教育过程中，通过加强家庭成员与社会工作者之间的合作，充分发挥家庭在劳动教育中的作用。家庭成员在与本栋居民交流过程中，其思想观念、行为、意识会受到潜移默化的影响，这种影响能扩散到整个社区，通过这种扩散式带动，能有效扩大宣传，营造劳动氛围，提高劳动的参与性。对于无在校大学生的社区来说，则可以通过校地联合的方式，由一个专业或者是不同专业的学生组成的一个团队来负责发动。团队在社区内定点开展劳动教育的宣传，对有需要的社区居民提供服务，帮助社区居民建立劳动教育小组，帮助社区开展各类创建活动，在解决社区实际需求问题中达到劳动教育的目的。

第二，链接资源。社会工作者通过动员和协调社区内外资源，有计划、有步骤地发动、组织大学生积极参与社区劳动教育活动，并以此培养大学生的劳动技能。社区实践是大学生劳动实践的一部分，通过与社区联合，发现社区问题，整合学校资源，开展劳动实践，这对增强大学生的劳动技能、厚植劳动情怀、养成良好劳动习惯具有积极意义。实现劳动实践与专业相结合，社会工作者可以充分利用社区资源，在社区开展诸如水暖电器维修、室内装修、手工缝纫、编织、刺绣、书法、烹饪等实践活动，这些小活动的开展，既增强了他们对劳动最美丽、劳动最共荣、劳动最伟大价值观念的认知，又巩固了所学专业知识，让劳动实践向知识化、技能化、艺术化等多方面发展提升，实现劳动教育的知行合一，实现了劳动教育的课堂教学与课外实践的有机统一。另外，社工可以链接街道、社区、社团、志愿者等各种资源，开发周末社区便民服务岗，鼓励大学生走近居民生活，开展配送快递、维修护理、卫生保洁、环境绿化、垃圾回收、网购团购、作业辅导等便民利民服务。[①]

第三节　增能理论视角下社会工作介入高校劳动教育[②]

一、增能理论的基本内涵

增能，就是指帮助服务对象增加权力，激发潜能。增能理论亦称“赋权增能”，强调社会工作者运用专业的方法和技巧帮助个人和群体挖掘和激发潜能，以期进一步获得更多能力。增能理论诞生于 20 世纪 70 年代，最初由美国社会学学者巴巴拉·索罗门针对被歧视的美国非洲裔黑人率先提出增能的概念。增能理论认为，弱势群体、消权者产生比较强烈的无能感、无力感的主要原因是，他们在与环境互动时存在一些负性经验，社会环境中的一些不利于其潜能发挥的制度、政策因素也会阻碍服务对象个人潜能的发挥，并导致他们无法与环境实现良好互动。[③] 有学者认为，增能理论是一个心理转变和内在提升的过程。个体通过自身努力将无力感转化为拥有较强的自身能力，重建自我价值和权能感。同时在外部帮助下赋予权力，内部挖掘激发潜能。[④] 一般而言，增能是通过三个层面、两大模式实现的。三个层面具体是：一是个人层面的增能，即个体层面的自我效能和权力感提升，它强调案主自我意识的提升、个人能力和生活

---

① 徐茂华，周梨洪．新中国成立以来我国加强青年学生劳动教育的历程及其路径［J］．重庆理工大学学报（社会科学版），2019，33（09）：109－117.

② 杨小军，曾洲．增能理论视角下社会工作介入大学生劳动教育路径探讨［J］．荆楚学刊，2020，21（03）：77－81.

③ 姚金丹．社会工作增能视角下失独家庭的分析［J］．社会工作，2012（10）：24－27.

④ 苏颂兴．青年“充权”理论与自我实现——2004 年海外青年研究的一个热点问题［J］．青年研究，2005（01）：1－7.

技巧的掌握；二是人际关系层面的增能，即社会资源及社会支持网络的构建，也就是通过人与人之间的积极互动，彼此影响，达到相互间的自我能力和权利提升的过程；三是社会层面的增能，即对社会决策参与、自身诉求表达、社会公平的争取，对社会环境的影响有正确的认识，能够适应社会和利用资源，目标指向于对社会决策的影响。其对应的两大实务模式主要包括“个体主动的增能”和“外力推动的增能”。“个体主动的增能”模式，即提高个体自身增能的主观能动性，以挖掘个体潜能；“外力推动的增能”模式，即通过外部力量促进个体增能，并在内力外力的互动循环中实现持续增能。① 赋权主要包括内部赋权、外部赋权、环境赋权和政策赋权，从个人、家庭、学校、政府和社会五个层面入手，实现内在和外在的增权。本节基于增能理论的两大模式，探讨社会工作介入高校劳动教育的实现路径。

二、增能理论视角下社会工作介入高校劳动教育的可行性

增能理论介入高校劳动教育，从可行性来看，可以从以下两个方面来思考。

一是增能理论与高校劳动教育目的具有内在的契合性。劳动教育对一个人的发展极其重要，是一个人得以发展的基础。马克思指出，人的全面发展最根本的是人的劳动能力的全面发展，即人的智力和体力的充分、统一的发展。开展劳动教育，其目的在于激发大学生劳动潜能、培训劳动技能、培育劳动情怀，树立马克思主义劳动价值观。而从社会工作价值理念来看，社会工作强调以人为本，坚持助人自助的价值理念，通过提升自身处理问题的能力，以此达到社会工作助人自助的目的。不难看出，劳动教育与社会工作都在于注重培养具备完整社会功能的人，在正常学习机会下，让教育最大限度地发挥基础性作用，促进人的个性和自由全面发展。增能理论关注服务对象能力的发掘及运用，强调个体以实现其最大的潜能，通过社会工作者的平等、尊重、接纳、使能让案主从需要帮助的服务对象朝着“德、智、体、美、劳”的培养要求发展，培养出能够成为社会主义的建设者和接班人。因此，我们可以看出，增能理论的过程就是发挥个人优势、激发潜能的过程。通过发挥个人优势、整合个人资源，帮助大学生找到自身的优势和资源，提升自身处理问题的能力，使其获得一个具有支持性的学习环境，并在学习场所实现自己的潜能。②

二是增能理论为解决当前劳动教育问题提供了可行的切入点和路径。增能理论是

① 袁蓓．增能视角下大学生就业心理困境、原因与社会工作介入研究［D］．山东大学，2018.

② 杨小军，陈思慧．社会工作介入大学生劳动教育的路径研究［J］．郑州轻工业学院学报（社会科学版），2020，21（02）：98－103.

社会工作专业的重要理论，强调通过激发人的内在潜能，以期进一步增加权力，重建自我价值和权能感。从内在潜能来看，大学生作为高素质的群体，具备较高的科学素质和文化素养，拥有较强的学习潜能，针对劳动教育中存在的问题，我们完全可以激发大学生的内在潜能，充分调动其劳动积极性，通过丰富高校劳动教育理论，进而帮助他们进行新的劳动价值观建构。而从社会工作专业特性来看，社会工作是一门实践性很强的专业，社会工作者运用专业的方法，通过链接社会资源及社会支持网络的构建，能够帮助服务对象实现自我意识的提升、个人能力和生活技巧的掌握。不容置疑，当前高校中存在部分大学生劳动意识淡薄、劳动的积极性不高的现象，他们认为自己的参与并不能影响和改变现状，加上缺乏劳动教育场地、经费支持等，严重影响了劳动教育的开展和实效性。因此，充分挖掘大学生的内在潜能和自身优势，既有利于劳动知识的系统化和劳动实践技能的提高，也有利于增强劳动自觉，使大学生认识到劳动是人的一种自由自觉的能动活动，这对于提高大学生劳动意识，强化对劳动价值观的认知起到事半功倍的效果。另外，大学生相比其他社会成员更容易接受新鲜事物，对新知识的理解较快，这为社会工作者开展实务，实现与案主的沟通协调，进而增进与案主的共识提供了有利条件。

三、增能理论视角下社会工作介入高校劳动教育的路径

增能理论视角下的社工介入高校劳动教育可以从个人、家庭、政府、学校、社会这五个方面和大学生紧密相关的环境入手，通过个体增能、家庭增能、制度增能和社会增能，构建一个大学生自身主导，政府政策引导，家庭、学校和社会协同参与的“五方联动”模式。

（一）个体增能：激发大学生自身在劳动教育中的主导性因素

个体增能是指从个体角度出发，充分挖掘个体的潜能，提高个体的主观能动性和积极性。社会工作者通过专业方法激发大学生自身主导性因素，以点及面深化大学生对劳动教育的认识、提高大学生劳动实践的能力。具体而言，一是通过个案工作的方法增强大学生的心理建设，实现心理增能；二是通过小组工作的方法增强大学生的意识建设，转变大学生对劳动教育的认识，提高观念意识，实现意识增能；三是通过社区工作的方法增强大学生的能力建设，提高实践能力和社会竞争力，实现能力增能。

一是提供个案辅导实现心理增能。大学是大学生从校园到社会的过渡时期，大学生在这一时期无论是身体上还是心理上都还处于成长阶段。当今社会，拜金主义、享乐主义不断地挑战社会价值观的底线，许多思想不成熟的大学生易受社会上奢靡之风的影响，容易养成好逸恶劳的恶习。这就要求社会工作者针对大学生运用个案工作的

方法提供心理辅导，对受助大学生存在的偏差行为进行矫正，实现心理增能。从个案方法来看，运用专业的社工知识，深入挖掘大学生对劳动教育中的不合理认知，引导其正确认识劳动教育、了解劳动教育。在摆正大学生对劳动教育的认知的同时要对大学生存在的偏差行为进行矫正，社会工作者应运用同理心去与案主进行交谈，在倾听和交流的过程中找出大学生对劳动教育的错误认知的根源所在，对症下药进行疏导，引导大学生树立正确的劳动意识，以期帮助他们端正对劳动教育的认知，摆脱贪图安逸的错误思想意识，提升个人效能感。同时，社会工作者也能通过发掘优势视角，针对大学生表现出的无权感和产生的各种心理问题，在增能理论视角下，帮助大学生树立正确的劳动观和价值观。

二是建立互助小组实现意识增能。现实生活中，劳动不仅是日常生活的一部分，也是学生进入社会的一项必修课。要让大学生树立正确的劳动观念，这就需要社会工作者将案主置于相似情况的小组之中，运用专业理论与方法，培养大学生正确的劳动意识，提高大学生的劳动自觉性，实现教育的目的。社会工作者可以利用课余时间，以宿舍或班级为小组建立劳动宣传小组和劳动教育理论学习小组。劳动宣传小组主要宣讲劳动以及劳动教育的重要性，在思想层面上潜移默化地引导大学生树立正确的劳动观和学习观，作用有以下两点：一是端正大学生学习态度，引导大学生要以正确的认识看待劳动教育课，不能单纯地将劳动教育课归为“杂课”，而应把其摆在与专业课同等的地位来认真学习；二是纠正大学生错误的学习态度，劝导大学生认真对待每一次课，珍惜每一次上课的机会和来之不易的课外实践，在课堂里充实书本知识，在实践中提高动手能力。而劳动教育学习小组则以开设劳动教育课程的形式展开，以老师或社工授课为主，小组成员之间互助学习为辅。鼓励小组成员相互学习，做好劳动教育课的课前预习和课后复习，及时总结课堂上的知识点，积极交流劳动教育课的心得与体会，在讨论中查漏补缺，相互间取长补短，共同进步。

三是运用社区工作方法实现能力增能。教育的意义不仅仅在于教授课本知识，学生的自身能力建设更为重要。劳动技能作为人类在现代文明社会的立身之本，是一种重要的谋生手段，通过劳动教育，提升劳动技能的重要性不言而喻。社会工作者可以通过社区工作的方法，为大学生链接社区资源，构建社会网络，从而达到能力增能的目的。

首先，社会工作者可以发挥宣传者的角色，组织学生开展讲座，或者在小区宣传栏里张贴海报等形式宣传劳动教育的重要性，呼吁更多人关注劳动教育；其次，社会工作者应发挥资源链接者的角色发掘社区资源，帮助大学生链接社区相关的实践资源，比如搭建志愿者平台，这样既能丰富社区文化，又能帮助大学生增加社会实践，从而增强自身的劳动技能；最后，社会工作者可以发挥自身专业的优势充当实践老师，利用社区资源在社区开展诸如水暖电器维修、室内装修、手工缝纫、编织、刺绣、书法、烹饪等实践活动，这些小活动的开展，既增强了他们对劳动最美丽、劳动最光荣、劳动最伟大价值观念的认知，又巩固了所学专业知识，让劳动实践向知识化、技能化、艺术化等多方面发展提升，实现劳动教育的知行合一。

（二）家庭增能：提升家庭在高校劳动教育中的参与性作用

社会工作强调“人在情境中”，家庭是个人成长最密切的环境，家庭教育更是高校劳动教育的重要场所，家庭参与到劳动教育中，为大学生劳动意识的形成营造良好的氛围，为学校劳动教育开展奠定了坚实的基础。家庭增能要求家长转变观念，加强对劳动教育的重视，从劳动观念、劳动意识等方面着手加强劳动教育。社会工作者可以发挥好宣传者、指导者和资源链接者的角色，积极宣扬劳动的重要性，提高家长对劳动教育的认识，端正家长在教育过程中的错误教育方式，培养大学生勤劳坚韧的优良品格。

一是社工进入社区开展家庭劳动教育讲座，提高家长对孩子劳动教育的思想认识，端正家长的教育理念，培养孩子的家庭责任感，为孩子的全面发展打下基础。鼓励家长不要事事代劳，培养孩子的独立性，减少孩子对自己的依赖感。二是社工作为指导者参与到具体的家庭劳动教育之中，在对案主的家庭劳动处境做出充分的评估后，制定完善的家庭劳动计划。大学生可以利用寒暑假及课余时间通过无偿的家务劳动和社区义务劳动等方式来接受家庭劳动教育。同时，社会工作者应敦促家长及时监督孩子每日劳动，在家务中提高孩子对劳动的兴趣，后期根据前期孩子的劳动表现及时调整家庭劳动计划。三是社会工作者与社区合作建立社区劳动实践基地，围绕劳动课程和劳动实践开展诸如家务大赛、农耕体验活动等，让大学生在体验中感受劳动快乐，收获生活常识，在实践中获取真知。

（三）社会增能：促进社会支持系统在劳动教育中的协同性发展

社会层面的增能，旨在通过开发、链接新的社会支持网络，并利用社会资源改善自身境遇。除了提高大学生对劳动教育的认识和能力这些内部的自我增能外，社会工作者还需借用社会舆论宣传、企业和社工机构这些外部力量来寻求社会增能。一是应倡导社会营造良好的氛围，加强对劳动教育的舆论引导。随着社会和科技的发展，我国步入了互联网时代。可以借助舆论宣传的力量向社会宣传劳动教育的意义，通过把握电视、广播、网络等新闻舆论方向，引导大众形成正确的劳动观念。借助电视台、报纸等传统媒体以及网络等新兴媒体，通过报道宣传热爱劳动等先进事迹、评选劳动教育标兵、插播公益广告等方式，充分发挥媒体的舆论导向作用，引导大学生树立正确的劳动观念，为劳动教育的发展营造良好的发展空间。二是鼓励企业增加实习岗位。高校劳动教育急需在理论教育的基础上，开展多种渠道的实践活动。企业可以和学校合作，结合高校的专业优势以及企业紧缺的劳动岗位拓展勤工助学岗。大学生可以利用寒暑假或学校规定的实习期间与自身所学专业相结合进行社会生产实践活动。企业解决了劳动力问题，学生也得到了实践，实现了双赢。《意见》指出，高等学校要充分发挥自身专业优势和服务社会功能，注重结合学科和专业、结合大学生在创新创业开展实习实训、专业服务、勤工助学等劳动实践活动，使学生增强诚实劳动意识，积累职业经验，提升就业创业能力，树立正确择业观。① 社会增能方面，社工机构同样也能发挥其重要作用。近年来，我国的社会工作事业逐步走进了大众视野，在各方支持和共同努力下得到了空前的发展，其专业价值在服务效果上得到体现。社工机构可以积极拓展社会工作的服务领域，在学校社会工作中尝试介入高校劳动教育。这就要求社工机构注重加强对社工的技能培训，将社会工作专业方法和技巧融入学校社会工作中，渗透到高校劳动教育之中，让高校和学生切身感受到专业服务的优势和魅力，让高校和学生乃至于整个社会认同社会工作的专业服务，紧抓机遇，将社会工作延伸至社会生活的各个方面，让更多的学生受益，让更多人受益。

（四）制度增能：发挥政策制度在劳动教育中的引导性作用

制度层面的增能，旨在革除劳动教育的政策制度性障碍，引导更多资源向高校劳动教育倾斜，发挥政策制度的积极引导作用。基于制度增能，这就要求社会工作者充分发挥政策倡导者和协调者的角色作用，为高校劳动教育链接相关资源，并进而影响社会政策的制定和实施，实现制度增能。

一方面，社会工作者应发挥政策倡导者和政策影响者的角色，呼吁政府制定出台关于高校劳动教育的相关政策，推动高校劳动教育的落地生根。一是社会工作者通过走访和调查，收集大学生、高校教师、大学生家长等相关群体对高校劳动教育课程的看法和需求，并及时反馈给政府有关部门，为政策的制定和实施提供基础依据。二是呼吁政府加大对劳动教育的重视力度，制定出台相关的政策，加大对劳动教育设施的投入，依据当地特色产业和人才需求建立相关的劳动教育平台和基地。政府应充当高校和企业之间的“桥梁搭建者”，可以因地制宜根据当地产业需求增加当地高校的特色劳动教育课程，让学生学以致用、学有所用。可以开发劳动教育的相关培训课程，以便劳动教育可以深入到每个学校的课程中去，深入每个学生的生活中去。三是借鉴“三社联动”经验，整合高校、社会和政府的各项资源，形成联动机制。由政府牵头促

① 陈宝生．全面贯彻党的教育方针　大力加强新时代劳动教育［N］．人民日报，2020－3－30.

进当地企业与高校“联姻”，助推“产学研”一体化。通过联合众多优质资源共同发力，共同为劳动教育的实施保驾护航，实现多赢。

另一方面，社会工作者应发挥自身专业的优势，充当教育者和倡导者的角色。学校是实施各项教育工作的载体和重要平台，对劳动教育的发展有着重要的影响作用。首先，高校重视劳动教育师资方面的建设。师资力量直接决定着劳动教育实施的质量，这就要求高校组建一支高素质的劳动教育的教师骨干力量。高校通过招聘劳动教育相关专业毕业生或从事过劳动教育工作有着丰富经验的人才全职或兼职等方式扩充高校人才储备，也可以请专业的劳动教育人才来给高校教师进行劳动教育的专业培训，让高校老师们能客观地认识劳动教育，补充更加专业的劳动教育知识，给劳动教育的普及打下坚实的基础。其次，倡导健全劳动教育课程体系，丰富课程的趣味性，将劳动教育课程的考核成绩纳入大学生成绩评价体系中，注重对大学生综合素质的培养。再次，社会工作者应发挥自身专业和能力的优势，在劳动教育课后充当劳动实践教师这一角色，指导大学生进敬老院、福利院开展公益实践活动。最后，倡导学校积极整合内外资源，加强校企合作，与企业共建富有特色的劳动教育校企实践基地。校企合作符合当下培养应用型人才的趋势，在实际的工作中理论知识和实践知识两手抓，以劳动实践深化对理论的理解，这样既有利于培养出符合社会经济发展所需的应用型人才，又能给学生提供充足的实践机会。

运用社会工作的专业理论和方法介入高校劳动教育，从增能理论的视角出发，运用社会工作专业的方法和技巧，构建一个大学生自身主导，政府政策引导，家庭、学校和社会协同参与的“五方联动”模式。在“五方联动”模式中，个体增能在劳动教育中应发挥主导性作用，劳动教育关键在于激发大学生自身的主动性和积极性。家庭教育为大学生劳动意识的形成营造良好的氛围，为学校劳动教育开展奠定了坚实的基础，家庭增能在高校劳动教育中起到参与性作用。社会是劳动教育的环境场域，劳动教育离不开社会的支持，社会增能对于促进劳动教育的协同性发展、实现资源链接起到了重要推动作用。劳动教育更离不开政策制度的保障，社会工作者发挥政策倡导者和政策影响者的角色，进而影响社会政策的制定和实施，实现制度增能。当然，无论是个体增能、家庭增能、制度增能，还是社会增能，他们都不是孤立的，而是相互联结、相互支持、相互影响的，他们构成了一个协同发展的有机整体。劳动教育本身就是一个系统工程，也只有将劳动教育融入大学生学习、生活、管理的方方面面，实现个人、家庭、政府、学校和社会多方面的协同连接，这样才能实现增能，才能使劳动教育有实效性，真正有“活力”。

第十章 多维度的新时代高校劳动教育实践路径创新研究

劳动教育作为高校学生全面发展的重要内容，需要多维度地进行教育创新，培育创造性劳动意识，努力构建更高水平的人才培养体系。本章重点探讨高校劳动教育实践路径创新、基于创新创业教育的高校劳动教育创新、基于供给侧思维的高校劳动教育创新、基于立德树人的高校劳动教育创新。

第一节 高校劳动教育实践路径创新研究

劳动是推动人类社会进步最根本的力量。中华民族的辉煌的历史和今日震惊世界的发展奇迹，都是中国人民通过劳动获得的。社会理想的实现是个人理想实现的基础，高校学生正处于人生成长的黄金阶段，个人理想要同国家前途、民族命运相结合才能变为现实。高校加强劳动教育，要引导高校学生努力学习现代科学知识和技术，不断提高为人民服务的本领和水平；要教育引导青年高校学生树立崇高的理想信念，坚定投身中国特色社会主义建设事业的决心，自觉把个人的理想追求融入国家和民族的事业中，勇做走在时代前列的奋进者和追梦人，为实现中华民族伟大复兴的中国梦而奋斗。

劳动教育作为我国教育体系的重要组成部分，是高校落实立德树人根本任务的有效路径。高校要把学生的品德修养、创新精神和实践能力的培养贯穿于教育教学的全过程，不断提高学生的责任感和使命感，切实增强学生解决问题的实践能力。劳动教育在高校的开展，有助于培养学生正确的劳动观和价值观，有助于引导青年学生坚定理想信念、树立家国情怀、奋力建功立业、自觉承担起作为社会主义建设者和接班人的历史使命。换言之，劳动教育是筑牢高校立德树人的基石。高校加强劳动教育能更好地实现立德树人。在高校中营造崇尚劳动、尊重劳动的教育氛围，有利于培养学生热爱劳动的良好品质，有利于培养学生高尚的劳动情感，进而促进高校德育工作的有序开展。

劳动对人和社会发展的独特价值，使得劳动教育成为现代学校教育的重要内容和学生全面发展的重要组成部分。劳动教育对当代高校学生的成才有着非常重要的意义。劳动教育的根本指向是立德树人，对学生加强劳动教育，既能实现思想层面劳动精神的培养，又能实现实践层面劳动技能的提升。劳动精神作为民族精神与时代精神的重要组成部分，在文化传承、价值引领、教育引导方面与社会主义核心价值观具有高度的统一性和契合性。

劳动教育与高校思想政治教育有机融合，是提升高校思想政治教育工作时代感和针对性、培育和弘扬社会主义核心价值观、促进高校学生全面发展的有效途径。高校加强劳动教育，将专业知识传授和劳动技能训练紧密结合起来，有助于培养学生良好的专业素养和精益求精的工匠精神，从而为社会培养出更多具有专业知识、创新能力、精湛技艺的高素质人才。

一、高校劳动教育体系的创新构建

高校劳动教育体系的构建必须以全面提高高校学生综合素质为目标，以提升高校学生劳动素养为核心，统筹兼顾、协调推进，主要包括以下方面。

（一）以劳动思想教育为依托

思想对于行为具有重要的指导作用，劳动价值观是劳动素养最核心的要素。劳动思想教育的中心任务，就是要培养学生的劳动情感和劳动品德，从而促进学生正确劳动观的养成。高校推动劳动教育必须以劳动育人为目标，要充分发挥课堂主渠道作用，促进劳动教育与知识体系教育的有机结合，通过开设劳动教育类思想政治课和选修课、专业课与劳动教育相融合等方式，充分挖掘各类课程中所蕴含的劳动教育元素和所承载的劳动育人思想，让学生在学习科学文化知识的同时，养成正确的劳动价值观。

此外，校园文化在劳动价值观的形成过程中发挥着潜移默化的作用。将劳动思想教育与校园文化相结合，通过建设校园劳动文化景观，邀请劳动模范开展校园巡讲、工匠精神座谈会，开展学生劳动模范选树活动等，营造以劳动为荣的校园氛围。教育引导学生把握劳动精神和奋斗精神的实质和内涵，树立正确的劳动价值观，养成劳动意识，端正劳动态度，激发劳动兴趣。①

（二）以劳动技能培育为核心

党的十九大报告提出，要建设知识型、技能型、创新型劳动者大军，弘扬劳模精神和工匠精神，营造劳动光荣的社会风尚和精益求精的敬业风气。这不仅为高校培养更多具有工匠精神的高素质技能型人才指明了前进方向，而且对高校人才培养模式提出了更精准的要求。培养高素质的应用型人才是高校肩负的重要职责。高校要深化教育教学改革，重构人才培养方案，围绕培养应用技术型人才的方向，将劳动教育与专业教育相结合、与职业生涯规划和就业创业指导相结合、与校企合作产教研相结合，着力打造技能型人才培养的高地和平台。

高校要教育引导学生掌握劳动技术知识和技能，有效提高学生的综合职业能力。此外，高校要完善学历教育与劳动技能培训并重的现代教育教学体系，根据科技发展趋势和市场需求，优化专业布局，把劳动技能培育作为优化教育结构和培养大国工匠、能工巧匠的重要方式。在资源配备、平台保障、监督评价等方面积极构建劳动技能培训长效机制，推动劳动教育的价值回归，使学生成长为高素质的技能型人才。

（三）以劳动实践锻炼为手段

在劳动教育的开展过程中，要坚持理论学习与实践锻炼相结合，整合各类实践教育教学资源，不断丰富劳动实践的内容和形式，拓展劳动实践锻炼的平台，充分发挥劳动实践锻炼对高校学生劳动精神、劳动情怀、劳动习惯培育的独特作用，需要注意以下方面。

① 高校要充分发挥劳模、工匠和学生身边朋辈榜样的示范、引领和辐射作用，引导学生积极参加劳动体验、技能竞赛等实践活动，以劳促学，使学生真正成为劳动教育的受教者、劳动精神的弘扬者。

② 加强校企合作、开展协同育人是应用技术型人才培养的关键环节，高校要充分发挥校企合作协同育人的功能，充分利用企业资源，建立劳动教育实践基地，采取课堂教学与生产实践相结合的形式，为学生提供实践锻炼的平台，让学生在劳动实践中受到教育、增长能力、为社会做贡献，从而全面提升学生的综合素质和动手能力，实现全面发展。

③ 高校要积极运用德育实践、社会实践、志愿服务等方式，积极构建劳动教育项目和课程体系，开设劳动实践教育必修课，设立劳动奖学金，激励和引导高校学生崇尚劳动、尊重劳动、热爱劳动，树立劳动观念，锻炼意志品质，以劳树德、以劳增智、

---

① 马世磊．新时代劳动教育在高校实践路径研究［J］．三江高教，2019（2）：33－36.

以劳促技、以劳强体、以劳育美、以劳创新。

劳动教育是高校培养综合性人才的必由之路。高校应务本崇实，以劳动思想教育为依托，以劳动技能培育为核心，以劳动实践锻炼为手段，积极建构全方位、立体化劳动教育体系，培养政治素质过硬、劳动情怀深厚、专业功底扎实、实践能力突出的综合性人才。

二、高校劳动教育着力点的创新推进

创新推进高校劳动教育的着力点在于：强化思想引领，凸显劳动教育的导向性；激发学生活力，强化劳动教育的认同度；凝聚教育合力，强化劳动教育的协同性；丰富教育形式，强化劳动教育的亲和力。高校要深刻认识加强劳动教育对于人才培养工作的重要性，转变观念，积极探索扎实推进高校劳动教育工作的着力点。

（一）强化思想认识，凸显劳动教育引领性

马克思主义劳动理论强调劳动是一切社会历史发展的前提和基础，也是价值的唯一来源。从某种程度上讲，马克思主义的整个思想体系是围绕着劳动问题而展开的。在劳动与人类关系方面，劳动是人类赖以生存的决定力量。在劳动与社会发展关系方面，劳动是一切历史的基本条件，有了人类的劳动才有了人类社会的生活和历史，是劳动创造了人类社会。同时，劳动也具有道德的意义，爱劳动是共产主义道德的基本规范。在社会主义社会，劳动人民是社会的主人，劳动是光荣的事，热爱劳动、热爱劳动人民是一种社会公认的美德。

教育作为促进人类发展与完善的工具和手段，与劳动共同具有目标的一致性和途径的共通性。因此，劳动教育作为人类可持续发展的重要内容，是人类获得物质资源和精神价值的实践活动，有助于培养人们自我服务的能力、积极的劳动态度以及尊重劳动、尊重劳动人民的情感。要把劳动教育作为高校思想政治教育的重要内容，在学生中弘扬劳动精神，提升劳动素养，形成良好的劳动习惯。

人的全面发展是马克思主义的根本价值，也是党制定教育方针政策的根本遵循。在大力推进教育发展的进程中，始终坚持以学生为本的指导思想，将实现学生的全面发展作为价值追求，充分体现了中国特色社会主义教育的价值导向。一方面劳动教育具有其独特的价值，对于学生劳动素养的培养具有积极作用；另一方面劳动教育又具有综合教育价值，起到树德、增智、健体、益美的基础性作用，对于促进学生的全面发展具有积极作用。

（二）激发学生活力，强化劳动教育认同度

认知是认同的基础和重要前提。高校学生是自我意识较强和相对独立的社会群体，

他们的世界观和人生观正处于从探索走向成熟的阶段。成长环境、价值多元化、社会信息化等因素，对他们接受劳动教育产生了重要的影响。因此，加强劳动教育，要遵循高校学生的认知规律，先要强化学生对劳动教育的认知认同。要充分发挥思想政治理论课的主渠道作用，结合当前高校学生成长环境以及社会发展形势，从理论上解决劳动教育的认知问题，将彰显劳动亘古不变的本质特征的真理性认识讲深、讲透、讲活，讲进每一个人的心里，要强化学生对劳动教育的理论认知。

通过对形势与政策的分析，用事实说话，使高校学生切实感受到中国特色社会主义事业所取得的伟大成就，从劳动是谋生的手段向生活的第一需要转变，引导学生将劳动作为实现自我价值的内在需要，增强对劳动价值观的认同。劳动教育具有更加丰富的内涵，要发扬中华民族传统文化中勤劳奋斗的优良传统，也要与时代特征相适应，避免认识上的片面性。

情感认同是认同的核心和关键。没有情感认同就没有真正意义的价值认同。在对劳动教育认知认同的基础上，高校学生对劳动教育的情感认同体现在对劳动教育的理解、认可、依赖等方面。情感认同产生于主体现实需要的满足，主要包括以下方面。

① 要强化实践体验。实践体验是通过触发道德情感，将认知的劳动价值放在学习生活实践去观照、去体验、去感悟，从而促进个体对劳动教育的情感认同，提升劳动素养。要教育引导高校学生参与志愿服务类、生产劳动类、创新创业类等多种形式的劳动教育实践，使他们通过今昔对比、中外对比等，从实践中增强崇尚劳动、尊重劳动人民、尊重劳动成果的同理心，实现劳动价值理想、价值取向与价值标准的统一，提升劳动素养。

② 要注重校园文化的感染。校园文化是物质环境、精神氛围、规章制度和特色活动的统一体，也是劳动教育的重要载体，具有示范、凝聚、导向以及目标达成等功能。榜样的力量是无穷的，高校通过论坛、讲座等形式，组织劳动模范、行业精英等走进校园，发挥先进劳动典型的示范引领作用，营造崇尚劳动的浓厚氛围和精益求精的敬业风气，感染并引领高校学生勤奋做事、勤勉为人，培养学生热爱劳动的情感，培育和践行社会主义核心价值观。

行为认同是认同的落脚点和最终目标。高校学生对劳动教育在理论认同和情感认同的基础上，无论是在理智上或情感上都容易找到劳动教育与个人成长的契合点，通过劳动实现个人理想和人生价值成为高校学生成长的内在需要，从而有助于他们将劳动教育内化为自己的价值准则和行为规范，形成行为认同。

劳动教育的价值认同并不是从外界强加给接受主体一套绝对高尚的价值体系，是通过基本的社会共同价值要求向接受主体提出合理的社会价值要求的同时，使自我在日常经验生活中逐步实现自我追求与他者要求的内在统一和有机和谐。只有落实到自觉行为，才能使认知认同与情感认同得以丰富和升华，使价值认同更加持久。因此，高校要将劳动教育融入学生的日常生活，引导学生用实际行动证明劳动在促进个人全面发展中的积极作用，做到知行统一。

（三）凝聚教育合力，强化劳动教育协同性

① 强化顶层设计。整体性是马克思主义的根本属性，做好高校劳动教育，需要遵循规律性与目的性的统一，做好顶层设计。高校要高度重视学生劳动教育工作，从人才培养全局做出宏观性、整体性的把握，着力构建科学、整体、循序渐进的劳动教育系统。科学把握劳动教育内容重点、实施方式与运行机制的特点和规律，在系统结构上做好整体构思，把握重点，注意衔接，优化环境，在师资队伍建设、条件保障、评价体系、社会支持等各个方面做好统筹规划，立足长远发展的目标，系统地协调好劳动教育各相关主体，实现劳动教育的战略目标①。

② 突出有效融入。劳动本身具有很强的教育价值，又是个体发展智力、形成健全人格、养成良好品德不可或缺的重要条件。高校要围绕当前人才培养的现实需要，将劳动教育与思想政治教育、专业教育、社会实践、创新创业教育以及校园文化等相结合，有机融入人才培养的各个环节。在具体实施过程中，要突出融入过程的科学性、针对性和有效性。

③ 注重协同推进。从影响因素而言，高校劳动教育仅依靠学校的力量无法取得理想的效果，需要高校、社会和家庭等多个主体共同参与，协同推进，汇聚教育合力，需要注意以下方面。

a. 在高校内部，在学校党委的统一领导下，与学生教育管理相关的教务、学工、后勤、宣传、团委等部门、机构之间要加强协调，构建教育主体协调、教育内容整合、教育载体配合和教育模式结合的协同机制，形成教育、管理、服务育人的合力，提升劳动教育的系统性和科学性。

b. 加强与企业、社区等校外社会组织的联系，拓展劳动教育的教育内容与实践路径，强化劳动教育理论与实践的协同，探寻有利于高校学生劳动价值观教育的资源，强化劳动教育的社会参与，凝聚教育合力。

c. 加强与学生家长的互动。家庭是高校学生最基础的生活和教育环境，对高校学生的劳动教育也有着重要的影响。高校要加强与学生家长的经常性交流与互动，发掘家庭在高校学生劳动教育引导方面的潜能，强化家长积极承担学生劳动教育的责任感，

---

① 孟国忠．新时代扎实推进高校劳动教育的着力点［J］．中国高等教育，2019（21）：45－47.

提升劳动教育效能。

（四）丰富教育形式，强化劳动教育亲和力

1. 丰富教育的内容和形式

劳动是一个发展性的概念，在不同历史时期的内涵和形态也不相同。高校学生作为重要的网络使用群体，在信息技术的影响下，他们的思维模式、交流方式、聚集方式等与过去相比都发生了很大的改变。因此，知识经济时代的劳动教育也要与时俱进，要关注创意经济、互联网思维、大数据、云计算服务、个性化学习、个性化定制生产等发展趋势，主要包括以下方面。

① 在教育方式上，高校要结合当前学生的成长环境以及学生的身心发展特点，创新教育方式，注重利用翻转课堂、微课堂等方式讲好劳动教育理论课，凸显劳动教育技术之难。同时，教师还可以通过网络、手机客户端等更接地气、更有显示度的方式就劳动价值观、劳动精神、劳动人物等反映的热点、难点问题与学生进行互动交流，增强劳动教育的即时性、趣味性。

② 在教育内容上，高校要与时俱进，紧跟形势，充分体现劳动教育内容的现实性和时代性。当前，我国正处于大力实施创新驱动发展战略的重要时期，需要一批专业技能过硬、自主创新能力强的劳动者。与之相适应，高校劳动教育倡导的是知识型创造型劳动，就是将劳动教育与创新创业实践以及时代发展要求相结合，培养知识型、技能型、创新型时代新人。

2. 关注学生的主体地位

劳动是社会进步的根本力量，也是幸福生活的源泉。在劳动教育的过程中，要突出高校学生的主体地位，主要包括以下方面。

① 要激发学生的主体意识，回归人之本质，以学生为本，直面学生最关心、最直接、最现实的问题，尊重学生，理解学生，开展愉悦性、自由性、创造性的劳动教育，注重学生个性特长的培养与学生全面发展的有效统一，引导学生通过劳动追求幸福生活。

② 充分发挥学生的主体性。学生社团有参与过程、形式被学生接受，成效让学生认可的特点，很好地体现了主体性教育的原则。高校要充分发挥社团在学生自我教育中的积极作用，调动学生参与劳动教育的热情，引导学生在参与和劳动教育相关的社团活动的过程中，通过自己的体验与感悟，培养对劳动的内在热情与劳动创造的积极性，从而形成正确的劳动价值观。

3. 关注真实的生活情境

劳动教育是高校学生思想政治教育的重要途径，也是贯彻全面发展教育方针的一个重要组成部分。只有融入日常生活实际的教育才是落到实地的教育。当前社会的分工越来越细，互联网经济崛起，在给人们生产生活带来便利的同时，也带来了一些问题。因此，高校劳动教育，更应重视高校学生日常生活能力的养成。高校要基于必须、适当、可能的原则，将劳动教育融入校园文化建设、勤工俭学、社会实践等活动当中，将劳动教育与高校学生日常生活管理充分地结合起来，包括个人生活和集体生活范围内的劳动，培养学生自我服务性教育，引导学生逐步形成勤俭节约的、健康的生活习惯和适度的消费习惯，学会照料自己的生活，自觉承担集体生活中的劳动义务，不过度依赖家长和他人，并通过日常生活实践检验劳动教育的效果，提升劳动教育的针对性，为最终培养自强自立、务实肯干的工作作风打下坚实基础。

第二节　基于创新创业教育的高校劳动教育创新研究

劳动教育是中国特色社会主义教育制度的重要内容。劳动教育既要助力中华民族的伟大复兴的实践，培养堪当民族复兴大任的时代新人，也要培养学生通过辛勤劳动、诚实劳动、创造性劳动创造美好生活、实现人生价值的意识与能力。与劳动教育紧密结合、打造创新创业教育升级版，已经成为当前高校创新创业教育的重要任务。

高校创新创业教育和劳动教育都是为了解决高等教育人才培养与社会需求脱节问题而进行的理念更新与模式变革，其面向未来工作世界、劳动世界的共同取向，使二者在结构上具有很强的内在关联性。从同构共生的系统思维看，高校创新创业教育和劳动教育在教育目标上的互利性、教育内容上的关联性、方式方法上的共通性和师资队伍上的互借性，为二者的紧密结合、同构共生提供了内在可能性与必要性。

一、创新创业教育与高校劳动教育的内涵重叠

创新创业教育是以培养具有创新精神、创业意识、创业能力和社会责任感的开拓型人才为目标的一种新的教学理念与模式。其核心教育内容不是教会高校学生如何创

办企业，而是使高校学生能像企业家一样思考与实践，具备将来从事不同职业所需的知识、技能和特质，主要包括：辨别生活中机遇的能力，产生新想法和组合必需资源、抓住机遇的能力，创办和管理新企业的能力，不囿于常规的批判性思维能力。

创新创业教育不仅是高等教育主动适应经济社会发展的迫切要求，也是高等教育自身改革发展的迫切要求，是高校学生素质教育的新突破，是高校人才培养模式的新方法、新探索。创新创业教育要求高等学校以培养引领社会发展的开拓型人才为目标，不断更新教育观念，改革人才培养模式，将人才培养、科学研究、社会服务紧密地结合起来，实现从注重知识传授向注重知识应用与能力养成转变，切实提高人才培养质量。

高校劳动教育是顺应劳动发展趋势，对高校学生进行系统的劳动思想教育、劳动技能培育与劳动实践锻炼，全面提高高校学生劳动素养的过程，其目的是引导高校学生在劳动中创造和追求幸福感、获得创新灵感，培养具有社会责任感、创新精神和实践能力的高级专门人才。通过对劳动教育的概念梳理可以发现，劳动教育既可以理解为关于劳动的教育，如培养学生热爱劳动和劳动人民的情感、正确的劳动观念和劳动态度，养成良好的劳动习惯，具备胜任生产劳动的基本知识、技能等，也可以理解为通过劳动的教育，即让学生通过生产劳动的实际锻炼，全面提升德、智、体、美各方面素质。完整的劳动教育应该是关于劳动的教育与通过劳动的教育的有机统一，既要强调关于劳动的思想教育、知识技能培育，又要注重劳动实践锻炼。

因此，作为高等教育人才培养体系的重要组成部分，高校创新创业教育和劳动教育都是为了解决高等教育人才培养与社会需求脱节问题而进行的理念更新与模式变革，都特别强调与劳动发展趋势紧密结合，面向未来工作世界、劳动世界培养人才，都特别注重培养高校学生的社会责任感、创新精神和实践能力。甚至从某种意义上可以把创新创业教育理解为高校劳动教育的重要组成部分或重要实践模式之一。

每个学生都是不同的个体，在思想意识、专业知识、学习能力、兴趣爱好、心理品质等方面都存在差异。高等教育阶段是高校学生走向职场的重要阶段，其教育的核心目标就是全面提高高校学生适应甚至引领未来职业发展的各方面劳动素养。因此，从价值取向上，可将高校劳动教育分为两部分：提高高校学生就业素养的劳动教育和提高高校学生创业素养的劳动教育。其中，提高高校学生创业素养的劳动教育无疑就是创新创业教育的核心任务。

二、创新创业教育与高校劳动教育的同构共生关系

所谓同构共生，是指两个系统之间在某些结构上具有相对的一致性或可相互借用

的共同要素，且两者之间存在积极的相互依存关系，并通过相互影响形成新的结构，达到互利共生、共同发展的效果。同构共生关系得以建立的前提是两个系统在结构上具有相对的一致性或可相互借用的共同要素。创新创业教育和劳动教育概念内涵上的交叉重叠性说明，它们本身就是一个事物的不同表现方面，因为核心目标与侧重点的不同而表现出不同的形态，但在结构上具有高度的内在关联性，使二者在客观上具备了紧密结合、同构共生的可能性。

（一）教育目标上互利

创新创业教育的本质目标是培育企业家精神。一个理想的企业家除了需要具备创新精神外，还需要具备两种精神：一是敬业精神，将勤勉节俭、诚实守法、尽职尽责地营利视为自己的天职；二是合作精神，善于从事人类合作的制度创新或者是合作秩序的拓展。因为，企业家不同于商人或老板，不仅要善于发现商机，更要具有正确的人生价值观和高度的社会责任感。真正的企业家，既要善于发现并利用市场机会，不断地通过创造性劳动获得利润，又要满怀使命感，视经营好企业为天职，正确处理好个人、企业与社会的关系，树立回报社会的人生观，诚实、守信、勤劳、敬业的职业观和克制的财富观。

高校创新创业教育比较重视培养高校学生的创新精神、奋斗精神、挑战精神，但对敬业精神和社会责任感的培养明显不足。对于一些高校学生创业者而言，最重要的素质是创新意识、吃苦耐劳和挑战精神，敬业精神和社会道德的重要性则相对靠后。可见，大多数高校学生仅把创新创业理解为发挥创新精神和奋斗精神创造财富、实现个人价值，对作为企业家应具备的社会责任感与使命感认识不足。这样的创新创业教育可以培养出大量的商人或老板，但很难培养出真正的企业家。

真正的企业家必然崇尚劳动、尊重劳动，愿意通过自己的辛勤劳动、诚实劳动、创造性劳动发财致富，并积极承担社会责任，尊重劳动者，乐于与其他劳动者合作追求利润、创造财富、共享成果。同时，企业家所需具备的创新精神更是创造性劳动的一种典型表现。创新创业教育与劳动教育相结合，有利于引导人们跳出将劳动仅理解为普通体力劳动的偏见，站在劳动发展新业态的高度重新看待劳动，深刻认识劳动的脑力化与创造性本质①。

综上所述，创新创业教育与劳动教育的目标具有明显的互利性。劳动教育与创新创业教育的紧密结合，既能为创新创业教育提供正确的价值引领，又能推动劳动教育

① 刘丽红，曲霞．论高校创新创业教育与劳动教育的同构共生［J］．中国青年社会科学，2020，39（1）：103－109．

的理念更新。

（二）教育内容上关联

创新创业教育改革成功的重要经验之一是从知识、能力、品质、实践四个方面系统搭建创新创业训练的内容体系。在创新创业知识方面，强调从课程和教师抓起，让学生具备扎实的专业基础知识，知晓创新创业的规律方法和过程；在创新创业能力方面，强调从课堂抓起，培养学生的独立思考能力、协作精神和社会担当能力；在创新创业品质方面，强调从素养抓起，培养学生守法、诚信、担当、奉献的优秀品质；在创新创业实践方面，强调从平台抓起，让学生在多元化、高端性实践平台中历练创新创业本领。

高校可以将创新创业教育纳入课程教育体系和人才培养方案，由专业教师开设创新创业教育课程，企业高管担任校外导师，校企合作建立实践基地，创业就业指导中心组织跟进各类创业实践活动，逐步形成立体化、多层次的创新创业教育模式。

高校劳动教育的内容应该包括三个维度，即劳动思想教育、劳动知识技能教育与劳动实践锻炼。在劳动思想教育方面，要特别强调深入体会劳动的永恒价值；在劳动知识技能教育方面，不仅要让学生扎实掌握专业知识与技能，更要普及与高校学生未来职业发展密切相关的劳动科学知识，如劳动关系协调、劳动法律、劳动经济与管理、劳动与社会保障、劳动安全与卫生、劳动心理健康等。在劳动实践锻炼方面，要把劳动教育融入广阔的第二课堂活动中，全面推进劳动教育与高校学生社会实践、志愿服务、创新创业教育、职业生涯教育、就业指导及校园文化的结合，通过多种形式的劳动实践锻炼，全面历练高校学生的劳动能力，培养他们积极的劳动情感态度和正确的劳动价值观。

劳动教育的劳动思想教育、劳动知识技能教育与劳动实践锻炼三个维度都与创新创业教育存在密切的关联性。在劳动思想教育方面，对劳动价值的深刻体会、对劳动的积极情感态度、对劳动者及其劳动过程与成果的尊重等，与学生守法、诚信、担当、奉献的优秀创新创业品质相关。在劳动技能培育方面，扎实的专业知识基础是劳动教育和创新创业教育的共同关注点，而必要的劳动科学知识更是创新创业教育中高校学生申请创办企业、加强新创企业的风险防范和组织管理应必备的知识。市场营销的知识与技术、企业管理的知识与技术、财税金融知识、法律与政策方面的知识都是高校学生创业者自我评价的非常重要的学校创业教育内容。在实践锻炼方面，劳动教育强调让学生结合生产生活实践进行锻炼，以劳树德、以劳增智、以劳健体、以劳育美、以劳创新，全面提高高校学生素质，这一点与创新创业教育的实践训练异曲同工。

（三）方式方法上共通

在教育方式方法上，创新创业教育和劳动教育都强调做中学，都具有突出的实践驱动性。创业能力完全是从做中学来的，而不是依靠听讲，因此必须改变学习方式。高校学生对创新创业教育的实践性学习需求很高，但目前的创新创业教育总体上还不能完全满足学生的这一需求。

对劳动教育而言，实践性一直是其重要特征，劳动教育是对高校学生参加社会生产的实际训练，劳动教育是教育年轻人在劳力上劳心的实践活动。在人工智能来临时代，劳动教育的实践性特征显得更为宝贵，有助于人们走出人工智能带来的“幻象”，回归生活自身，回归大自然，回归真实世界，使学生有机会直接面对现象，面对实事而可能去求是。这是理解世界的机会，是颠覆性创新的机会。因此，高校劳动教育在组织形式上应格外强调实践导向的学习，努力加强学术学习与学生未来专业工作预期之间的联系。劳动教育与创新创业教育所具有的实践性学习特点，决定了可以为二者搭建共同的实践平台，引导高校学生走进工作世界、投身劳动生活。

（四）师资队伍上互借

师资力量的不足是制约创新创业教育发展的重要瓶颈。一些高校开展创新创业教育课程的老师还不能满足自己的需要，从事创业教育和培训的教师大多没有经历过创业实践，没有受过系统的创业教育，使得教学内容理论性过强，与实践联系不紧密，使有些学生想创新创业却不知道从何做起。高校最缺乏的普遍是有丰富的创业实践经验或企业管理经验的实践型师资。可见，高校创新创业教育师资队伍的结构和数量很难满足现实需要。

实际上，无论是创新创业教育还是劳动教育，都需要建立一支多元化、复合型的师资队伍。多元化、复合型的师资队伍需要三方面的力量：一是既懂学科专业理论又懂专业操作实务的双师型专业教师；二是谙熟创新创业或劳动教育的学科知识与教育规律的专业化专职教师；三是由各行各业校外优秀实务人员组成的社会型兼职教师。可见，两支师资队伍的结构具有高度相似性。无论是创新创业教育还是劳动教育，在本质上都是为了提高高校学生适应未来工作世界的能力，都需要指导教师能够很好地将学生当前的理论学习与未来的发展需要结合起来，多元化、复合型的师资队伍的素质要求也是基本一致的。因此，创新创业教育与劳动教育的师资队伍具有明显的可互借性，打造一支高素质的师资队伍，可同时带动两方面教育质量的提高。

三、创新创业教育与高校劳动教育结合的实践路径

依据创新创业教育与劳动教育结构上的内在关联性，在实践中，需要寻求创新创

业教育与劳动教育紧密结合的有效路径，进行统筹设计，实现二者互利共生、双向深化，可考虑从以下方面进行。

（一）设计进阶式教育目标

高校需要摒弃对创新创业教育目标的狭隘化、功利化认识，结合时代社会发展需要和教育规律，循序渐进地设定融合劳动价值观塑造和创业意识、创新精神、创业能力培养为一体的进阶式创新创业教育目标观。以劳动价值观的塑造作为创新创业教育的基础性目标，夯实高校学生的敬业精神、合作精神、诚信意识、责任意识等优良创业素质的培养，在此基础上依次进阶，设计创业意识培养目标、创新精神培养目标、创业能力培养目标，切实提高高校学生从事创造性劳动的能力和水平。

（二）设置呼应式课程体系

创新创业教育应是一种面向全体的普遍性教育与针对少数的专业性教育双轨并行的广谱式教育。这种广谱式创新创业教育体系，既强调全覆盖，又体现分层次和差异化，包括四个部分：一是面向全体学生开展通识型创新创业启蒙教育；二是结合专业和学科特点，开展嵌入型创新创业教育；三是针对有明确创业愿望的学生进行专业型创业管理教育，提升创业实战技能；四是初创企业者开展职业型创新创业教育，以职业化培训体系帮助创业者渡过企业初创期。

劳动教育作为面向全体高校学生的普遍性教育，可有效呼应、充实通识型创新创业教育和嵌入型创新创业教育的课程体系。在创新创业教育启蒙阶段，除了开设创新创业通识类课程外，还可配合开设劳育类通识课程，将明创业之理与明劳动之理有机结合，为高校学生企业家精神的培养奠定基础。在嵌入型创新创业教育阶段，可结合各专业特点强化本专业的劳动伦理品德教育、劳动法律法规教育及劳动发展趋势与就业趋势教育，助推学生更好地结合专业学习识别创业机会、预测创业风险、强化创业管理。

（三）进行贯通性实践训练

创新创业教育强调做中学，这种做中学应该是体系化的、贯通性的，而不是散点式的。同样，劳动教育也需要实践性学习，但这种实践性学习绝不是简单的、浅尝辄止的形式化劳动体验，而应该在系统化的劳动实践锻炼中增进知识、技能，培养深厚的劳动情感。因此，创新创业教育与劳动教育均应提倡贯通性实践体验训练。依据体验式学习的四个阶段，即具体体验、观察反思、概念的抽象化、主动检验，贯通性系统设计体验学习的每一个环节。

高校学生创业实践成功的基本经验就是提供做中学的良性体验式学习循环：第一步，学生通过青年企业联盟进行真实的创业体验；第二步，接受市场检验、反馈，进入创业反思观察学习阶段；第三步，青年企业联盟为学生提供兼职专家教师指导，进行创业反思后的再次理论学习；第四步，再次学习之后的再次实践检验。

（四）建设一体化师资队伍

创新创业教育师资与劳动教育师资的可互借性，决定了各高校可将劳动教育的师资与双创教育的师资合二为一，进行一体化建设，达到事半功倍的效果。在双师型专业教师培养上，要进一步深化校企合作、科教融合、产教融合，鼓励和支持专业课教师深入一线参与生产和管理实践，进行产学结合的研发、教学；在专业化专职教师培养上，要把创业教育培训与必要的劳动科学培训结合起来，培养既懂创业知识又懂劳动发展规律的专职教师；在社会型兼职教师队伍建设上，要使各行业领域的科学家、大国工匠、劳动模范、成功创业者、优秀企业家等各类劳动精英进校园活动常态化、机制化、多样化，在各种不同类型的行业精英的示范引领下，实现劳动价值观、创业意识、创新精神、创业能力的一体化培养。

第三节　基于供给侧思维的高校劳动教育创新研究

劳动教育作为高校学生全面发展的重要内容，已经被提上重要日程，高校深入开展高校学生劳动教育势在必行。高校劳动教育要想扎实有效推进，收到实际预期效果，必须深刻转变理念，树立供给侧思维，变被动为主动，为高校学生劳育培养前瞻谋划、专门设计、科学安排，才能促进高校学生全面健康发展，不断满足中国特色社会主义建设的需求。高校要始终紧贴时代发展需求，不断创新方式方法，采取各种措施手段，积极努力提供新的教育产品，为学生德、智、体、美发展创造无限的空间与广阔的舞台，有力促进高校学生成长成才。

一、以供给侧思维推进高校劳动教育的必要性

（一）适应经济社会改革发展客观需要

当前，我国经济发展进入新常态，供给侧结构性改革的实施，推动中国经济不断走向新高度。同时，也引发了各行各业深刻变革。从高等教育承担的社会责任而言，

高等教育的改革方向必须与经济社会的供给侧改革要求相一致，必须积极探索供给侧改革背景下高校创新发展的新思路。而高等教育供给侧改革更为重视的是对高等教育宏观性、长期性、战略性问题的关注。因此，高校应积极适应社会发展趋势，将劳动教育纳入高等教育供给侧改革范畴，站在供给侧角度，既要做好宏观谋划、长远规划，也要做好微观设计、科学安排，稳定有序合理推进。高校劳动教育如果得不到高校学生的真正重视，就无法化作高校学生主观自觉的具体行动。因此，必须站在供给侧的角度，思考如何为高校学生提供恰如其分的劳动教育。

（二）促使高校服务学生全面发展现实路径

劳动对于学生的健康成长和社会的持续发展，其重要意义不言而喻，作为高等教育教学与思想政治引领，必须立足社会发展需要，认准社会主义办学目标，思考如何供给劳动教育，为学生全面健康发展补齐短板。树立供给侧理念，就是要求高校在筹划实施劳动教育过程中，转变长期以来劳动教育边缘化的局面，变被动为主动，变无视为可视，变无为为有为。只有这样，才能进一步激发高校开展劳动教育的主观能动性和行动自觉性，促进劳动教育的健康快速发展。

二、以供给侧思维推进高校劳动教育的方法手段

劳动教育引入供给侧思维，即是要立足国家社会发展的时代使命，瞄准未来信息时代人与社会发展，在准确掌握高校学生时代特质与成长规律的基础上，竭尽所能地为学生更好地接受劳动教育提供思维思想、方法手段和平台载体，使学生学在其中、思在其中、育在其中、乐在其中。为此，高校在劳动育人方面，应该注意以下方面。

（一）提供思想供给，强化劳动意义

思想是行动的先导，要想使劳动教育落地生根、有效推进，必须使教育主体与客体之间相互协调、密切配合、良性互动，才能相得益彰。高校必须解决好思想认识问题。对于教育主体而言，在这一问题上的认识需要加强调整转变，尽快改变思想上与行为上的惯性，积极适应国家、社会对实施劳动教育的迫切需求。对于教育客体而言，由于固有的原因，转变学生思维比较困难，将劳动化作行动更加不易，所以要从思想方面入手，积极主动、持续不断地开展思想教育，理解供给劳动的意义和价值，让学生在思想上充分认识到劳动对于人类起源、生存和发展，对于人的健康成长，对于社会发展进步所发挥的至关重要的作用，使学生在认识上引发共鸣，在思想上产生影响。

（二）提供师资供给，增强劳动教育师资力量

教育要有教育的土壤，离开了师资投入，便难以取得劳动教育的成效。师资供给更能体现高校开展劳动教育的决心和力度。高校应根据办学规模和学生体量，采取专

兼结合的方式，配备相应数量的劳动教育教师，使劳动教育有专人负责，确保劳动教育有良好的开端和长足的发展。劳动教育既是一门实践课，更是一门思想教育课。高校应把劳动教育与思想政治课程有机结合，在开展思想政治课程过程中，积极渗入劳动教育，传递劳动意义，宣扬劳动美德，于润物无声中播下劳动的种子。应加强教材建设。开展劳动教育，离不开适用的教材资源，在明确了劳动教育目的意义的基础上，高校更应该根据学校性质、办学特色和学生特点，编辑适合本校学生使用的劳动教育教材，使这项教学活动更有针对性，更具严肃性，使劳动教育更加规范有序。

（三）提供实践供给，提供劳动教育平台载体

没有实践就没有劳动教育，高校应主动供给实践平台与舞台，给学生劳动体验创造广阔空间，积极推崇投身传统劳动。人类社会发展到今天，劳动概念外延得到了极大拓展，但传统意义上的劳动作用仍不可替代，更不能取代。高校应该鼓励高校学生积极走进农家、农田，参加春种与秋收，体验劳动的过程，了解农耕文化，培育农耕精神，锻造劳动品格。

① 深入开展社会实践。随着时代发展，社会实践已然成为劳动的一种形式，高校应积极挖掘社会实践潜力，发掘更多实践资源，将社会实践赋予劳动内涵，让学生感受到实践过程即是劳动的过程。要结合所学专业，鼓励学生走进工厂、企业等一线，将专业与实践相结合，提高劳动动手能力，特别是积极搭建创新创业平台，激发学生劳动的自觉性，使他们在实践中诠释劳动内涵。

② 深入开展体育运动。体育运动与劳动之间存在共性关联，既皆有强健体魄的作用，同时也会磨炼学生意志耐力，培养学生养成挑战自我、战胜困难的品格。所以，体育运动具有一定的劳动功能。因此，要鼓励高校学生积极参加体育运动，培养拼搏精神、勇敢精神，为高校学生形成优秀的劳动品质，承担未来繁重的工作任务奠定基础，丰盈劳动精神储备。

（四）提供榜样供给，塑造激励学生成长劳动典型

典型是学生成长的标杆与领航者。在劳动教育过程中，高校要主动培育和树立劳动典型，带动学生参与到劳动教育中来。教师要有意为之。开展劳动教育，教师的引领作用至关重要。无论课上课下，教师都应给学生树立吃苦耐劳、热爱劳动的形象，积极向学生传递正能量。在学生活动设计中，应预设教师角色，鼓励或要求教师积极参与。比如，北方高校应充分利用冬季清雪的有利时机，深入开展劳动教育，动员教师走进冰天雪地，与学生一起参加扫雪劳动；有条件的高校，应积极鼓励教师主动走进田间地头，带领学生共同耕作；开展实验过程中，教师应尽可能地与学生一起坚守实验室，以实际行动向学生传递敬业精神和求真精神，共同分享耕耘之苦、收获之美和真理之甜。

在开展劳动教育过程中，学生党员、学生干部要成为热爱劳动、投身劳动的带头人，尤其在大型活动中，应有意识带动全体学生参与其中，体验劳动过程，感受劳动乐趣。在评优选先过程中，要主动设置最美劳动者，劳动创造之星，社会实践先进集体、先进个人，自强不息、刻苦成才标兵等荣誉称号，树立一批劳动育人典型，引领全体学生共同历练劳动品质。

（五）提供活动供给，营造劳动育人良好氛围

劳动教育的深入开展，离不开良好环境的涵养，良好育人环境的营造，离不开育人氛围的烘托。应开展经典品读活动。积极主动开展与劳动教育相关的经典名著阅读活动，让学生从作者或主人公身上寻找闪光的劳动精神。例如，可以组织开展马克思著作品读，了解马克思关于劳动对于人及人类社会发展的重大作用等。应开创“劳动说”专题活动，邀请“五一劳动奖章”获得者、优秀创业人士、优秀校友，以及学生中的劳动典型，讲述他们成长的经历和感人故事，让高校学生看到劳动对于成功成才的重要作用。

（六）提供家风供给，发挥家庭教育促进作用

家风教育是劳动教育不可或缺的课堂。要积极开展家风家训教育活动，让每个高校学生了解家族奋斗史，了解其长辈为改善生活条件、推进社会发展进步进行的艰苦劳作，看到幸福生活是靠勤劳的双手获得的，使学生认识到不劳动不得食、不劳动不成长的朴素道理，从而激励学生积极投身劳动。

总之，劳动教育是高校学生全面发展不可或缺的重要环节，培育高校学生劳动品质，既是高校学生健康成长的需要，更是培养社会主义建设人才的需要。开展劳动教育，需要高校积极思考、主动作为，只有以供给侧的思维去推动，为学生成长成才主动设问创新，才能使劳动教育开启更多智慧、求得更大实效。

第四节　基于立德树人的高校劳动教育创新研究

劳动教育是以劳动为载体的教育形式，它是学校教育的重要组成部分，高校劳动教育的核心指向就是立德树人。高等学校要加强高校学生的劳动教育，引导学生形成正确劳动价值观、培养辛勤劳动精神、养成诚实劳动态度、培育创造性劳动意识，努力构建更高水平的人才培养体系。劳动教育对高校学生德育、智育、体育、美育这四个方面的促进是毋庸置疑的。加强劳动观点和劳动技能的教育，是实现学校培养目标的重要途径和内容。各级各类学校都要把劳动教育列入教学计划，逐步做到制度化、系列化。高等教育的任务是培养具有创新精神和实践能力的高级专门人才。要完成这个任务，就必须积极推动高校学生参加生产劳动和社会实践活动，只有在劳动和社会实践活动中，才能培养高校学生的创新思维和实践能力。创造性的劳动者能够手脑并用、改造事物、分析事物，能够发现新方法、新道理。高校学生作为即将进入社会成为劳动者的群体，作为国家未来各条战线的中坚力量，通过劳动教育培养其社会生存能力、社会责任感，对促进其自身的全面发展具有极其重要的意义。

劳动对人和社会发展具有独特价值，劳动教育作为高等教育改革的一个切入点，作为高等教育观念转换的突破口，是一个极为重要、不容忽视的教育内容。重视对高校学生的劳动教育，在开展劳动教育过程中让高校学生发现劳动之美，弘扬劳动光荣精神，是高校当前和今后一段时期必须抓好的一项重要使命和工作任务。高校学生的成长离不开劳动，劳动教育在高校人才培养中不能缺位。劳动教育成为现代高等教育的重要内容和高校学生全面发展、成长成才的重要组成部分。劳动教育不仅要让学生学到劳动技能和本领，更要令其从思想上和心灵上受到启迪和磨砺，不仅使其成为德、智、体、美、劳全面发展的人才，更深层次的含义是让个体生命的潜能得到充分自由、全面和谐的发展。

一、以马克思主义劳动观武装高校学生头脑

马克思主义的劳动价值观与劳动教育观博大精深。高校对高校学生开展劳动教育，可以采取推荐必读经典书目、开办学术讲座、组织研讨会等形式，引导高校学生认真学习马克思主义的劳动价值观与劳动教育观，全面深刻领会其核心要义，以武装高校学生的头脑。从主要内容上，一是要把握马克思主义关于劳动创造世界、劳动创造历史、劳动创造人本身的历史唯物主义观；二是要掌握马克思主义关于劳动是商品价值的唯一源泉、资本主义的社会本性是劳动剥削、按劳分配是实现社会正义的重要原则的政治经济学理论；三是要懂得马克思主义关于劳动形成人的本质、劳动是实现人的全面发展的重要途径、教育必须与生产劳动相结合的教育学原理。

高校要引导学生认真学习马克思主义中国化的最新理论成果，用以指导自己的学习、工作与生活，在鲜活的学校生活与丰富的社会生活中努力践行，领会、体悟劳动的深刻意蕴与内涵。

二、以中华民族勤劳奋斗传统美德滋润学生心田

勤劳勇敢、自强不息自古以来就是中华民族精神的重要内容，是中华民族的传统美德。在中华民族五千年的发展进程中，是前人不畏艰辛，依靠顽强拼搏的精神，用智慧与汗水谱写了中华民族的文明史。这正是中华民族历经沧桑而不衰，巍然屹立于世界民族之林的根本所在。中华民族勤劳奋斗的传统美德素材丰富厚重，高校应该组织人文社科院系的专家、学者为高校学生编写集思想性、知识性、针对性、可读性于一体的教育读本，由相关部门或社团组织开展丰富多彩、喜闻乐见的校园文化活动，使学生在活动中接受教育、启迪心智、增强自信、强化认同。

当下，高校要引导学生弘扬中华民族勤劳奋斗的传统美德，树立个人梦融入中国梦的家国情怀。任何时候、任何情况下，劳动都是创造物质财富和精神财富的基础，是实现伟大梦想的要点。勤劳是福，必须倾力实干，力戒空谈，要始终保持辛勤劳动和努力付出的精神状态，勤劳勇敢，发奋图强，不断超越自我，创造辉煌，追寻更大幸福和梦想。

三、以不畏艰辛、奋发有为的代表人物引领学生行为

高校学生主体意识强、思维活跃、充满自信，十分关注社会对个体发展的要求，对社会主流、非主流的思潮、现象敏感，经常会自觉不自觉地将社会媒介宣传的名人品质作为参照，试图将其品质转化为自己的个性品质。榜样的力量是无穷的。应该充分利用各类媒体，大力宣传在我国成长起来的不畏艰辛、奋发有为的科技精英、学界泰斗、航天骄子、教育大师、医学权威、商业巨贾、大国工匠的非凡业绩与突出品质，凸显他们成功的一般规律，以此引领学生的成长成才之路①。

四、以科学理性的方式方法推进高校劳动教育

（一）整合教学资源，构建劳动教育多样模式

在劳动教育的实施过程中必须注重多学科的渗透、多路径的实施、多形态的结合以及多功能的实现。在多学科渗透方面，所有的公共课、专业课、选修课都应该充分挖掘劳动教育资源，特别是在综合课程训练、完成毕业论文（设计）等过程中，让学生在潜移默化中接受劳动教育的熏陶；在多路径的实施方面，学校劳动教育、家庭劳动教育、社会劳动教育应该统筹、融通，相互渗透、互为补充。在多形态的结合方面，

---

① 段振榜，甘玉婷．以立德树人引领新时代高校劳动教育［J］．特立学刊，2019（3）：52—55.

倡导课程学习与参与研究中心任务、教师科研项目等的实验实训、技术制作、文学艺术创作、艺术作品展演相结合；课程学习与校外实践、共建、合作基地生产、科研任务承接等相结合；课程学习与平时的社团自我服务劳动、公益服务劳动、志愿者活动相结合；课程学习与个性化学习、个性化定制生产等相结合，体现劳动的转化度、整合度、超越度、发现度，体现劳动内在的综合和丰富特性，使高校学生树立更为宽广、更为开阔、更为崇高的劳动观念。

（二）尊重教育主体，激发学生参与劳动的积极性

高校劳动教育的主体是学生，只有广大高校学生自觉、积极、主动参与劳动教育，充分利用劳动教育资源开展创新创业活动，不断提高自己的创新意识和创造技能，劳动教育才能取得预期效果。学校层面和院系层面既要有顶层设计和实施方案，又要有落地落实的细则和激励措施。在激励学生方面，将参与劳动教育情况纳入学生年度评先选优的重要指标体系，设置单列奖项，对表现突出的学生授予荣誉称号；对参与专业学习中的系列实验实践活动、参与学校社团素质拓展活动、参与社会团体相关实践活动一视同仁，只要有成果、有影响、有贡献，都给予肯定、鼓励与推介，特别突出者经院系教学指导委员会认定，奖励学分；要引导高校教师、管理工作者、后勤服务者热情支持学生的劳动教育活动，给予必要的专业指导、经费支持、条件保障，尽可能满足学生需求，努力营造良好的劳动教育氛围，精心打造富有时代气息、学校特色的劳动教育品牌。

（三）健全评价机制，强化高校劳动教育效果

高校劳动教育开展是否到位，是否有效，学生的劳动观念是否更新、劳动态度是否端正、劳动技能是否强化、劳动精神是否具备，都必须依靠是否建立、健全了劳动教育的考核评价机制，由此规范和推进劳动教育的深入开展，达到强化劳动教育效果的目的。要将劳动教育列入学校各专业人才培养方案，在人才培养目标、毕业生素质能力要求、学分要求、课程设置等方面做出明确规定，使原来隐含在各类分项中的与劳动教育相关的内容显性化、具体化，便于实施过程中教与学的统筹，有据可依、有章可循。对劳动教育考核评价，坚持课堂内外并举、理论教学与实践教学并重、基本技能培养与专业技能提升同等。既包括对劳动教育理论课的考核，也包括对劳动实践课的考核，评价方法应该坚持多样性和灵活性相统一的原则，不同专业实行分类评价，不同层次实行分层评价。

参考文献

[1] 靖庆磊．劳动教育的新时代高校立德树人之维［J］．学校党建与思想教育，2020（08）：52－54.

[2] 卢心悦．新时代大学生劳动教育研究［D］．上海：华东师范大学，2020.

[3] 马世磊．新时代劳动教育在高校实践路径研究［J］．三江高教，2019（2）：33－36.

[4] 孟国忠．新时代扎实推进高校劳动教育的着力点［J］．中国高等教育，2019（21）：45－47.

[5] 潘中祥．基于互联网思维的高校学生管理工作路径转型［J］．高教探索，2019（02）：35－39.

[6] 石佩臣．教育学基础理论［M］．北京：教育科学出版社，2018.

[7] 才忠喜．高校学生劳动教育的探索与实践［J］．黑龙江教育（理论与实践），2017（05）：37－38.

[8] 陈宇航，程瑞．我国高等教育管理方式转变问题研究［J］．现代教育管理，2015（11）：19－22.

[9] 段振榜，甘玉婷．以立德树人引领新时代高校劳动教育［J］．特立学刊，2019（3）：52－55.

[10] 高亚伟．当代大学生劳动教育研究［D］．天津：天津师范大学，2015.

[11] 葛新斌．学校组织与管理［M］．北京：北京师范大学出版社，2015.

[12] 郭武军．高校教育管理创新的思考［J］．中国成人教育，2007（05）：46－47.

[13] 韩影．创新教师管理制度推进高等教育内涵式发展［J］．现代教育管理，2018（07）：68－72.

[14] 何卫华，林峰．大学生劳动教育理论与实践教程［M］．厦门：厦门大学出版社，2019.

[15] 侯文军．论大学生教育管理方式的转变［J］．江苏高教，2019（09）：107—110.

[16] 华炜．高校教育管理创新举措探讨［J］．江苏高教，2017（06）：34—36.

[17] 徐长发．新时代劳动教育再发展的逻辑［J］．教育研究，2018，39（11）：12—17.

[18] 杨海达．大学生劳动教育存在的问题及对策［D］．牡丹江：牡丹江师范学院，2016.

[19] 姚海鹰．高等教育管理制度创新［J］．大学教育科学，2005（01）：35—38.

[20] 张佳文．高校劳动教育的真善美意蕴及其实现路径［J］．教育教学论坛，2019（52）：55—56.

[21] 张译匀．激励理论应用于高等教育管理探究［J］．中国成人教育，2019（10）：26—28.

[22] 张毅哲．高校提升大学生劳动教育质量的价值考量及推进思路［J］．佳木斯职业学院学报，2020，36（09）：150—151＋154.

[23] 赵海琪．浅析高校构建劳动教育与思政教育结合育人的实践探索［J］．才智，2020（09）：50.

[24] 孙秋霞．高校劳动教育功能探析［J］．山西青年，2018（10）：66—67.

[25] 陶慧．高校大学生劳动就业与创新创业教育探析［J］．劳动保障世界，2019（26）：8.

[26] 王洋．高校劳动教育现状与推进策略［J］．沈阳师范大学学报（社会科学版），2020，44（04）：103—108.